职业教育城市轨道交通专业教材

城市轨道交通电工基本技能与实训

陈美平◎主 编

李 渝 黄陈华 刘建军◎副主编

电子工业出版社.
Publishing House of Electronics Industry
北京·BEIJING

内 容 简 介

本书是根据城市轨道交通专业的特点，整合并重构"电工技术基础与技能""电机与电气控制技术""维修电工技能训练"三门课程的内容编写而成的带有技能实训工作手册的特色教材。全书主要内容包括城市轨道交通供电系统及职业岗位认知，安全用电与触电急救，常用电工工具、仪表、基本操作，低压电器，照明电路的安装，电动机原理，三相异步电动机点动和连续运行控制电路安装与调试，三相异步电动机正反转控制电路安装与调试，三相异步电动机顺序启动逆序停止控制电路安装与调试，三相异步电动机星三角降压启动、能耗制动控制电路安装与调试。

本书可作为中等职业学校城市轨道交通类专业及相关电类专业学生的教材，也可作为高职院校、技工院校师生的参考用书。

未经许可，不得以任何方式复制或抄袭本书之部分或全部内容。
版权所有，侵权必究。

图书在版编目（CIP）数据

城市轨道交通电工基本技能与实训 / 陈美平主编. —北京：电子工业出版社，2024.5
ISBN 978-7-121-47849-9

Ⅰ. ①城… Ⅱ. ①陈… Ⅲ. ①城市铁路—轨道交通—电工技术 Ⅳ. ①U239.5

中国国家版本馆 CIP 数据核字（2024）第 095154 号

责任编辑：蒲　玥
印　　刷：三河市鑫金马印装有限公司
装　　订：三河市鑫金马印装有限公司
出版发行：电子工业出版社
　　　　　北京市海淀区万寿路 173 信箱　邮编　100036
开　　本：880×1 230　1/16　印张：9.5　字数：323 千字　插页：36
版　　次：2024 年 5 月第 1 版
印　　次：2024 年 5 月第 1 次印刷
定　　价：40.00 元

凡所购买电子工业出版社图书有缺损问题，请向购买书店调换。若书店售缺，请与本社发行部联系，联系及邮购电话：（010）88254888，88258888。
质量投诉请发邮件至 zlts@phei.com.cn，盗版侵权举报请发邮件至 dbqq@phei.com.cn。
本书咨询联系方式：（010）88254485，puyue@phei.com.cn。

PREFACE 前言

城市轨道交通是一种重要的公共交通系统，地铁、轻轨、有轨电车一直是其所在城市的名片，在缓解大城市的交通压力、方便市民出行等方面发挥着越来越重要的作用。中国城市轨道交通建设取得了巨大的成就，截至 2022 年年底，中国大陆地区（不含我国港澳台地区）城市轨道交通运营线路规模突破 10000 千米大关，开通运营城市轨道交通的城市达到 55 个，城市轨道交通规模持续扩大。蓬勃发展的轨道交通需要大批的轨道交通技能人才。

近年来，各地职业院校纷纷开设了轨道交通相关专业，培养了大量城市轨道交通建设和运营所需的高素质专业技术技能人才。东莞市商业学校与广州铁路职业技术学院（全国轨道交通供用电技术专业指导委员会主任委员单位）、广州地铁集团有限公司、东莞市轨道交通有限公司开展校校合作、校企合作，产教融合、校企"双元"合作共同进行专业建设、课程开发，共育符合企业需要的技能人才，取得了较好的效果。本书就是合作成果之一，具有如下特点。

（1）落实立德树人理念，以培养学生职业能力和综合素质为指导思想，强调升学与就业并重，践行工学结合，采用模块化教学、任务驱动，实现理实一体化，实训内容和企业生产相结合，书中融入大量的思政元素，通过"做中学、做中教、做中评"，把培养学生的职业能力和职业素养落到实处。

（2）本书是模块化、活页式、工作手册式相结合的创新型一体化教材，按照生产实际和岗位需求设计模块化教学内容，吸收了新型活页式教材、工作手册式教材、信息化学习资源的优点，项目学习采用符合学生认知的"情景导入—项目任务知识—拓展学习材料（思政融入）—思考与练习"模式展开，技能训练采用活页式实训工单，按"实训目的—实训器材—实训内容与步骤—实训评价"完成。本书同时配备丰富的微视频和微课，教学循序渐进，有机融入科学精神、工程思维、创新意识和数字素养，注重劳动精神、工匠精神、劳模精神培育。

（3）采用"知识、技能、素养"三维目标，明确学生应达到的知识、技能、能力素养等方面的要求，引导广大教师自觉地在课前、课中、课后不断对照课程标准寻找差距，根据学生应该达到的标准来确定教学目标，设计教学过程，组织教学内容，评价学生。优化课程体系和教学目标，拓展教学内容深度和广度，体现产业发展新趋势、新业态、新模式。

（4）产教深度融合，充分利用广州铁路职业技术学院的国家示范性职业教育集团（华南"一带一路"轨道交通产教融合联盟）资源和轨道交通职业教育教学与培训标准，对接产业链，与广州地铁、东莞地铁等知名企业共同制定人才培养方案，开展"订单培养"，形成学校与企业、专业与职业、教学与岗位对接，中职、高职、企业协作的长效人才培养机制。

本书由东莞市名师工作室主持人陈美平担任主编，李渝、黄陈华、刘建军担任副主编，张铖、麦舒妍、汤凌、林伟鹏参与编写。具体分工为：陈美平编写项目1、项目2、项目7并负责全书的教学设计及统稿工作，李渝编写项目10，黄陈华编写项目8，刘建军编写项目6，张铖编写项目9，麦舒妍编写项目5，汤凌编写项目3，林伟鹏编写项目4。

为了方便教师教学，本书配有丰富的教学资源，请有此需要的教师登录华信教育资源网免费注册后再进行下载。有问题时请在网站留言板留言或与电子工业出版社联系（E-mail：hxedu@phei.com.cn）。同时本书作者团队在"学银在线"平台上也开通了精品课程，请广大读者自行登录查阅微课、课件、拓展学习材料等教学资源。

由于编者水平有限，书中难免存在不足之处，敬请广大读者批评指正。联系方式：1308270667@qq.com。

编　者

目 录

项目 1　城市轨道交通供电系统及职业岗位认知 ·· 1

　　任务 1.1　城市轨道交通供电系统的认知 ··· 2

　　任务 1.2　城市轨道交通供电职业岗位认知 ·· 7

　　思考与练习 ·· 11

项目 2　安全用电与触电急救 ··· 12

　　任务 2.1　安全用电 ·· 13

　　任务 2.2　触电预防 ·· 17

　　任务 2.3　触电急救 ·· 20

　　思考与练习 ·· 25

项目 3　常用电工工具、仪表、基本操作 ·· 27

　　任务 3.1　常用电工工具 ·· 28

　　任务 3.2　万用表 ·· 32

　　任务 3.3　常用其他仪表 ·· 35

　　任务 3.4　导线连接 ·· 38

　　思考与练习 ·· 42

项目 4　低压电器 ·· 44

　　任务 4.1　常用低压配电电器 ·· 45

　　任务 4.2　常用低压控制电器 ·· 51

　　思考与练习 ·· 57

项目 5　照明电路的安装 ··· 59

　　任务 5.1　照明电路识图 ·· 60

　　任务 5.2　双控开关控制照明电路的安装 ·· 64

　　思考与练习 ··· 71

项目 6　电动机原理 ··· 72
　　任务 6.1　认识交流异步电动机 ··· 73
　　任务 6.2　三相交流异步电动机的原理 ·· 76
　　任务 6.3　单相交流异步电动机 ··· 78
　　任务 6.4　直流电动机 ··· 81
　　思考与练习 ··· 88

项目 7　三相异步电动机点动和连续运行控制电路安装与调试 ···································· 90
　　任务 7.1　三相异步电动机点动控制电路安装与调试 ··· 92
　　任务 7.2　三相异步电动机连续运行控制电路安装与调试 ································· 96
　　任务 7.3　三相异步电动机点动与连续运行控制电路安装与调试 ······················ 102
　　思考与练习 ··· 108

项目 8　三相异步电动机正反转控制电路安装与调试 ·· 109
　　任务 8.1　接触器联锁的正反转控制电路安装与调试 ··· 111
　　任务 8.2　按钮联锁的正反转控制电路安装与调试 ·· 114
　　任务 8.3　双重联锁的正反转控制电路安装与调试 ·· 117
　　思考与练习 ··· 119

项目 9　三相异步电动机顺序启动逆序停止控制电路安装与调试 ······························ 120
　　任务 9.1　电动机顺序启动控制电路安装与调试 ·· 121
　　任务 9.2　电动机顺序启动逆序停止控制电路安装与调试 ································· 125
　　思考与练习 ··· 131

项目 10　三相异步电动机星三角降压启动、能耗制动控制电路安装与调试 ············· 132
　　任务 10.1　三相异步电动机星三角降压启动控制电路安装与调试 ····················· 133
　　任务 10.2　三相异步电动机双向启动能耗制动控制电路安装 ···························· 139
　　思考与练习 ··· 145

项目 1

城市轨道交通供电系统及职业岗位认知

项目导学

城市轨道交通是一种重要的公共交通系统。地铁、轻轨、有轨电车一直是一座城市的亮丽名片,在解决大城市的交通压力、方便市民出行等方面发挥着越来越重要的作用。城市轨道交通供电系统是城市轨道交通系统的重要组成部分。供电系统由哪些部分构成呢?城市轨道交通供电又有哪些职业岗位?通过本项目的学习,大家一起来了解一下这方面的知识。

知识导图

城市轨道交通供电系统及职业岗位认知
- 城市轨道交通供电系统的认知
  - 轨道交通的定义
  - 城市轨道交通的定义和特点
  - 城市轨道交通系统
  - 城市轨道交通供电系统
  - 城市轨道交通的发展趋势
- 城市轨道交通供电职业岗位认知
  - 城市轨道交通供电专业培养目标
  - 城市轨道交通供电专业就业方向
  - 城市轨道交通供电专业岗位群
  - 职业资格证书

技能实训 收集近10年来中国城市轨道交通建设的数据,汇报中国城市轨道交通发展情况

学习目标

知识目标：1. 知道城市轨道交通系统的构成。
2. 了解城市轨道交通供电专业岗位。

技能目标：能讲述城市轨道交通供电系统的基本构成。

素养目标：感受我国城市轨道交通建设取得的伟大成就，立志学好技能，为实现自己的理想和强国梦而努力。

任务 1.1　城市轨道交通供电系统的认知

情景导入

2022 年中国城市轨道交通发展统计数据

截至 2022 年底，中国大陆地区（下文中涉及全国数据均指中国大陆地区，不含港澳台）共有 55 个城市开通城市轨道交通（以下简称城轨交通）运营线路 308 条，运营线路总长度 10287.45 公里。其中地铁运营线路 8008.17 公里，占比 77.84%；其他制式城轨交通运营线路 2279.28 公里，占比 22.16%。当年新增运营线路长度 1080.63 公里。

2022 年，中国城轨交通运营线路规模迈进 10000 公里大关，运营城市达到 55 个，城市轨道交通规模持续扩大。预计"十四五"后三年城轨交通仍处于快速发展期，根据现有数据推算，"十四五"期末城轨交通运营线路规模将接近 13000 公里，运营城市有望超过 60 座，城市轨道交通运营规模持续扩大，在公共交通中发挥的骨干作用更加明显。【摘自《城市轨道交通 2022 年度统计和分析报告》】

点评：改革开放 40 多年，中国城市轨道交通建设取得了巨大成就，飞速发展的城市轨道交通改变了城市格局，方便了我们的日常生活。

一、轨道交通的定义

轨道交通是指运营车辆需要在特定轨道上行驶的一类交通工具或运输系统，通常以电能为动力。它是采用轮轨运转方式的快速大运量公共交通的总称，轨道交通具有运量大、速度快、安全舒适、绿色环保等特点。轨道交通主要包括国家铁路、城际轨道交通、城市轨道交通等大类。常见的轨道交通如图 1.1.1 所示。

（a）高速铁路（高铁）　　　（b）城际轨道交通

（c）地铁 　　　（d）有轨电车

图 1.1.1　常见的轨道交通

二、城市轨道交通的定义和特点

城市轨道交通是采用轨道结构进行承重和导向的车辆运输系统，依据城市交通总体规划的要求，设置全封闭或部分封闭的专用轨道线路，以列车或单车形式，运送相当规模客流量的公共交通方式。

《城市公共交通分类标准》中明确城市轨道交通包括：地铁系统、轻轨系统、单轨系统、有轨电车、磁浮系统、自动导向轨道系统、市域快速轨道系统等。一些新型的城市轨道交通如图 1.1.2 所示。

城市轨道交通是城市公共交通的骨干，具有节能、节省空间、运量大、全天候、无污染（或少污染）、安全等特点，属于绿色环保交通体系，特别适合大中型城市。

（a）磁浮列车（磁浮系统）　　　（b）跨座式单轨系统

图 1.1.2　一些新型的城市轨道交通

（c）悬挂式空中轨道列车　　　　　　　（d）广州黄埔有轨电车

图1.1.2　一些新型的城市轨道交通（续）

三、城市轨道交通系统

城市轨道交通系统是指服务于城市客运交通，通常以电力为动力，以轮轨运行方式为特征的列车与轨道等各种相关设施的总和。城市轨道交通系统的构成如图1.1.3所示。轨道交通是集多专业、多系统于一体的复杂系统，通常由轨道线路、车站、车辆、维护检修基地、供变电所、通信信号系统、指挥控制中心等组成，综合了机械、电子、通信、自动化控制等学科和工种，需要多学科多工种协作，才能确保城市轨道系统的正常运营。

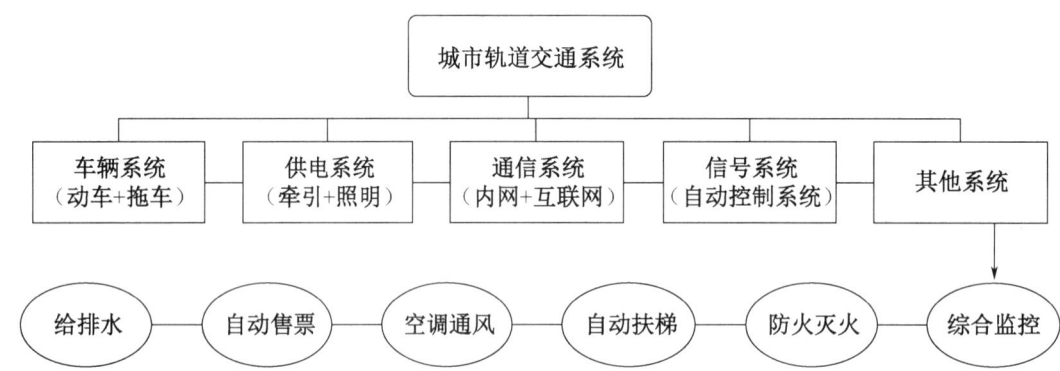

图1.1.3　城市轨道交通系统的构成

城市轨道交通系统中，除运营的电动列车（机车）、电气化的轨道和供电系统外，还有很多保障轨道交通安全运营的电气化和自动化设备，特别是随着科技的发展，设备越来越智能化，对管理人员和维修工的要求越来越多元化。

四、城市轨道交通供电系统

供电系统是城市轨道交通的重要组成部分，它不仅是列车牵引动力的来源，还是城市轨道交通系统机电设备正常运行的重要保障。

我国城市轨道交通所需的电力，由国家电网统一供给。城市轨道交通是城市电网的重要用户。通常城市电网交流220kV或交流110kV高压电，经过主变电所降为交流35kV或交流10kV中压电供给中压环网，再由中压环网将电能分配到轨道沿线上的牵引变电所和降压变电所，为牵引供电系统和动力照明系统供电。城市轨道交通供电系统框图如图 1.1.4 所示。

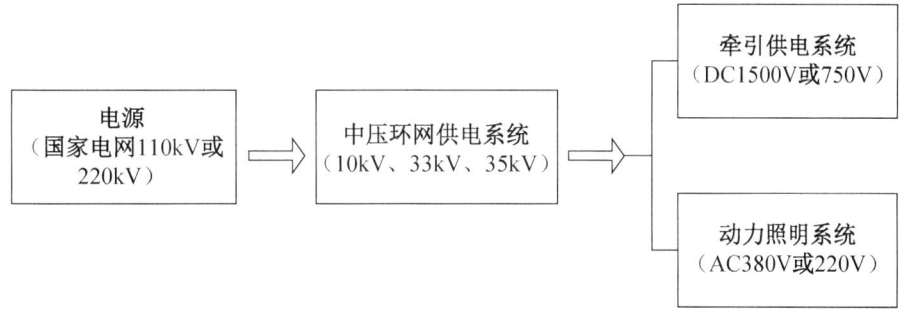

图 1.1.4　城市轨道交通供电系统框图

中压环网供电系统，是指国家电网向城市轨道交通系统供电的系统。我国当前城市轨道交通系统的中压环网供电系统通常有 35kV、33kV 和 10kV 三个电压等级。

牵引供电系统的功能是将交流中压电经降压整流变成 1500V 直流电或 750V 直流电，为城市轨道交通牵引系统供电。

动力照明系统的功能是将交流中压电（35kV 或 10kV）降压变成 220V/380V 交流电，为城市轨道交通的各种机电设备（通风、空调、照明、通信、信号、给排水、防灾报警、电梯、电动扶梯等用电设备）提供电源。

综上所述，城市轨道交通系统中，不同设备对电压要求不同，城市轨道交通供电系统从外部引入高压电，通常经过主变电所（也称中心变电所）、牵引变电所、降压变电所三个层次把电力变换和分配给所需设备。主变电所的功能是把城市电网高压电（通常为 110kV 或 220kV）降压，为牵引变电所、降压变电所提供中压电（通常为 35kV 或 10kV），再经牵引变电所和降压变电所变压成牵引供电系统和动力照明系统所需要的电力。城市轨道交通供电系统示意图如图 1.1.5 所示。

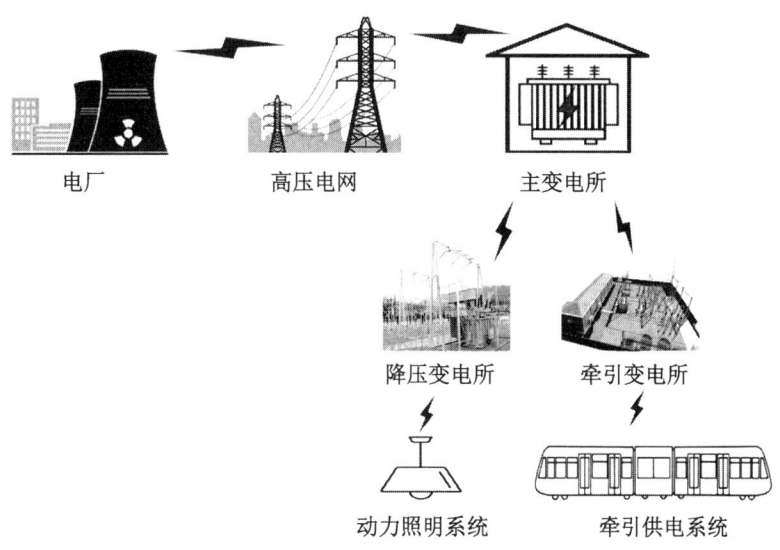

图 1.1.5　城市轨道交通供电系统示意图

电能是城市轨道交通安全、可靠运行的重要保证。供电系统不仅为电力机车提供电能，还为空调设施、自动售检票、自动扶梯、屏蔽门、通信信号、消防设施和各种照明设备提供电能，以保证城市轨道交通系统正常运行。

整个供电系统应具备安全可靠、调度方便、技术先进、功能齐全、经济合理等特点，并应具备以下功能：显示和计量功能、全方位的服务功能、远程控制功能、故障自救功能、防止误操作功能、电磁兼容功能、系统的自我保护功能。

五、城市轨道交通的发展趋势

城市轨道交通的发展趋势一直是市民关注的焦点，城市轨道交通可有效缓解城市交通拥堵，改善城市交通环境。目前各国积极发展和推进城市轨道交通，以解决城市交通及社会经济发展问题。未来，城市轨道交通发展将继续加速和优化，并朝着智能化、高效率、低污染、低碳等方向发展。

智能化是未来城市轨道交通的发展趋势之一。通常采用自动操纵、自动导航、自动化检修、自动实时遥测等智能技术实现城市轨道自动化控制。

智能化发展可促进城市轨道交通安全、稳定、快捷、高效运营，从而提高城市轨道交通的服务质量。例如，轨道自动化监控系统应用智能化技术，对地铁等轨道交通线路及复杂路网自动进行数据采集、监控、报警。轨道自动化监控系统示意图如图1.1.6所示。

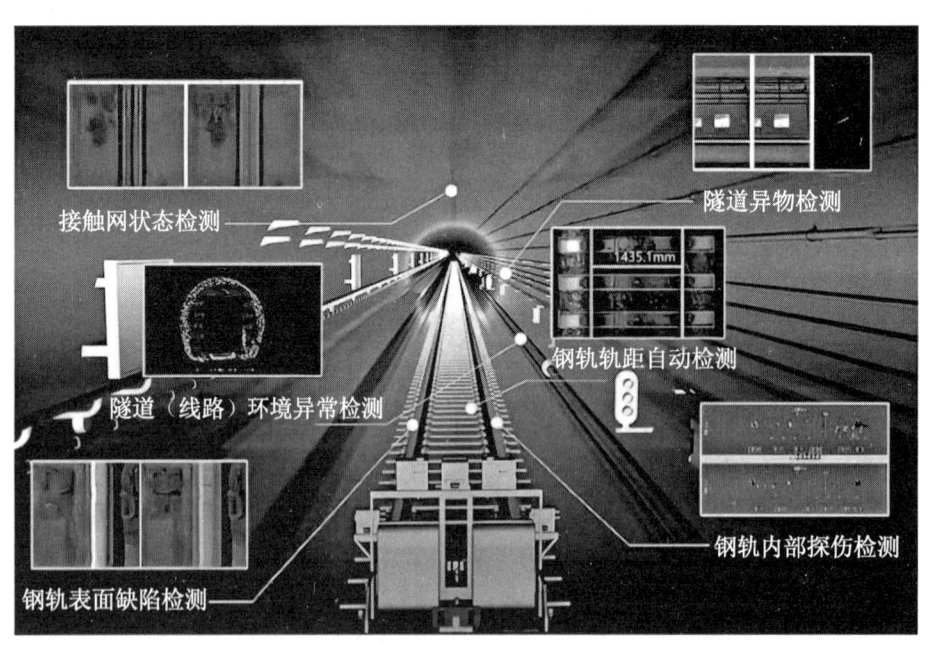

图1.1.6 轨道自动化监控系统示意图

城市轨道交通在规划、建设、运营过程中应用了很多新技术，如车站综合设计技术、车站实时施工模拟技术、车站预制装配技术、站台屏蔽门技术、集中供冷技术、智能自动扶梯技术、环控通风空调系统技术、集成闭式通风空调系统技术、车站运营管理时间同步技术、城市轨道交通安检技术、人脸识别技术等。

六、拓展学习材料

轨道上的大湾区

南方网 2023 年 2 月 28 日报道：通勤广佛，来往深莞，跨越珠澳，每天，有数百万居民搭乘轨道交通，在粤港澳大湾区的城市间通勤往返。粤港澳大湾区，世界四大湾区之一，在这里，一张四网融合的轨道交通网正不断延伸，近 2500 公里铁路运营里程，让城市间依赖大巴、渡轮、绿皮火车等往来的日子成为过去，一小时生活圈在"轨道上的大湾区"逐渐变成现实。一体化轨道交通网，促进了区域经济的发展，增强了同城效应，为各行各业跨城出行带来极大的便利。

轨道交通是区域联动发展的"大动脉"。随着城市的高速发展，我国轨道交通建设步伐逐年加快。在粤港澳大湾区，轨道交通已成为公共交通的骨干，在完善城市功能的同时，大大提升了城市间的通行效率，深化了区域内人流、物流、资金流的互联互通。

近年来，随着粤港澳城市群的高速发展，穗莞深城际、深惠城际、深大城际等轨道交通建设也在加快推进。轨道交通版图的全面拓展，加速了"一小时通勤圈"的成型，根据《粤港澳大湾区城际铁路建设规划》，到 2025 年，大湾区铁路网络运营及在建里程要达到 4700 公里，全面覆盖大湾区，通过京九铁路、广深港高速铁路在深圳与香港之间实现互联互通，让"轨道上的大湾区"早日由蓝图变为现实。

（来源：南方网）

点评：在粤港澳大湾区，一张融合干线铁路、城际铁路、市域（郊）铁路、城市轨道"四网"的轨道交通网，正不断延伸。轨道交通是区域联动发展的"大动脉"，大幅度提升了城市间的通行效率，不断深化湾区内人流、物流、资金流的互联互通，激活湾区活力。

任务 1.2　城市轨道交通供电职业岗位认知

城市轨道交通是城市的一种重要的交通方式，一旦发生事故，不但会导致交通瘫痪，而且会影响整个城市的正常运转。轨道交通供电系统是轨道交通的动力源，在为线路上运行的机车提供牵引电力的同时，还要为车站、区间、车辆段、控制中心等提供动力照明电能。轨道交通运营过程中，一旦供电中断，不仅会造成轨道交通系统的瘫痪，还会危及乘客的生命和财产安全。因此，轨道交通供电系统是轨道交通系统安全可靠运行的重要保障。

轨道交通供电系统应保障城市轨道交通系统运行期间的安全性，对轨道交通做好日常的监控和维护，并能够正确进行应急处理。下面介绍城市轨道交通供电专业培养目标、就业方向、岗位群、职业资格证书。

一、城市轨道交通供电专业培养目标

本专业培养德智体美劳全面发展，掌握扎实的科学文化基础知识和城市轨道交通供电电气安全作业、供电系统组成、继电保护及综合监控等知识，具备城市轨道交通供电规程与规章运用、供电系统运行管理、电气设备维护与检修流程化作业等能力，具有工匠精神和信息素养，能够从事城市轨道交通变电所（站）值班、应急处理、设备检修、电力线路维修、接触网运行与维护等工作的技能人才。城市轨道交通供电专业部分工作场景如图 1.2.1～图 1.2.4 所示。

图 1.2.1　城市轨道交通供电专业工作场景一

图 1.2.2　城市轨道交通供电专业工作场景二

图 1.2.3　城市轨道交通供电专业工作场景三

图 1.2.4　城市轨道交通供电专业工作场景四

二、城市轨道交通供电专业就业方向

本专业毕业的学生适合到城市轨道交通公司、铁路局、企业的供配电相关领域，从事下列工作：

（1）城市轨道交通、铁路牵引变电所、接触网、高电压设备、供电线路的运营、检修和维护工作。

（2）城市轨道交通、铁路牵引供电工程的施工与管理工作。

（3）在各类电力企业，从事施工、运行维护工作的管理工作。

（4）在电力供电设备生产企业，从事设备生产、调试安装、维修工作。

（5）供配电系统设备运行状态监测、数字化管理平台使用及综合分析工作。

（6）企事业单位文员工作（应具备城市轨道交通供电系统节能环保意识、安全生产作业知识及文献的信息检索能力）。

三、城市轨道交通供电专业岗位群

（1）接触网设备运行、检修及施工——接触网工。

（2）变配电所值班——变配电所值班员。

（3）变配电设备检修——变配电检修工。

（4）配电线路设备运行、检修及施工——电力线路工。

（5）电气设备试验——电气试验工。

（6）电气安全管理——电气安全员。

（7）电气设备运行与维护——维修电工。

（8）供配电系统设备运行状态监测、数字化管理平台使用及综合分析——供配电调度员。

四、职业资格证书

从事城市轨道交通供电相关工作，需要掌握相应专业技能和持有对应的职业资格证与作业许可证，包括维修电工证、低压电工操作员证、城市轨道交通变电检修员证、电工进网作业许可证、特种作业操作证、城市轨道交通岗位技能专业合格证书等。部分证书样式如图1.2.5所示。

图1.2.5 城市轨道交通供电专业的部分职业资格证及作业许可证样式

五、拓展学习材料

小小继电器成就大国工匠——高铁琴师柯晓宾

继电器是高铁控制系统中的"神经元"，小到信号灯，大到车站控制中心，每一个电路切换都离不开它。因为机器调整的精度达不到人工调整的精度，至今，继电器手工调整在全世界都是难题，调整接点间距的误差需要控制在0.05～0.1毫米，调整触片的力度要控制在200毫牛左右。在中国最大的铁路信号继电器的生产基地，中国通号西安工业集团沈信公司调整三班班长柯晓宾，每天带领班组成员完成铁路信号继电器出厂的核心步骤——继电器接点调整。由于这项工作对生产精度的要求极高，必须经过人工调试，他们也被亲切地称为"高铁琴师"。

2003年，20岁的柯晓宾从铁路机械学校毕业后，进入公司工作。继电器调整工作的难点之一是对力度的掌握；难点之二是需要左右双手同时进行调整，为确保接点片一次就能调整到位，一个动作就要练几十遍甚至上百遍。为了能使双手调试力度相当，柯晓宾专门买了握力器，反复练习手腕力度，在练就本领的路上，没有捷径，只有坐冷板凳、下苦功夫。2010年，柯晓宾为了参加全国职业技能大赛，进一步学习了继电器的理论知识。在此之前，柯晓宾在手法上、技能上已经积累了丰富的经验，而理论学习让她明白了实践操作背后的原理。通过多次比赛学习和艰苦的训练，柯晓宾逐步成长，并获得"全国技术能手""全国劳动模范"等称号，成为调整线上大师级的人物。

2017年，柯晓宾成立创新工作室，柯晓宾带领团队攻克生产难题29个，取得创新成果43项，申请国家专利8项，她的工作室已成为"中国高铁"国家名片的"火车头劳模创新工作室"。以青春为谱，为祖国赋能，柯晓宾扎根一线，用对超群技艺的传承与创新，诠释了"大国工匠"的担当精神。

2022年，柯晓宾当选党的二十大代表。谈到履职的体会，柯晓宾表示，随着时间的推移，越发感觉首先要把自己的本职工作做好，练就过硬本领，担实岗位责任，严格要求自己，在工作中发挥模范标杆作用；其次，遇到任何困难、挑战，要能够站出来迎接挑战，关键时刻冲锋在前，克服困难，解决问题。

（来源：新华网）

点评：简单的事情认真做、复杂的事情坚持做，平凡的岗位也能够创造不平凡的成就。

思考与练习

1. 什么是城市轨道交通？它在城市交通中处于何种地位？
2. 城市轨道交通体系由哪些子系统构成？
3. 城市轨道交通供电专业有哪些就业方向？

项目 2

安全用电与触电急救

项目导学

在我们的生活中，电作为一种能源被广泛使用，电与设备的运转息息相关。做好用电安全工作，落实安全用电措施，对防止电气设备损坏，保障轨道交通安全运行，避免人身触电事故等具有重要意义。

知识导图

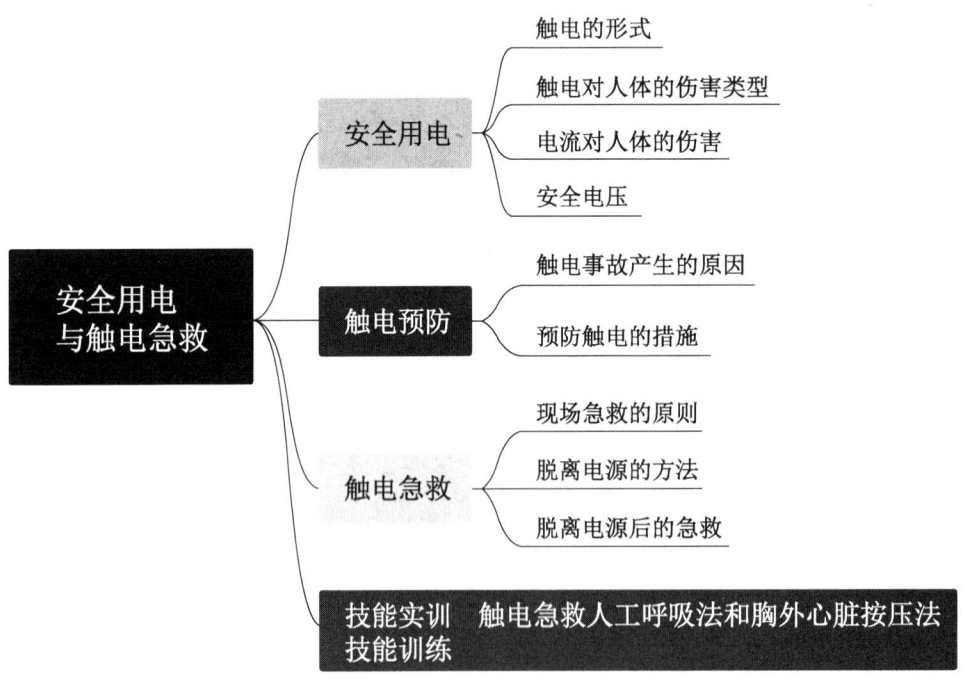

学习目标

知识目标：1. 了解安全用电的常识和触电预防的措施。

2. 掌握现场急救的原则。

技能目标：掌握人工呼吸急救法和胸外心脏按压急救法。

素养目标：树立生命至上、安全发展理念，强化安全生产意识。

情景导入

深圳地铁施工中发生的触电事故

2022年6月22日，在深圳地铁8号线一期工程施工中，电工杨某在接线操作时触电倒地，被送往盐田人民医院急诊科后经抢救无效死亡。事后，项目现场负责人高某担心因生产安全事故导致停工等，伪造事故现场，隐瞒生产安全事故真相。经事故调查组调查，查明事故真相后，公安机关依法追究高某刑事责任。

经调查和对事故原因的分析，该事故是一起因施工单位安全生产主体责任落实不到位，现场安全管理、监理缺失，管理人员违章指挥，施工人员违章冒险作业且瞒报事故真相的严重的生产安全责任事故。其直接原因是，作业人员未持电工特种作业人员证上岗，未戴绝缘手套、未穿绝缘鞋等防护用品，并在未切断线路供电的情况下进行接电作业，作业前未使用验电笔确认线路是否带电，误剪带电的导线，导致触电事故发生。

点评：从本案例中，我们看到，轨道供电施工是需要作业人员持证上岗的，需要掌握对应的职业技能，另外作业时一定要遵守安全操作规范，正确操作才能避免安全事故、人员伤亡和财产损失。

任务 2.1 安全用电

在日常生活和各种生产中，我们需要接触各类电气设备。轨道交通系统中有很多电气控制和照明设备，我们要掌握好电气知识，做到安全用电和规范作业，一旦发生触电事故，要会采取触电急救措施。

一、触电的形式

人体接触或靠近带电体，所引起的局部受伤或死亡的现象称为触电。由于人的身体能导电，大地也能导电，如果人的身体碰到带电的物体，电流就会通过人体传入大地，从而引起触电。触电有单相触电、两相触电、跨步触电等形式，触电的形式、定义及示意图如表2.1.1所示。

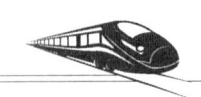

表 2.1.1 触电的形式、定义及示意图

触电形式	定义	示意图
单相触电	指人体某一部分碰到相线或绝缘性能不好的电气设备外壳，电流由相线经人体流入大地的触电现象	
两相触电	指人体的不同部位分别接触同一电源的两根相线，电流由一根相线经人体流到另外一根相线的触电现象	
跨步电压触电	指电气设备相线碰壳接地或带电导线直接触地时，人体虽然没有直接接触带电体，但是跨步行走在电位分布曲线的范围内而造成的触电现象	

二、触电对人体的伤害类型

触电对人体的伤害主要有电击和电伤两种类型。触电对人体的伤害类型、定义及示意图如表 2.1.2 所示。

表 2.1.2 触电对人体的伤害类型、定义及示意图

触电对人体的伤害类型	定义	示意图
电击	人体是导电体，当人体接触带电体时，电流就通过人体与大地或其他导体形成闭合回路，电流通过人体会造成人体内部组织损坏，使人出现痉挛、窒息、心颤，严重时导致中枢神经麻痹、心脏骤停等现象，甚至导致死亡	

续表

触电对人体的伤害类型	定义	示意图
电伤	指电流对人体外部造成的局部伤害，如带电体与人体之间闪击放电或电弧波及人体，会使人体受到电弧灼伤，这是电流的热效应；同时，电流的化学效应也会造成电烙印，而金属渗入皮肤会造成皮肤金属化	

三、电流对人体的伤害

触电对人体的伤害程度，取决于通过人体的电流的强度、频率和持续时间、电压高低、电流流经人体的路径及身体状况等因素。通常通过人体的电流越大，伤害越严重，通电时间越长，伤害越严重，交流电通过人体的危险性比直流电通过人体的危险性大。流过心脏的电流分量越大越危险。人的身体状况越差，触电时越危险。流过人体的电流大小和电流种类不同时人的生理反应如表 2.1.3 所示。

表 2.1.3　流过人体的电流大小和电流种类不同时人的生理反应

电流大小（mA）	50～60Hz 交流电	直流电
0～1.5	开始有感觉，手有轻颤抖	无感觉
2～4	手指强烈颤抖	无感觉
5～10	手部痉挛，但还能够摆脱	感觉痒和热
15～30	手迅速麻痹，不能够摆脱电极	热感觉大大增强
50～80	呼吸麻痹，心房开始震颤	热感觉强烈，呼吸困难
90～100	呼吸麻痹，心脏停搏	呼吸麻痹

（1）通过人体电流的大小。

通过人体的电流越大，对人体的伤害也越大，大于 10mA 的交流电流或大于 50mA 的直流电流流过人体时，可能就危及生命；交流电对人体的伤害比直流电大。

（2）触电持续的时间。

人体触电的时间越长，触电的后果越严重。

（3）电流的频率。

触电时触电的频率对触电的伤害有较大的影响。研究资料表明，交流电中，频率为 25～300Hz 的交流电最为危险，其他频率电流的危险性相对较小。

（4）电流通过人体的路径。

通常电流流经人体任何部位，都会造成严重伤害，甚至导致死亡。电流从头部到身体任何部位和从左手经前胸到脚的途径是最危险的，因为这两条途径通过的重要器官最多。

（5）人体状况的影响。

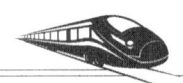

电对人体的危害程度与人的身体状况有关。一般情况下，女性较男性对电流更敏感，感知电流和摆脱的能力要低于男性，人体的健康状态也是影响触电时的受伤程度的因素。

（6）人体电阻值。

在干燥环境中，人体电阻大约为 2kΩ；皮肤出汗时，大约为 1kΩ；皮肤有伤口时大约为 800Ω。皮肤与带电体的接触面越大，人体电阻越小。

四、安全电压

安全电压是指不会使人直接死亡或致残的电压，一般环境条件下允许持续接触的安全特低电压是 36V。我国规定的安全电压额定值的等级为 42V、36V、24V、12V、6V，不同场所选用的安全电压等级不同。在湿度大、狭窄、周围有大面积接地导体的场所（如金属容器内、矿井内、隧道内等）使用的手提照明灯，应采用 12V 安全电压。凡手提照明器具，在危险环境、特别危险环境的局部照明灯，高度不足 2.5m 的一般照明灯，若无特殊的安全防护装置或安全措施，均应采用 24V 或 36V 安全电压。安全电压的规定是从总体上考虑的，对于某些特殊情况或某些人也不一定绝对安全。是否安全与人的身体状况（主要是人体电阻）、触电时间长短、工作环境、人与带电体的接触面积和接触压力等都有关系。所以即使在规定的安全电压下工作，也不可大意。

五、拓展学习材料

生命至上 安全用电无小事

在日常生活中，用电设备无处不在。电冰箱、电视机、洗衣机、空调、热水器、微波炉，几乎成为每个家庭的必备电器。然而，我们在享受着家用电器带给我们便利的同时，也面临着触电的危险，触电在顷刻间就会夺走我们的生命。

在居家生活中，因房屋缺少接地线，没有按照规定加装漏电保护器导致的触电事故时有发生，2017 年 6 月 11 日，深圳民治街道一出租屋内年轻女子在洗澡时触电身亡，年仅 21 岁。经专业监测机构对该栋房屋用电系统及该出租屋内使用的热水器进行了检测和勘验，该出租屋主要存在的电气安全问题如下：① 房屋没有接地；② 电气线路安装混乱，电线乱拉乱接问题突出；③ 强电与弱电混装；④ 零线与地线混接。上述电气线路问题是导致此次触电事故的根本原因。

（来源：深圳市龙华区安全办）

点评：一则小小的安全事故，轻则对个体生命造成伤害，重则对群体和国家造成不可挽回的损失。生命至上，安全第一，科学用电，防患于未然。

任务 2.2　触电预防

人体触电事故的发生通常有两种情况，一是人体直接接触或靠近电气设备的带电部分，二是人体触及平时不带电但因绝缘损坏而带电的外壳或金属构架，尤其是对平时不带电的外壳，因无带电特征，人们不会刻意防触电，因此，为了防止人体触电事故，首先要提高人们用电的安全意识，做到防患于未然，把事故消灭在萌芽状态；其次，作业时认真执行《电业安全工作规程》，此外，还必须采取必要的防护措施，一旦触电，还要用科学的方法进行急救。

一、触电事故产生的原因

（1）缺乏电气安全知识：在日常生活中，很多触电是缺乏电气安全知识导致的，如在高压线附近放风筝，风筝有可能缠绕到高压线上，影响电网安全运行，严重时还威胁人身安全。

（2）违反操作规程：由于电气设备繁多和电工工种的特殊性，国家和有关部门都制定了具体的电气安全操作规程。但还是存在从业人员违章操作导致触电事故发生的现象。如工作人员违反"停电检修安全工作制度"误合闸导致维修人员触电。

（3）设备不合格：市面上流通的假冒伪劣产品，采用劣质材料，生产工艺粗制滥造，设备的绝缘等级、抗衰老能力很差，容易造成触电。

（4）维修不善：如大风刮倒的电线未得到及时的处理，导致触电。

（5）偶然因素：如大风刮倒的电线正好落到人体上。

二、预防触电的措施

人体触电的常见形式为直接触电和间接触电。针对不同的触电事故，应采取不同的防护措施。

1. 直接触电防护措施

直接触电防护也称基本保护，变配电装置从各个环节都必须注意防止人体触及电气装置的带电部分，并设置安全防护措施。

（1）直接触电的防护措施——绝缘。

绝缘是指使用绝缘材料对带电体进行封闭和隔离，以防止人体与带电体的接触。电气作业时使用与作业电压相符的绝缘站台（垫）工作，穿绝缘鞋，戴绝缘手套，使用有绝缘手柄的工具。电气作业使用的防护用品如图 2.2.1 所示。

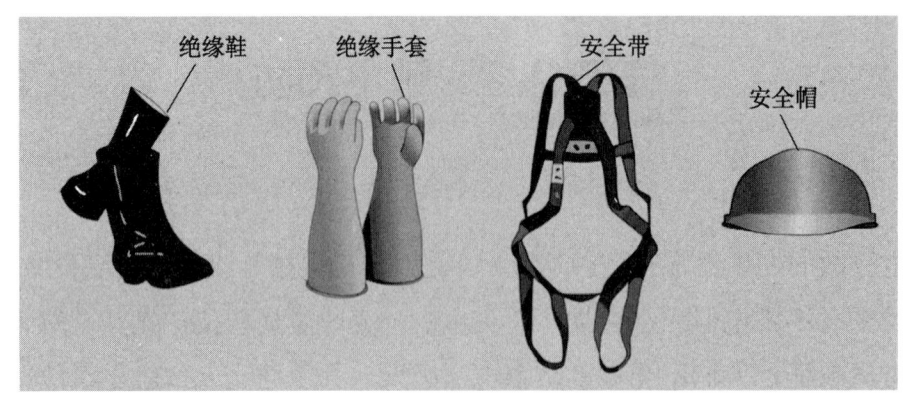

图 2.2.1　电气作业使用的防护用品

（2）直接触电的防护措施——屏护。

屏护是指使用遮栏、护罩、护盖等外护物将带电部分与外界隔离，防止人体无意识地触及或过分靠近带电体引起触电，如图 2.2.2 所示。

（3）直接触电的防护措施——障碍。

障碍是指设置阻挡物以防止人无意识地接近带电体或触及带电部分，如图 2.2.2 所示。

图 2.2.2　屏护、障碍

（4）安全距离。

安全距离指带电体与地面之间、带电体与其他设备、设施之间、带电体与带电体之间必须保持的最小距离。

（5）安全电压。

在不同环境条件下，人体接触有一定电压的带电体后，其各部分组织（如皮肤、心脏、呼吸器官和神经系统等）不发生任何损害，该电压称为安全电压。我国规定的安全电压额定值是交流电压 42V、36V、24V、12V、6V，不同的工作场所和工作环境，安全电压也不相同。

2. 间接触电防护措施

（1）保护接地。

保护接地，是为防止电气装置的金属外壳、配电装置的构架和线路杆塔等带电危及人身和设备安全而进行的接地。所谓保护接地，就是将正常情况下不带电，而在绝缘材料损坏后或其他情况下可能带电的电器金属部分（与带电部分相绝缘的金属结构部分）用导线与接地体可靠连接的一种保护接线方式。保护接地一般用于配电变压器中性点不直接接地（三相三线制）的供电系统中，用以保证当电气设备因绝缘损坏而漏电时产生的对地电压不超过安全范围。保护接地示意图如图2.2.3所示。

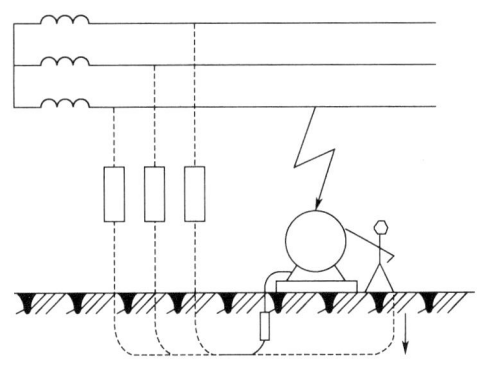

图2.2.3　保护接地示意图

若漏电设备已经采取了保护接地措施，即使人碰到了带电的机壳，由于采用了保护接地装置，相当于人与接地电阻并联，人体电阻远大于接地电阻，电流绝大部分通过接地线流入大地，从而保障了人身安全。

通过将人体与保护接地体并联，降低人体的接触电压。接地电阻越小，接触电压越小，流过人体的电流越小。

（2）保护接零。

保护接零又叫保护接中性线，在三相四线制系统中，电源中性线是接地的，又称零线，将电器的金属外壳或构架用导线与电源中性线（零线）连接，就叫保护接零。保护接零示意图如图2.2.4所示。

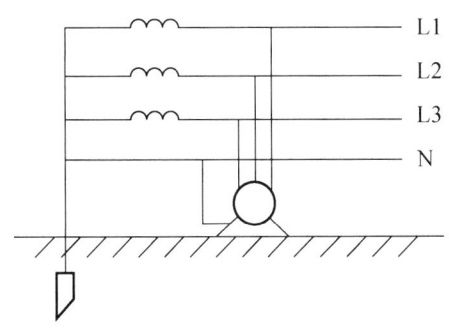

图2.2.4　保护接零示意图

有了保护接零，当发生碰壳短路时，短路电流就由相线流经外壳到零线，再回到中性点。由于故障回路的电阻、电抗都很小，所以故障电流很大，它足以使线路上的保护装置（熔断器或自动开关）迅速动作，使漏电的设备断电，消除危险，从而起到保护作用。

（3）装设漏电保护装置。

安装漏电开关、漏电断路器等漏电保护装置后，一旦回路中发生漏电、过载、短路等事故，漏电保护装置将会立即跳闸，断开电路，保护人员、线路及电器的安全。

三、安全生产规章制度

轨道交通的正常运行离不开电力，学习安全用电知识，落实触电防护措施，杜绝违章作业，不断提高安全意识，对保证人身、电网、设备安全的意义重大。

为了有效实施电力安全生产监督管理，预防和减少电力事故，保障电力系统安全稳定运行和电力可靠供应，国家颁布了《轨道交通牵引供电安全作业规程》《轨道交通运营安全条例》《电力安全生产监督管理办法》等法律法规。

保障安全文明生产的规章制度中有如下一些规定：

（1）电气维修值班制度：电气设备维修值班应有2人或2人以上，尤其是高压设备维修班。

（2）电气设备维修巡检制度：一般由2人进行。

（3）工作票制度：在电气设备上工作时，要填写工作票或按命令执行。

（4）工作许可制度：未经过工作许可人（值班员）允许，不准执行工作票。

（5）工作监护制度：监护人要对工作人员的工作进行指导和监督，及时纠正不安全的操作和危险动作。

（6）电气设备维护保养制度：定期对设备进行维护和保养。

任务2.3　触电急救

当发现有人触电时，不要惊慌失措，应保持冷静，迅速、安全、正确地进行紧急救护，触电急救是可有效减少触电伤亡的方法。

一、现场急救的原则

迅速：要动作迅速，切不可惊慌失措，要争分夺秒、千方百计地使触电者脱离电源，并将触电者转移到安全的地方。

就地：应在现场（安全地方）就地抢救触电者。

准确：抢救的方法和动作姿势要正确。

坚持：急救必须坚持到底，直至医务人员判定触电者已经死亡，才能停止。

二、脱离电源的方法

触电急救首先要让触电者迅速脱离电源，把触电者接触的带电体断开电源或让触电者脱离带电设备。在脱离电源前，救护者不得直接用手触及触电者，以免救护者同时触电。在脱离电源的过程中，救护者要注意保护自身安全，触电者如果处于高处，应采取相应的措施，防止触电者脱离电源后从高处坠落形成二次伤害或再次触及其他带电线路。

1. 脱离低压电源的方法

脱离低压电源的五步：拉、切、挑、拽、垫，脱离低压电源操作示意图如图 2.3.1 所示。

（1）拉（拉开关）：附近有电源开关或插座时，应立即拉下开关或拔掉电源插头。

（2）切（切断电源线）：若一时找不到断开电源的开关，应迅速用绝缘的钢丝钳或断线钳剪断电线，以断开电源。

（3）挑（挑开导线）：对由导线绝缘损坏造成的触电，急救人员可用绝缘工具或干燥的木棍等将电线挑开。

（4）拽（拽开触电者）：急救人员可戴上手套或在手上包缠干燥的衣服等绝缘物品拖拽触电者；也可站在干燥的木板、橡胶垫等绝缘物品上，用一只手将触电者拖拽开。

（5）垫（站到绝缘垫上）：设法把干木板塞到触电者身下，使其与地面隔离，急救人员也应站在干燥的木板或绝缘垫上。

图 2.3.1 脱离低压电源操作示意图

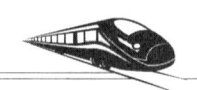

2. 脱离高压电源的方法

（1）立即通知有关部门停电。

（2）戴上绝缘手套，穿上绝缘鞋，使用相应电压等级的绝缘工具，拉开高压跌落式熔断器或高压断路器。

（3）抛掷裸金属软导线，使线路短路，迫使继电保护装置动作，切断电源，但应保证抛掷的导线不触及触电者和其他人。

3. 触电急救口诀

有人触电莫手牵，伤员脱电最关键。

切断电源是首先，干燥竹木挑电线。

如果身边无工具，干燥衣服也可用。

脱电伤员要平放，检查呼吸和心跳。

人工急救不间断，联系医生要尽快。

4. 帮助触电者脱离电源应注意的问题

（1）急救人员不可直接用手或其他金属及潮湿的物件作为救护工具，而必须使用适当的绝缘工具。

（2）一般情况下，急救人员应单手操作。

（3）要防止触电者脱离电源后摔伤。

（4）夜间发生触电事故，应迅速解决临时照明问题。

（5）尽快让触电者脱离电源固然很重要，但同时要保护好自己不触电。

三、脱离电源后的急救

1. 现场急救的操作

触电者脱离电源后，应立即就近移至干燥通风的场所，再根据情况迅速进行现场救护，同时应立即通知医务人员到现场，并做好送往医院的准备工作。现场急救可按触电者受伤程度进行不同的操作：

（1）触电者所受伤害不太严重。若触电者神志清醒，只是有些心慌、四肢发麻、全身无力，一度昏迷，但未失去知觉，则应使触电者静卧休息，不要走动，同时应严密观察，如在观察过程中，发现呼吸或心跳很不规律甚至接近停止，应赶快进行抢救，请医生前来或送医院救治。

（2）触电者的受伤情况较严重。若触电者无知觉、无呼吸，但心脏还在跳动，应立即进行人工呼吸；若有呼吸，但心脏跳动停止，应立即采用胸外心脏按压法进行救治。

（3）触电者受伤很严重。若触电者心脏和呼吸都已停止，瞳孔放大、失去知觉，则须同时采用人工呼吸和胸外心脏按压两种方法进行救治。医务人员到场后及时送医院抢救，在途中也不能中断急救操作。

2. 人工呼吸急救法

（1）触电者症状：呼吸微弱甚至停止，但心跳尚存。

（2）抢救方法。

① 清除口腔阻碍的杂物，使触电者身直、仰卧，头部尽量后仰，鼻孔朝天。

② 捏紧鼻子，贴嘴吹气，使其胸部扩展。

③ 吹2秒，停3秒，5秒为一个周期。

按照上述要求对触电者反复吹气、换气，每分钟约12次。对儿童使用人工呼吸法时，只可小口吹气，以免其肺泡破裂。如果触电者的口无法张开，则改用口对鼻人工呼吸法进行抢救。人工呼吸操作要点如图2.3.2所示。

（3）口对口人工呼吸法口诀。

伤员仰卧平地上，解开领扣松衣裳。

张口捏鼻手抬颌，贴嘴吹气看胸张。

张口困难吹鼻孔，五秒一次吹正常。

吹气多少看对象，大人小孩要适量。

3. 胸外心脏按压急救法

触电者症状：心跳微弱、不规则或停止，但呼吸尚存。

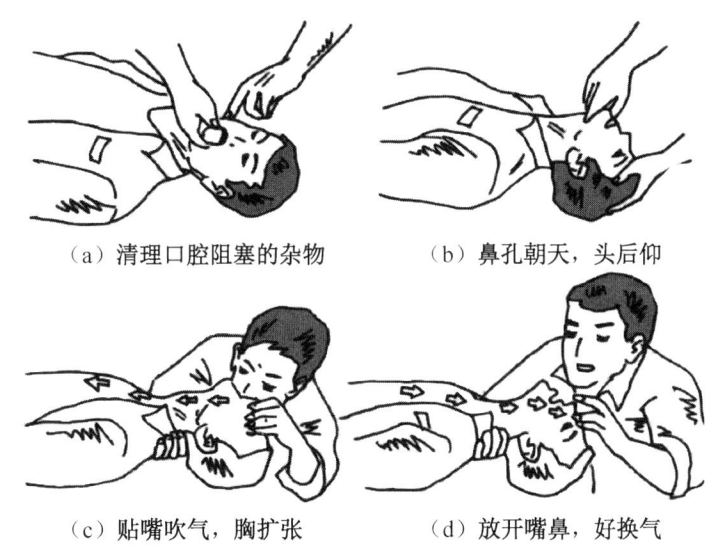

（a）清理口腔阻塞的杂物　　　　（b）鼻孔朝天，头后仰

（c）贴嘴吹气，胸扩张　　　　（d）放开嘴鼻，好换气

图2.3.2　人工呼吸操作要点

抢救方法：

（1）触电者仰卧在硬地上。

（2）救护者跨腰跪在触电者腰部两侧或一侧，两手相叠，手掌根部放在其心脏上方。掌根用力垂直向下挤压，以每秒钟挤压两次，每分钟挤压120次左右为宜；挤压后掌根迅

速全部放松，让触电者胸部自动复原，放松时掌根不必完全离开胸部。如此反复进行，胸外心脏按压法要点如图 2.3.3 所示。进行人工呼吸和胸外心脏按压抢救要坚持到底，切不可轻易放弃，在送往医院途中也不能停止抢救。

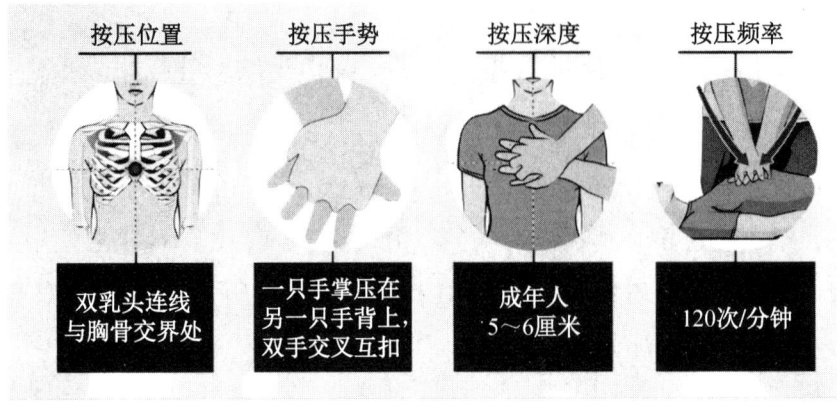

图 2.3.3　胸外心脏按压法要点

按照上述要求反复地对触电者的心脏进行按压和放松。按压与放松的动作要有节奏，每分钟 120 次效果最好。救护者在按压时，切忌用力过猛，以防造成触电者内伤，但也不可用力过小，而使按压无效。如果触电者是儿童，则可用一只手按压，用力要轻以免损伤胸骨，也不可用力过小，而使按压无效。

（3）胸外心脏按压急救法口诀。

病人仰卧硬板床，通畅气道有保障。
手沿肋弓找切迹，掌跟靠在食指上。
两手上下要重叠，垂直压向脊柱上。
上下按压五厘米，两肩垂直冲击量。
用力按压心收缩，迅速放松心舒张。
一秒两次较适宜，节奏均匀力适当。
颈脉搏动能触及，按压效果才够上。

四、拓展学习材料

书到用时方恨少，事非经过不知难

事故案例：一家企业的生产车间内，两名工人正在清理车间地面，他们将地面上蓄热球清理到铁桶内，由于工作需要，想将装满蓄热球的铁桶移动位置。工人甲将上半身靠在铁桶上，两手抓住铁桶外侧来挪动铁桶，结果一趴上去，工人甲就不动了，工人乙还以为是铁桶太重，过来帮忙挪动时，却被电击弹开，工人乙这时才意识到工人甲触电了，急忙用扒衣袖的办法将甲拉离铁桶，但甲已经出现无呼吸、无心跳情况，工人乙因为没学习过触电急救法而错过最佳抢救时间，工人甲死亡。事故调查时发现，车间内排风扇电源线杂乱放置于地面，被铁桶压住，在铁桶的重压和摩擦下，电源线绝缘层破损，引起铁桶带电，引发事故。这起事故是典型的由于作业现场临时用电线路走线混乱，未按规范要求加装保护设施引起的事故。

（来源：国家安全教育片）

点评：俗话说，养兵千日用兵一时，我们要学好本领，学好知识，练好技能，在需要时才能够从容不迫。

思考与练习

一、填空题

1. 触电是指电流通过人体时对人体的_____和_____伤害。
2. 触电对人体的伤害程度，取决于通过人体的_____、_____、_____、电压高低，电流流经人体的途径和身体状况等因素。
3. 常见的触电形式有_____、_____、_____等。
4. 人体触电的形式主要有_____和_____。
5. 保护接地的主要作用是降低接地电压和减少_____。

二、选择题

1. 接地是指电力系统或电气设备的某一部分与（　　）进行良好的电气连接。
   A．大地　　B．零线　　C．相线　　D．以上都不是

2. 绝缘靴主要用来防止（　　）电压。
   A．两相　　B．相　　C．单相　　D．跨步

3. 保护接零的有效性是指当设备发生故障时，（　　）使保护装置动作。
   A．过载电压　B．额定电压　C．短路电流　D．接地电流

4. 高压验电时，必须戴好绝缘手套。（　　）
   A．对　　B．错

5. 在任何环境下，36V 都是安全电压。（　　）
   A．对　　B．错

三、简答题

1. 怎样清除触电者口腔的异物?

2. 胸外按压的位置在哪?要压多深才能奏效?每分钟按压的次数应是多少?小孩子又应按压多少次?

3. 什么情况下才需要对触电者实施人工呼吸抢救?

项目 3

常用电工工具、仪表、基本操作

项目导学

城市轨道交通系统是由机械系统、供电系统、通信系统、自动控制系统等组成的复杂系统。供电系统是轨道交通系统能够正常运转的电力方面的保证。在安装和维修城市轨道交通的供电、通信等设备时常常需要用到各种工具和仪表。熟悉和掌握这些电工仪表和工具的操作、使用方法，才能提高工作效率、保证电路性能和施工质量，因此必须熟练掌握各种电工仪器、仪表和工具的正确使用方法，为分析和维修复杂电路打好基础，这样才能胜任城市轨道交通领域的电气设备安装、调试、维护和故障处理工作。通过本项目的学习，将熟悉常用电工工具和仪表的结构，掌握其正确的操作方法。

知识导图

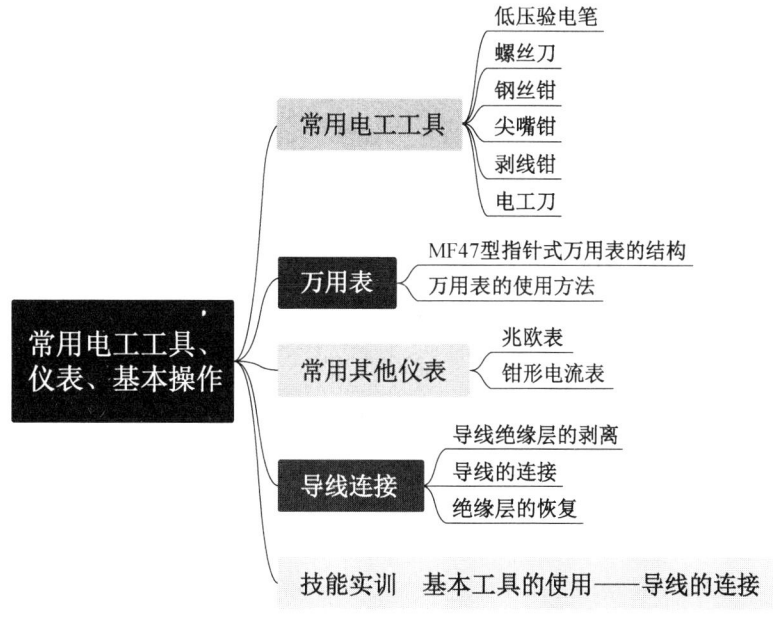

学习目标

知识目标：1. 认识常用电工工具及仪表。
2. 掌握常用电工工具及仪表的使用方法。
技能目标：1. 熟练掌握常用电工工具的使用。
2. 熟练掌握电量的测量方法和技巧。
3. 培养学生对测量数据的分析总结能力。
素养目标：增强学生的团队合作意识。

情景导入

城市轨道交通供电系统由复杂的电气设备通过一定的方式组合而成，这些电气设备的安装、调试、维护和故障处理都离不开常用的电工工具和仪器，下面我们开始学习常用的电工工具和仪器及其使用方式。

任务 3.1 常用电工工具

一、低压验电笔

低压验电笔简称电笔，也称试电笔，是电气工人常用的便携式低压试电器。用它可以方便地检查低压线路和电气设备是否带电。其检测电压在 60～500V 之间。低压验电笔由氖管、电阻、弹簧、笔身、笔尖探头等部分组成。图 3.1.1 所示为常用低压验电笔的结构。

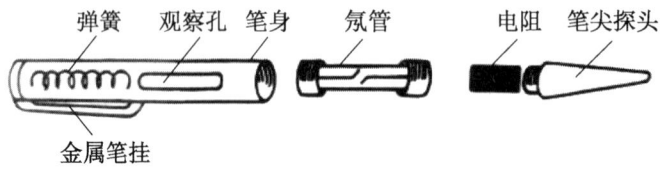

图 3.1.1 常用低压验电笔的结构

使用低压验电笔时，人站在地面上，笔尖探头接触待测的电路或带电体，手指接触金属笔挂，则带电体、电阻、氖管、人体、大地形成回路，当电压超过安全电压时，低压验电笔内部的氖管将发光，表明电路或带电体有电。图 3.1.2 所示是低压验电笔的使用方法。

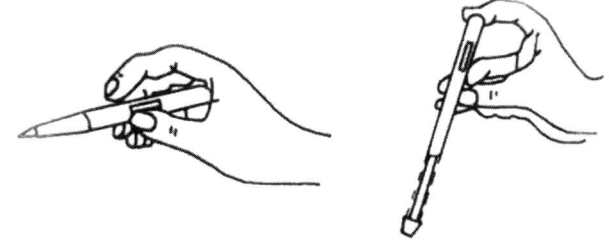

图 3.1.2 低压验电笔的使用方法

低压验电笔的使用方法如下：

（1）验电笔在使用前，应在已知带电体上测试，证明验电笔确实良好，方可使用。

（2）使用氖管验电笔时，右手握住验电笔身，食指触及笔身尾部的金属体，验电笔接触带电体，若有电，氖管发光，如果食指等人体没有接触验电笔的金属体，即使被测体带电，氖管也不发光。

（3）使用验电笔区分相线和零线，对于交流电，能够使验电笔氖管发光的为相线，正常情况下，验电笔触及零线，氖管是不发光的。

二、螺丝刀

螺丝刀又称改锥或者起子，有十字形和一字形两种形状，是一种用于紧固和拆卸螺钉的工具。它通常由手柄和刀杆组成，刀杆的头部有一个与螺钉头部相匹配的刀头，如图 3.1.3 所示。

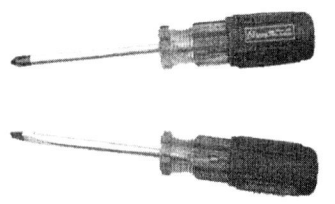

图 3.1.3 螺丝刀（十字形和一字形）

螺丝刀的使用方法如下：

（1）选择合适的螺丝刀：螺丝刀的刀头形状、大小应该与螺钉的头部形状、大小相匹配。

（2）使用合适的力度：使用螺丝刀时应该用适当的均匀力度拧转螺钉，不要用力过大或过小。

（3）注意方向：在拧转螺钉时要注意方向，如果需要卸下螺钉，应该按照逆时针方向拧转螺钉；如果需要安装螺钉，则应该按照顺时针方向拧转螺钉。

三、钢丝钳

钢丝钳也叫手钳,是一种用于剪切、弯曲、夹持和扭转金属线材的工具,常用于电工、制造、建筑等行业,如图 3.1.4 所示。

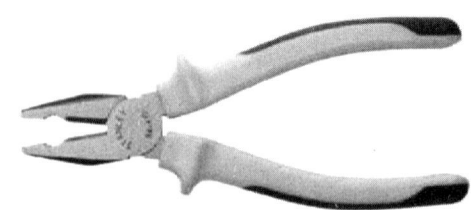

图 3.1.4　钢丝钳

钢丝钳的使用方法如下:

(1)使用前,首先检查钢丝钳的绝缘手柄是否完好,如果有损坏则不得用于电工检修。

(2)电工修理中,如果需要用钢丝钳剪导线,一定要相线、零线一根一根剪,切不可将相线、零线放在刀口一起剪,防止短路事故发生。

四、尖嘴钳

尖嘴钳头部尖细,是一种适用于在狭小空间工作的,用于夹持、弯曲、剪切小尺寸金属线材的工具,常用于电工、制造、建筑等行业,如图 3.1.5 所示。

尖嘴钳的用途:

(1)有刀口的尖嘴钳可以剪断比较细的金属丝。

(2)可以夹持小螺钉、垫片等。

(3)可进行导线的整形。

图 3.1.5　尖嘴钳

五、剥线钳

剥线钳是一种用于剥除小直径导线绝缘层的专用工具,它的手柄经过了绝缘处理,绝缘耐压为 500V,如图 3.1.6 所示。

图 3.1.6　剥线钳

剥线钳的使用方法如下：

（1）要为待剥下的导线绝缘层定好尺寸。

（2）将导线放入相应的刀口中。

（3）用力握钳柄，绝缘层即被割断，绝缘皮同时自动弹出。

六、电工刀

电工刀是一种用于切割电线线头、导线绝缘层、木台缺口等的工具，如图 3.1.7 所示。电工刀刀柄无绝缘保护措施，不能在带电的导线或设备上进行切削，以防触电。

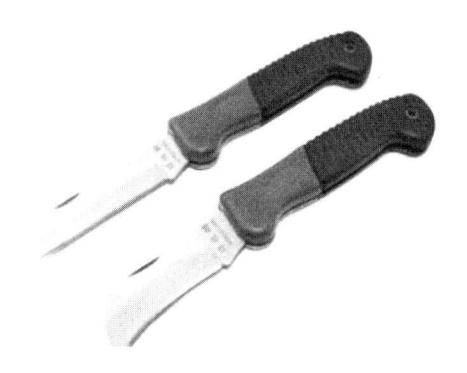

图 3.1.7　电工刀

电工刀的使用方法如下：

（1）使用时，刀口朝外切削。

（2）剥除导线绝缘层时，刀口与导线呈较小的角，用力均匀斜切至导线，然后顺导线方向朝外切割，以免割伤导线。

（3）不能带电作业，以免触电。

任务 3.2　万用表

万用表是一种多功能、多量程的便携式电子电工测量仪器，可用于测量交流电压、直流电压、直流电流、电阻等。有些万用表还可以测量电容、电感、二极管和三极管的性能参数等。目前常用的万用表有指针式万用表和数字式万用表两种，如图 3.2.1 所示。

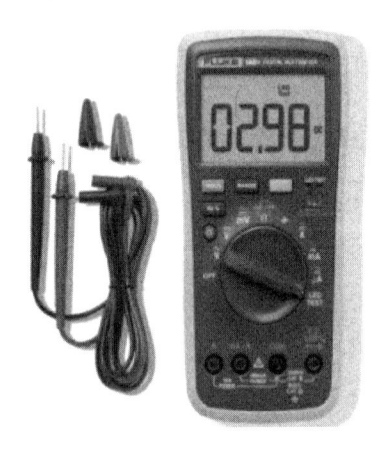

（a）指针式万用表　　（b）数字式万用表

图 3.2.1　万用表

一、MF47 型指针式万用表的结构

万用表的形式很多，其基本结构是相同的，主要由磁电式直流表头、测量线路和转换开关组成。下面以 MF47 型指针式万用表为例，介绍万用表的使用方法，其外观如图 3.2.2 所示。

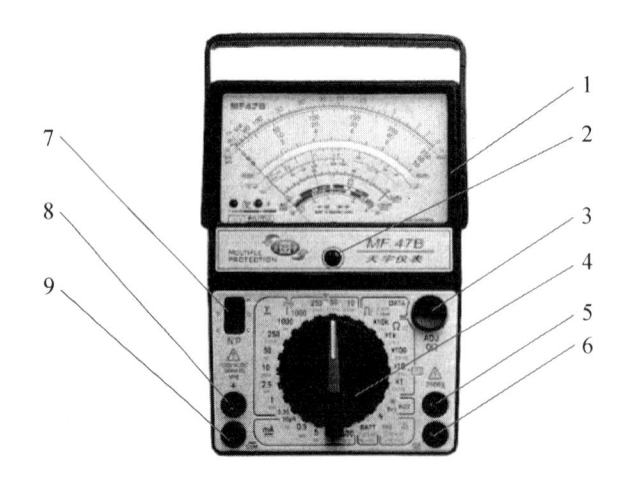

1—刻度盘；2—机械调零旋钮；3—欧姆调零旋钮；4—挡位转换开关；5—高压测量插孔；
6—10A 电流插孔；7—三极管测量插孔；8—红表笔插孔；9—黑表笔插孔

图 3.2.2　MF47 型指针式万用表的外观

1. 刻度盘

有着万用表心脏之称的刻度盘是测量结果的显示部分，方便读者观察测量数据。符号"A-V-Ω"表示这只万用表是可以测量电流、电压和电阻的多用万用表。图 3.2.3 所示为万用表刻度盘。

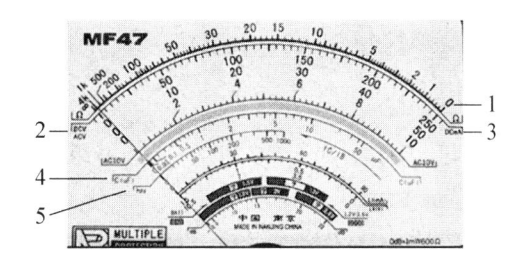

1—电阻刻度线；2—直流/交流电压刻度；3—直流电流刻度线；4—电容刻度；5—三极管电流放大倍数刻度线

图 3.2.3　万用表刻度盘

2. 转换开关

转换开关用来切换万用表内部线路，将不同性质的电量转换成表头能够接收的电量，从而可以测量直流电流、直流电压、交流电压和电阻等多种电量。其中"Ω"表示电阻挡，"ACV～"表示交流电压挡，"DCV—"表示直流电压挡，"DCmA"表示直流电流挡。图 3.2.4 所示为万用表转换开关。

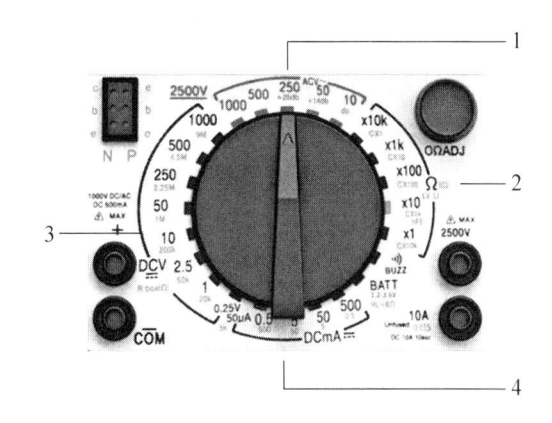

1—交流电压挡；2—电阻挡；3—直流电压挡；4—直流电流挡

图 3.2.4　万用表转换开关

二、万用表的使用方法

1. 测量电阻

操作步骤：

（1）机械调零。将万用表平放于台面，观察指针是否指在最左边的"0"刻度处，如果指针没有指在"0"刻度处，则用一字形螺丝刀调整机械调零旋钮，使指针指到"0"刻度处。

（2）欧姆调零，指针万用表使用前的一个重要步骤，旨在确保测量电阻的准确性。将万用表的转换开关打在电阻挡，把两表笔（尖）短接，观察表针是否指在Ω刻度线的 0 处。

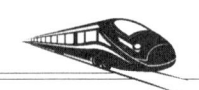

如果指针不指向 0，则需要调整欧姆调零旋钮，直到指针指向 0 处。如果调节欧姆调零旋钮后指针仍然无法指在 0 处，可能表内电池电量不足，此时应更换表内电池。

（3）根据估算的电阻值，将转换开关打在合适的挡位上。

（4）测量与读数。将电阻分别接在万用表红、黑表笔两端，待指针稳定后进行读数。读数方法是，表盘刻度数值乘以挡位倍乘数。比如，我们用的挡位是 R×10，表盘指针指向 40，则被测电阻阻值为 40×10=400Ω。

（5）由于电阻挡刻度是不均匀的，为了使测量相对精准，要求指针指在表盘满量程的 1/3 到 3/4 处。

注意事项

（1）用万用表电阻挡测量电阻时禁止带电测量，测量前必须切断电路电源。如果有大电容，必须进行放电。

（2）用万用表电阻挡测量晶体管时应注意，万用表的黑表笔接表里电池的"+"极，为高电位端，红表笔接表里电池的"-"极，为低电位端。

（3）测量电阻时要避免人体接入电路，导致人体电阻和被测电阻并联使测量结果不准确。

（4）在使用完毕后，要将转换开关打在非电阻挡位区或关闭万用表开关。

（5）正确读取万用表的数值。在读取刻度盘数值时，视线应和刻度盘垂直，让眼睛、指针、镜面中指针的影子成一条线，不能偏左或偏右，避免出现误差和误读。

（6）在测量电阻时，要先将万用表调至适当的挡位，要求指针在刻度盘满量程的 1/3 到 3/4 处。

2. 测量交流电压

操作步骤：

（1）将转换开关打在合适的交流电压挡上，若不能估算所测电压的值，则打在量程最大的交流电压挡上。

（2）将万用表的红、黑表笔接入电路中（交流电不分正负，对表笔不做要求）。

（3）根据挡位进行读数，万用表电压挡有 10V、50V、250V、500V、1000V 共五个挡位，刻度盘上电压有 10、50、250 的刻度线。测量超过 250V、小于 1000V 的电压时，可以根据实际情况选择 10、50、250（V）的刻度进行读数，再进行换算，如选择 500V 挡，用 250V 的刻度线进行读数，则读数要乘以 2（倍），才是实际的电压值，当然，也可以选择 50V 的刻度线，则刻度盘上的读数要乘以 10（倍），才是实际的电压值。

3. 测量直流电压

操作步骤：

（1）将转换开关打在合适的直流电压挡上，如不能估算所测电压的值，则打在量程最大的挡位上。

（2）将万用表的红表笔接高电位或"+"，黑表笔接低电位或"-"。将万用表并联到电路中进行测量。

（3）根据挡位进行读数，万用表直流电压挡有 0.25、1、2.5、10、50、250、500、1000 挡位可选，根据待测电压选择挡位和选择 10、50、250（V）刻度线进行读数，并进行实际数值的转换，方法参照交流电压测量法。

4. 测量直流电流

操作步骤：

（1）将万用表打在合适的直流电流挡上，如不能估算所测电流的值，则打在量程最大的挡位上。

（2）将电路断开，万用表的红表笔接高电位或"+"，黑表笔接低电位或"-"。将万用表串接到电路中进行测量。

（3）万用表有 0.05（50μA）、0.5、5、50、500 共五个 mA（毫安）直流电流挡位，测量时也是根据数值大小选择刻度线 10、50、250 来读数并进行倍率的转换，如选择 5mA 挡，用刻度盘上刻度线 50 对应的值来读数时，需要把读的值除以 10，才是实际的值。

任务 3.3　常用其他仪表

一、兆欧表

电气设备的绝缘性能是否良好，决定着该设备能否正常运行，而且关系到操作人员的生命安全。为了检验电气设备的绝缘性能，以及电线电缆的绝缘是否达标，就要用到兆欧表。兆欧表又称摇表，是一种常用的电工测量仪表，主要用于测量电气设备、电线电缆等装置的绝缘电阻和电阻值。它的测量单位是兆欧，用"MΩ"来表示，$1MΩ=10^6Ω$。机械式兆欧表外形如图 3.3.1 所示。

兆欧表有两个接线柱，一个是接线路的接线柱"L"，另一个是接地的接线柱"E"，还有一个保护铜环"G"。在兆欧表的一侧有一个手柄，它是手摇发电机的手柄，通过摇动手柄，可以产生数千伏的直流电压作为测量时的电源。兆欧表上方有一个表盘，刻度是不均匀的，用来读检测结果。

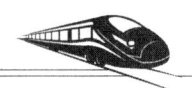

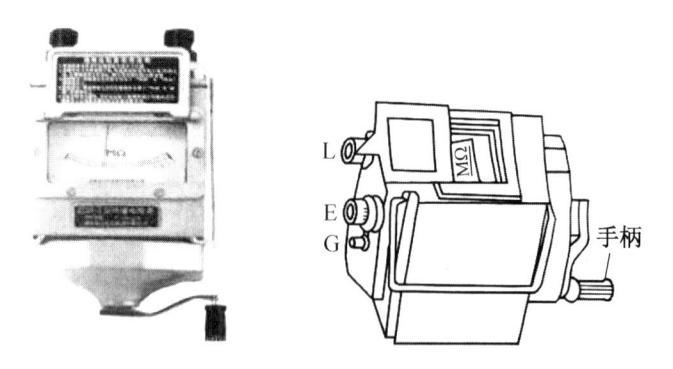

图 3.3.1 机械式兆欧表外形

1. 兆欧表的选用及使用前的准备

（1）选择种类。兆欧表的常用规格有 100V、250V、500V、1000V、2500V 和 5000V 等几种。选用时要使其输出电压高于被测设备的额定电压，但不能高出太多，否则会在测量时损坏被测设备的绝缘。

（2）选择导线。兆欧表的测试导线必须采用单股带绝缘的导线，且绝缘性能一定要达标，不能采用多股导线。

（3）平稳放置。兆欧表应水平放置在牢固的地方，这样在测量时摇动手柄不会使其抖动等。

（4）断开电源。检查被测电路或电气设备是否全部切断电源，兆欧表绝不允许带电测量。在测量具有大电容的电气设备或线路时，应先将待测设备放电后再进行测量，以免损坏兆欧表或造成人体触电事故。

（5）开路实验。将两表笔悬空且分开，均匀用力摇动手柄，使转速达到 120r/min，此时指针应该指"∞"处。

（6）短路实验。使"L"和"E"两接线柱短接，然后快速摇动手柄半圈到 3/4 圈，指针应迅速指"0"。特别注意，手柄不能长时间快速摇动，以免造成兆欧表的损坏。兆欧表使用前的准备如图 3.3.2 所示。

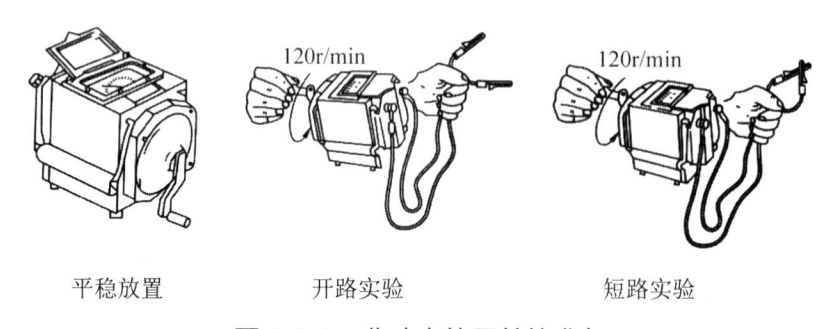

图 3.3.2 兆欧表使用前的准备

2. 兆欧表的测量

（1）正确接线。经过前面的准备工作后，就可以用兆欧表进行测量了。测量时必须正确接线。测量时，接线柱"E"应与待测电气设备的外壳或地线连接；接线柱"L"接电气设备的待测部位；"G"为保护铜环，测量时与电气设备的屏蔽层连接。兆欧表常用测试接线如图3.3.3所示。

（2）读取数据。均匀摇动手柄，使其转速达到120r/min，摇动1min，待指针稳定到某一刻度时再读数。

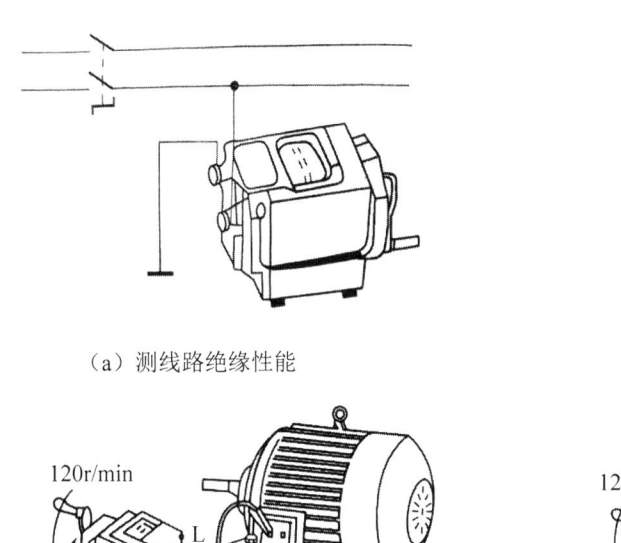

（a）测线路绝缘性能 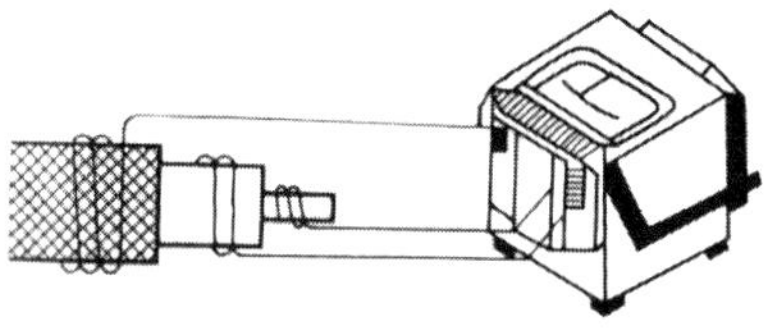　　　　　　　　　（b）测电缆绝缘性能

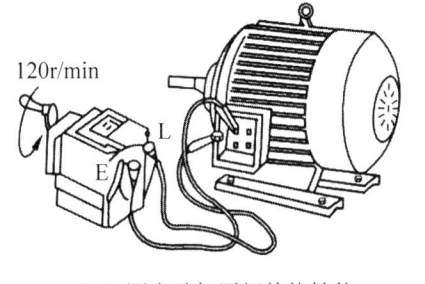

（c）测电动机匝间绝缘性能 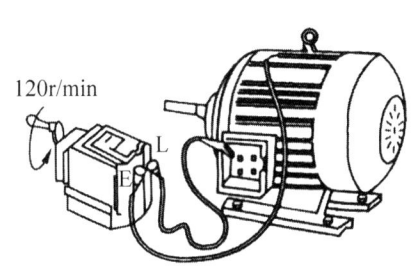　　　　　　（d）测电动机绕组对地绝缘性能

图3.3.3　兆欧表常用测试接线

（3）兆欧表使用结束后，应及时对兆欧表进行放电，也就是将"L"和"E"两个接线柱短接即可。

3. 兆欧表使用注意事项

（1）测试导线必须采用绝缘良好的单股多芯线，不能用双股绝缘线，更不能将两根线缠绕在一起。

（2）兆欧表在停止转动前，不能用手触摸测试点，以防触电。

（3）禁止在雷电天气时或附近有高压导体的设备上测量。

二、钳形电流表

钳形电流表是一种在不断开电路的情况下就能测量交流电流的专用仪表。它通常用来测量动力传输线路中的载流量；在电动机的测量中，常用于测量电动机的启动电流和工作电流。钳形电流表如图3.3.4所示。

1. 钳形电流表的测量原理

钳形电流表是根据电磁感应原理制成的。它是由一个穿心电流互感器和一只磁电式电流表组成的。互感器的二次绕组和电流表串联，互感器的铁芯做成一把钳子的形状。扳动扳手，打开钳头，把被测导线置于钳口的中心位置，松开扳手，则钳头铁芯就构成一个封闭的铁芯，被测导线就构成互感器的一次绕组。电流表将测得的数值进行换算后显示在表盘上。

2. 钳形电流表的使用

（1）用钳形电流表测量三相交流电时，夹住一根相线测得的是本相线电流值，夹住两根相线，读数为第三相线电流值，夹住三根相线时，如果三相平衡，则读数为零；若有读数，则表示三相不平衡，读出的是中性线的电流值。

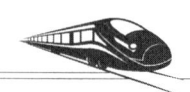

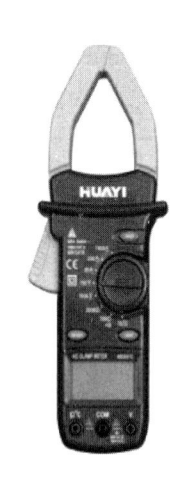

图 3.3.4 钳形电流表

（2）用钳形电流表测量 10A 左右的电流时，为了得到较准确的电流值，测量时，可把负载绝缘线在钳形电流表的动铁芯上多绕几匝。被测电流的计算公式：钳形电流表的读数/绕线匝数。

（3）用钳形电流表测量低压母线等裸露导体的电流时，测量前应将相邻各相用绝缘物隔开，以防钳口张开触及相邻导体，引起相间短路。

3. 钳形电流表的使用注意事项

（1）测量前，应检查钳形电流表指针是否归零，如不在零位置，则需要进行机械调零。

（2）检查钳口的开合情况，要求钳口活动自如，钳口接合面接触紧密。

（3）选择合适的量程，如不能估算，则选择最大量程。

（4）测量时应戴绝缘手套，站在绝缘垫子上，不得触及其他设备，以防短路或接地。观察测量值时，要特别注意保持头部与带电部分的安全距离。

（5）使用完毕，要将钳形电流表擦拭干净并妥善保管，将旋钮旋至最大量程处。

任务 3.4　导线连接

导线连接是电工的一门基本技能，在电力维护维修中导线连接是非常普遍的。因为导线连接的质量对线路的可靠性和安全性影响非常大，所以学会正确地连接导线，不但可以降低故障的发生率，提高线路的安全性、可靠性，而且可以降低劳动强度。

导线连接的基本口诀：导线连接须切记，接头连接要可靠，机械强度足够好，接触电阻还要小，整体规范又美观，绝缘强度是保证，省时省力又安全。

一、导线绝缘层的剥离

导线绝缘层的剥离就是将包裹在导线周围的塑料层或橡皮绝缘层去除，露出金属导线部分，方便接线。通常按照导线的结构用相应的工具和剥离方法来剥离导线的绝缘层，常用的工具是电工刀和钢丝钳，如图 3.4.1 所示。

（a）用电工刀剥离绝缘层　　　　　（b）用钢丝钳剥离绝缘层

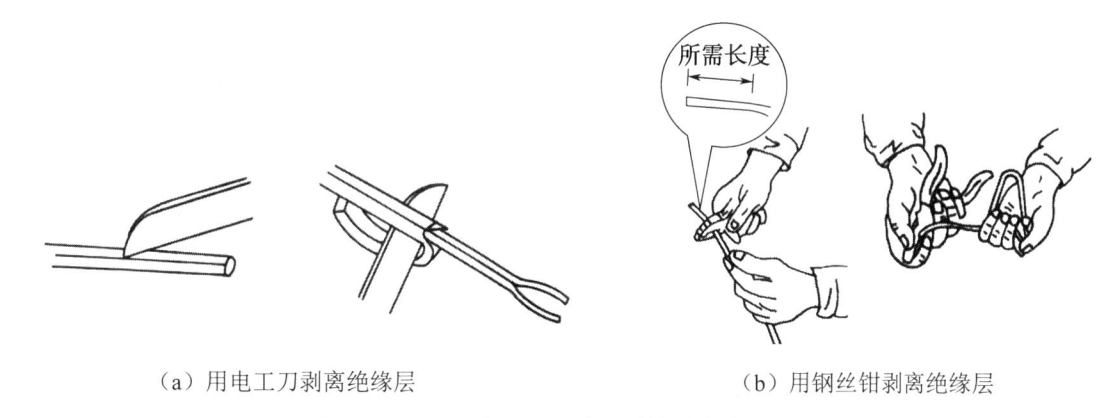

图 3.4.1　用电工刀和钢丝钳剥离绝缘层

二、导线的连接

导线的种类很多，连接导线时要根据导线的种类、材质、规格等采取不同的连接方法，常用的连接有单股导线和单股导线的连接、单股导线和多股导线的连接、多股导线和多股导线的连接几种。

1. 单股导线和单股导线的连接

单股导线与单股导线的连接有直接连接和 T 形连接两种。

（1）单股导线的直接连接。

① 绝缘层剥离长度为导线直径的 60 倍左右。

② 将两个线头在离线芯根部 1/3 处成"×"状交叉。

③ 将两个线头互相绞绕 6～8 圈。

④ 扳直两个线头，使之与轴线垂直。

⑤ 将两个线头在线芯上密绕 6 圈。剪除多余导线，钳平末端，单股导线的直接连接如图 3.4.2 所示。

（2）单股导线的 T 形连接。

① 将需要连接的分支导线线头垂直搭接在主干导线的金属部分，在分支导线线芯根部留出 3～5mm。

② 按照顺时针方向缠绕分支导线，绕 6～8 圈。

③ 用钢丝钳减去多余导线，钳平末端。单股导线的 T 形连接如图 3.4.3 所示。

(a)　　　　　　　　　(b)　　　　　　　　　(c)

图 3.4.2　单股导线的直接连接

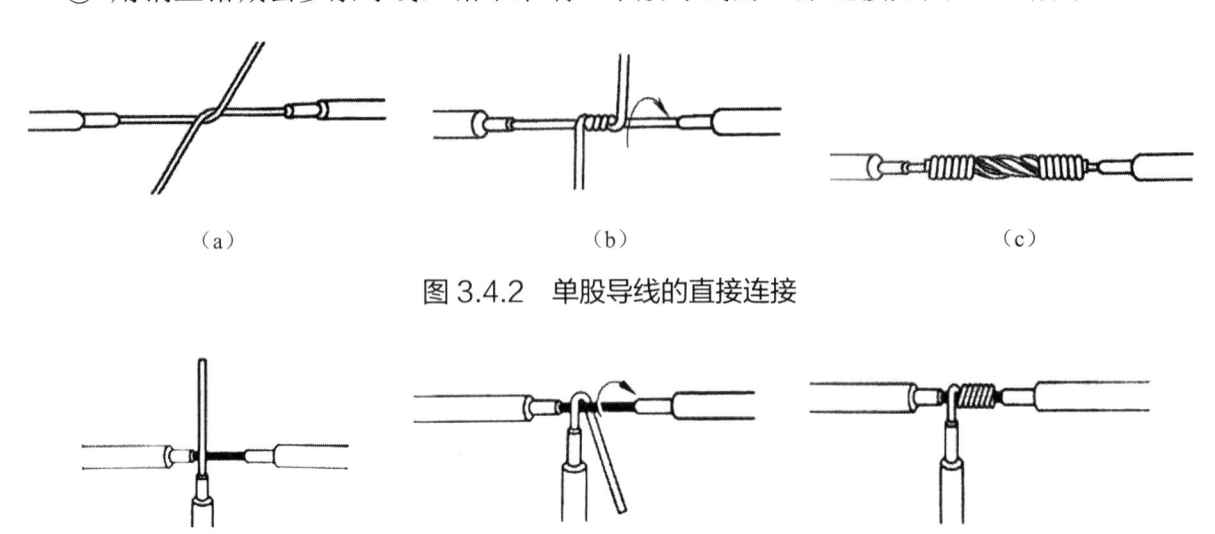

(a)　　　　　　　　　(b)　　　　　　　　　(c)

图 3.4.3　单股导线的 T 形连接

2. 多股导线和多股导线的连接

多股导线与多股导线的连接有直接连接和 T 形连接两种（以七股导线为例）。

（1）多股导线的直接连接。

① 将两根剥离绝缘层的导线线芯拉直，把近导线根部的约 1/3 线芯进一步绞紧，把剩余的 2/3 线芯呈伞骨状散开，如图 3.4.4（a）所示。

② 将两根做好的伞骨状线头隔股对叉，叉口处应紧密接触，如图 3.4.4（b）所示。

③ 将两边的伞骨状导线捋直，和导线同轴，如图 3.4.4（c）所示。

④ 先把一段七股线芯按照 2、2、3 分成三组，将第一组线芯扳至和线轴成 90°，缠绕两圈，如图 3.4.4（d）所示。

⑤ 绕制完成后将剩余的线芯扳至和线轴同轴，如图 3.4.4（e）所示。

⑥ 按照上述方法，将剩余的两组进行紧绕，如图 3.4.4（f）所示。

⑦ 最后一组线芯扳起后要压住前一组的绕线，紧密绕制 3 圈，把多余的线芯端部剪去，如图 3.4.4（g）所示。

⑧ 将另一侧的导线如上所述进行加工即可，如图 3.4.4（h）所示。

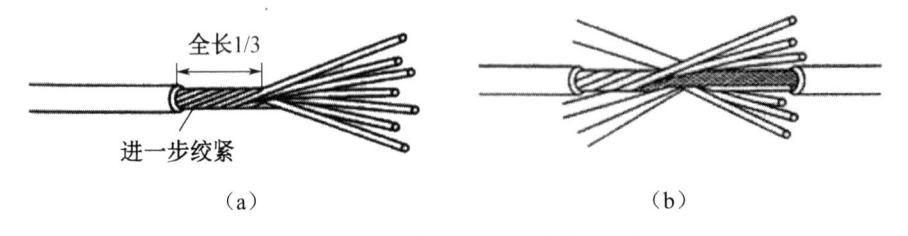

(a)　　　　　　　　　(b)

图 3.4.4　多股导线的直接连接

(c)

(d)

(e)

(f)

(g)

(h)

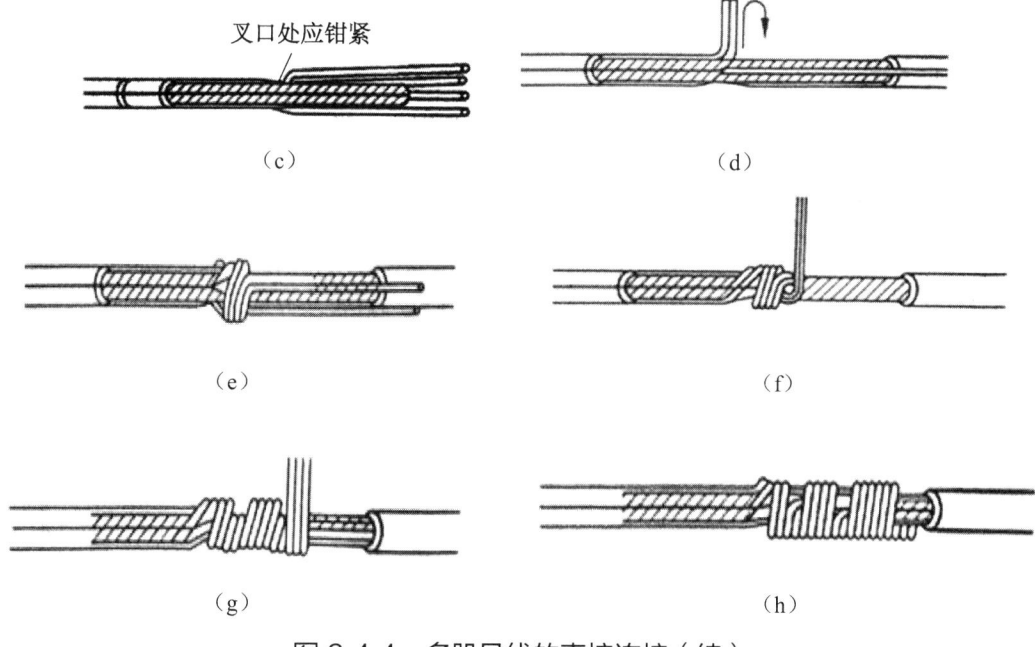

图 3.4.4　多股导线的直接连接（续）

（2）多股导线的 T 形连接。

① 把分支导线线头距根部 1/8 处进一步绞紧后，将剩余 7/8 线头按照 4、3 分成两组。用螺丝刀将导线线芯中间插开一条缝隙，如图 3.4.5（a）所示。

② 将分成两组的分支导线的其中一组插入干线的缝隙中，如图 3.4.5（b）所示。

③ 钳紧干线两端根部，将插入的分支线芯在干线上按照顺时针方向垂直密绕 3～5 圈，剪去多余线头，不留毛刺，如图 3.4.5（c）所示。

④ 另一组线芯按照上一步方法紧密绕制，如图 3.4.5（d）所示。

(a)

(b)

(c)

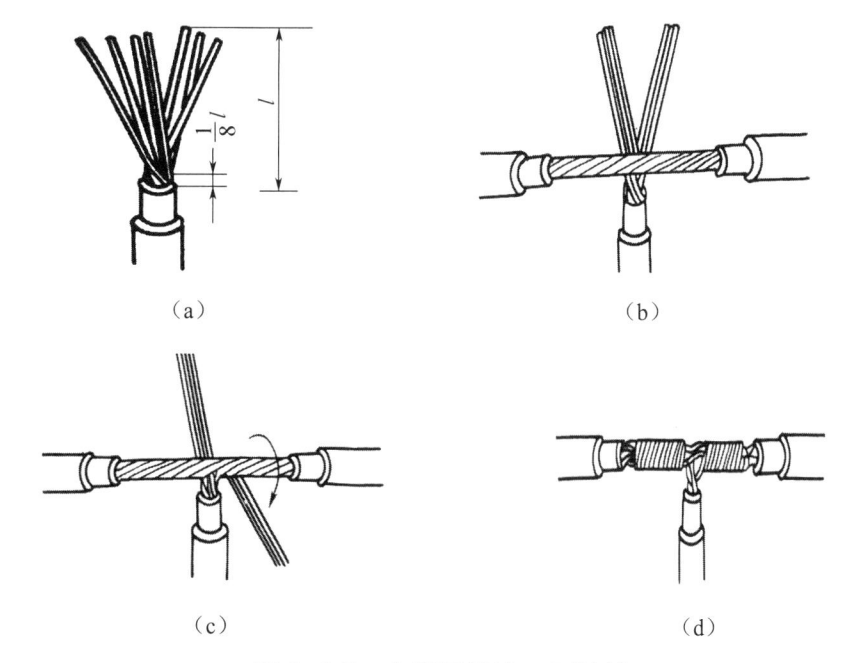

(d)

图 3.4.5　多股导线的 T 形连接

三、绝缘层的恢复

绝缘导线的绝缘层破损后，必须恢复其绝缘层，恢复后绝缘层的绝缘强度不应低于原有绝缘层的绝缘强度。对于照明等低压电路的导线，用黑胶布包缠即可完成导线的绝缘层恢复。包缠时，从导线左边完整的绝缘层上开始包缠，包缠两指带宽后方可进入无绝缘层的线芯部分，直至包缠完所有部分。

四、拓展学习材料

踏实工作，聚集铁路"正能量"

翟长青 1981 年毕业于湖北襄樊市技工学校，1998 年负责我国第一台电传动轨道车的安装和调试，获得中国铁路工程总公司科学技术进步一等奖。翟长青在工作上的打磨和创新为我国铁路事业的高速发展注入了积极的正能量。

"宝剑锋从磨砺出。"翟长青作为公司机务部的高级技师，带领一线人员解决生产中的各种问题。翟长青告诉记者："更多地了解这些进口装备对今后工作中设备的安装和调试都有很大帮助。"为了能攻克难关，翟长青在领会外方资料时一遍一遍地查阅英文字典，并把外方资料和书籍中的相关电控技术反复对比，对每一个设备进行"解剖式"研究，了解不同设备的基本原理。

在攻克一个个重难点问题的同时，翟长青劳动模范的作用不断得到认可。在翟长青这样优秀的技术专家的引领和带动下，中铁四局劳模创新工作室积极地走在时代科技创新的前列，在铁路施工的高、新、精、尖技术领域矢志不移地开展科技攻关活动，创造了一批技术含量高的科技成果。

认真的态度是翟长青一步步成为大师的秘诀，多一点脚踏实地，少一点急功近利也是翟长青身上"工匠精神"的最佳体现。

（节选自中国经济网）

点评：凝心聚力，同向同行，发挥自身的示范引领作用，才能在铁路施工的高、新、精、尖技术领域矢志不移地开展科技攻关活动，创造技术含量高的科技成果。

思考与练习

1. 怎样正确使用低压验电笔、螺丝刀和钢丝钳？

2．使用尖嘴钳、剥线钳有哪些注意事项？

3．使用万用表测量电阻时，应该注意什么？

4．为什么测量绝缘电阻要用兆欧表，而不是万用表？

5．使用钳形电流表有哪些注意事项？

项目 4

低压电器

项目导学

低压电器是指工作在交流电压小于 1200V、直流电压小于 1500V 的电路中的电气设备。低压电器广泛应用于住宅、商业和工业领域，包括家用电器、照明设备、电动工具、电动机、变压器、开关设备等。低压电器常见的电压等级为 220V、380V。这些设备通常使用家庭用电或工业用电，并且需要符合相关的安全标准和规定。

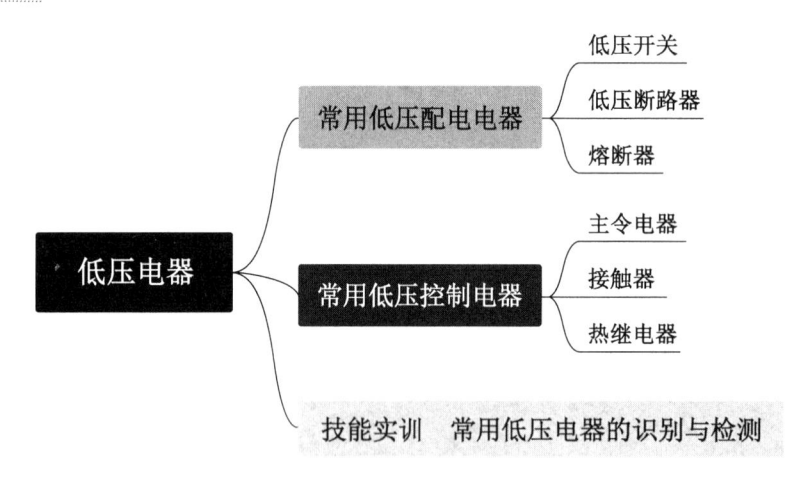

知识导图

```
                              ┌── 低压开关
         ┌── 常用低压配电电器 ──┼── 低压断路器
         │                    └── 熔断器
         │
低压电器 ─┤                    ┌── 主令电器
         ├── 常用低压控制电器 ──┼── 接触器
         │                    └── 热继电器
         │
         └── 技能实训  常用低压电器的识别与检测
```

学习目标

知识目标：1. 了解低压电器的基本概念和分类。

2. 掌握低压电器的组成及结构特点。

3. 掌握低压电器的图形符号、文字符号、动作特点及基本原理。

技能目标：1. 掌握低压电器的安装使用要求。

2. 掌握低压电器的检测判断方法。

素养目标：培养学生在平凡的岗位上勇于创新、甘于奉献的劳模精神。

情景导入

低压电器的由来

从 1831 年法拉第发明发电机之后，低压电器随着电能的普遍使用而诞生。低压电器可以调节、控制和保护低压电路，使电能顺利转换为其他形式的能。最早出现的简单拉线开关（或单极刀开关）和熔断器就是最普通的低压电器。19 世纪末出现了三相电动机，随后出现了控制用的三相刀开关等。到了 20 世纪初，工业化进程加快，实现了机械化，电气设备系统容量不断增大，电路中的电流增大，一旦出现短路，带来的危害是非常大的，人们开始研究适用于低压配电与控制系统大电流场合的低压断路器等产品，如时间继电器、交直流接触器、行程开关、主令电器等。

低压电器的种类繁多，按照用途可分为低压配电电器和低压控制电器。

任务 4.1　常用低压配电电器

一、低压开关

低压开关一般用在非自动接通和分断电路中。由于低压开关在接通和断开瞬间会产生电弧而灼伤设备和操作人员，所以它一般应用于 500V 以下的电气设备。低压开关的主要类型有刀开关、组合开关和 HH 型封闭式负荷开关。

1. 刀开关

刀开关是一种开启式负荷开关，也称闸刀开关，常用于手动接通和断开电路。常用的刀开关是 HK 型。这种刀开关结构简单、操作方便，因此得到广泛应用。

（1）HK 型刀开关。

刀开关在接线时要注意电源线应接到静触点的接线柱上，负载应接到另一端的接线柱上。刀开关要垂直安装，手柄要向上，不得倒装或平装，以避免由于重力自动下落而引起的误合闸。这样，拉闸后刀开关的刀片与电源隔离，既便于更换熔丝，又可防止可能发生的意外事故。

HK 型刀开关按极数分为 1 极、2 极、3 极几种，其结构及图形符号如图 4.1.1 所示。

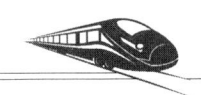

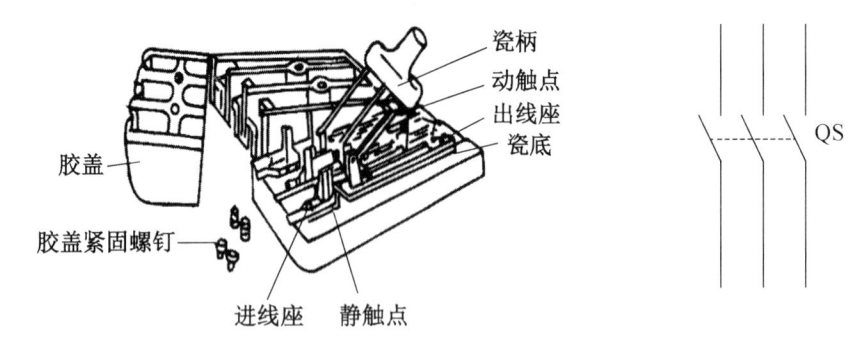

图 4.1.1　HK 型刀开关的结构及图形符号

（2）HR 型熔断器式刀开关。

HR 型熔断器式刀开关也称刀熔开关，实际上是将刀开关和熔断器组合成一体的电器。该电器简化了供电线路，可以切断故障电流，但不会切断正常的工作电流。它在供配电线路上的应用十分广泛，图形符号如图 4.1.2 所示。

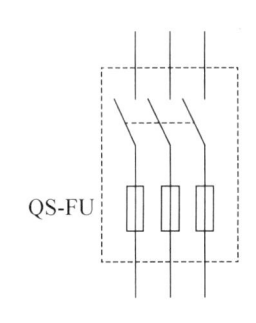

图 4.1.2　HR 型熔断器式刀开关图形符号

2. 组合开关

组合开关又称转换开关，是一种非频繁操作的手动控制开关，原理是通过旋转转轴实现触点的切断和接通。组合开关因为结构紧凑，常用于空间狭小、控制容量不大的场所，如机床、配电箱、小容量电动机等，常用的产品有 HZ5、HZ10 和 HZ15 系列。

组合开关由动触点、静触点、绝缘杆、转轴、手柄等部分组成。其动触点、静触点分别叠装于数层绝缘壳内，当转动手柄时，每层的动触片随转轴一起转动。其外形图、结构图、图形符号如图 4.1.3 所示。

3. HH 型封闭式负荷开关

HH 型封闭式负荷开关俗称铁壳开关，主要由刀开关、手柄、速动弹簧和熔断器等组成，如图 4.1.4 所示。铁壳开关中的刀开关带有灭弧装置，能够通断负荷电流，熔断器用于切断短路电流。铁壳开关一般用在小型电力排灌、电热器及电气照明线路的配电设备中，用于不频繁地接通与分断电路，也可以直接用于异步电动机的非频繁全压启动控制。

（a）外形　　　　（b）结构　　　　（c）图形符号

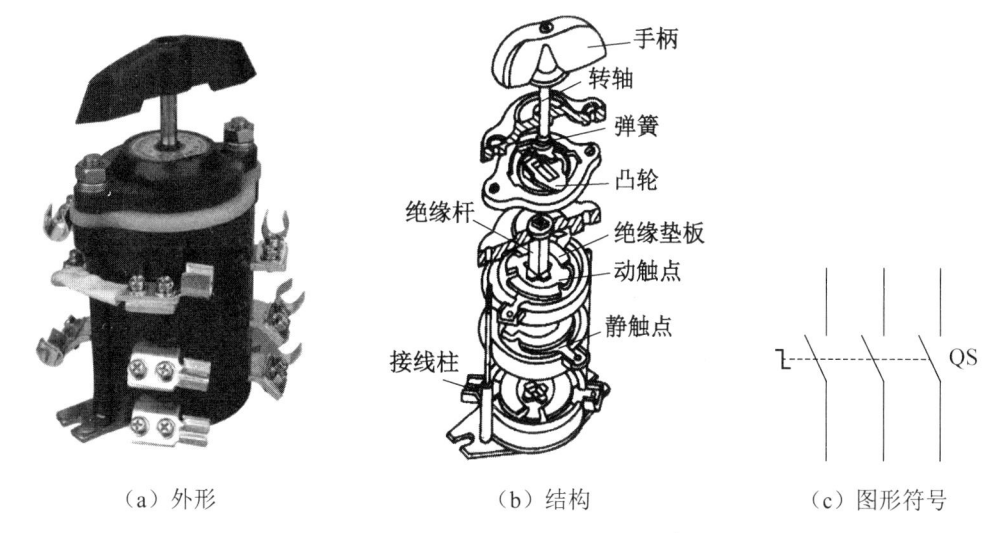

图 4.1.3　组合开关的外形、结构和图形符号

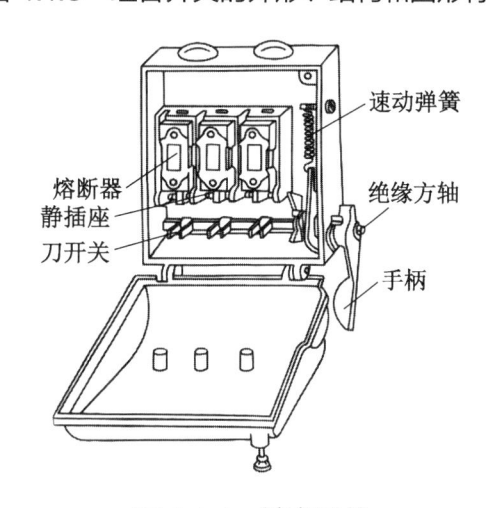

图 4.1.4　铁壳开关

铁壳开关的操作结构有两个特点：一是采用储能合闸方式，即利用一根弹簧来执行合闸和分闸的功能，使开关的闭合和分断速度与操作速度无关，这既有助于改善开关的动作性能和灭弧性能，又能防止触点停滞在中间位置；二是设有联锁装置，以保证开关闭合后便不能打开箱盖，而在箱盖打开后，不能再合开关，起到安全保护作用。

使用铁壳开关的注意事项：

（1）外壳要可靠接地，防止意外漏电。

（2）接线不能接反，进线必须先接刀开关，再接熔断器，然后才能接电气设备。

二、低压断路器

低压断路器又称自动空气开关，是一种既可以用作切断和接通电源的普通开关，又可以自动切断故障线路的不频繁操作的开关。它具有短路、过载或欠电压等保护功能，是一种控制兼保护的低压配电电器。其外形、结构及图形符号如图 4.1.5 所示。

（a）外形　　　　　　　　（b）结构　　　　　　　　（c）图形符号

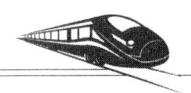

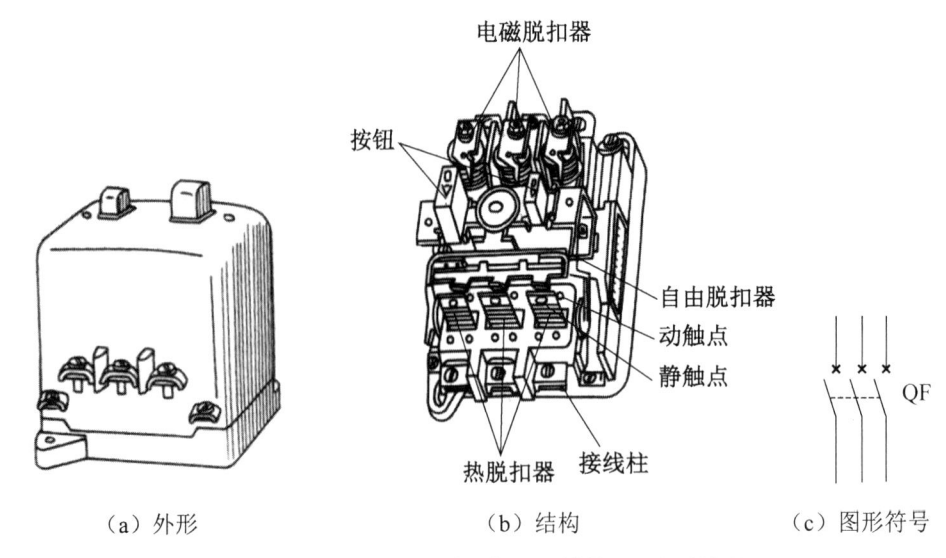

图 4.1.5　低压断路器的外形、结构及图形符号

1. 低压断路器的结构和工作原理

低压断路器的类型有很多，但是其基本结构和工作原理是相同的，通常由三个主要部分（断路器本体、电磁触点系统和触发机构）组成。下面以塑壳断路器为例，简单介绍低压断路器的结构、工作原理。

（1）正常切断和接通电源。低压断路器是靠操作机构手动或电动合闸和拉闸的。低压断路器的工作原理如图 4.1.6 所示，合闸后，主触点 2 闭合，传动杆 3 被自由脱扣机构 4 钩住，将主触点锁在合闸位置上。

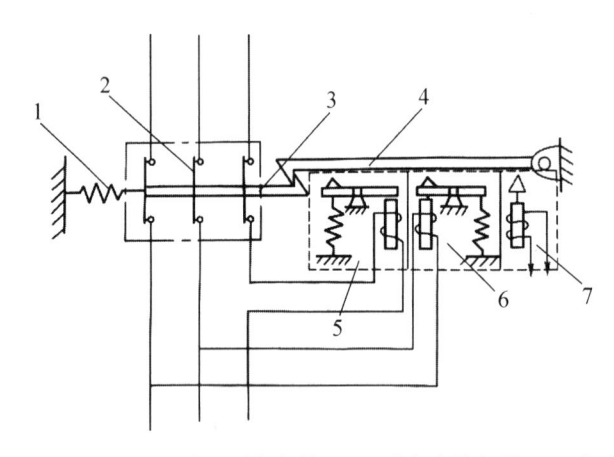

1—分断弹簧；2—主触点；3—传动杆；4—自由脱扣机构；5—过电流脱扣器；6—欠电压脱扣器；7—分励脱扣器

图 4.1.6　低压断路器的工作原理

（2）电路出现故障时的保护操作。

① 过电流保护。当主电路负载电流过大时，过电流脱扣器 5 的衔铁吸合，顶杆向上将自由脱扣机构推开，在分断弹簧 1 的作用下使主电路断开，实现过电流保护。

② 欠电压、失电压保护。当电路欠电压、失电压时，产生的磁力将减小或消失，欠电

压脱扣器 6 的顶杆在弹簧力的作用下将自由脱扣机构推开，在分断弹簧 1 的作用下使主电路断开，实现欠电压、失电压保护。

③ 分励脱扣器 7 由主电路或控制电路供电，操作人员或继电器发出的保护信号可使衔铁吸合，从而使低压断路器断开电源。

2. 低压断路器的选用

（1）低压断路器的额定电压不低于电路的额定电压。

（2）低压断路器的额定电流应大于或等于电动机（负载）的额定电流。

（3）低压断路器的极限分断能力应不小于电路中的最大短路电流。

（4）欠电压脱扣器的额定电压应等于电路的额定电压。

三、熔断器

熔断器是一种过电流保护器。在使用时，熔断器必须串接在所保护的电路中。当电路中发生过载或短路故障时，会有很大的电流通过熔断器，使熔断器迅速熔断而切断电路，从而保护用电设备和线路。

1. 熔断器的结构和原理

熔断器主要由熔体和熔管两部分组成。熔体是熔断器的主要部件，一般是把电阻率高的易熔合金做成丝状得到的；熔管是用来安装熔体的，同时在熔体烧断时具有灭弧作用。熔断器主要有插入式、螺旋式、密闭管式等类型。

（1）插入式熔断器。

图 4.1.7 所示为插入式熔断器，主要由陶瓷盖、陶瓷座、插片、插座和熔丝等组成。常用的插入式熔断器产品有 RC1A 系列，常用于 380V 及以下电压等级线路末端，用于配电支线或电气设备短路保护。

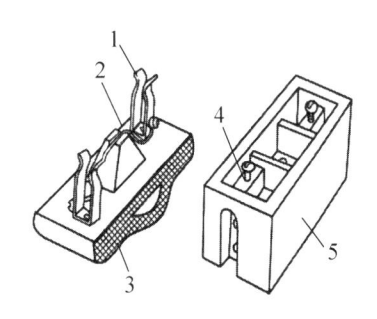

1—插片；2—熔丝；3—陶瓷盖；4—插座；5—陶瓷座

图 4.1.7 插入式熔断器

（2）螺旋式熔断器。

螺旋式熔断器的外形和结构如图 4.1.8 所示，主要由陶瓷帽、熔管、陶瓷套、上接线座、下接线座和底座等组成。熔管由陶瓷材料制成，熔管内装有熔丝、石英砂和熔断指示器，

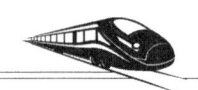

熔断指示器用于指示熔丝是否熔断，石英砂用于增强灭弧性能。螺旋式熔断器的作用与插入式熔断器的相同，主要用于电气设备的过载及短路保护。

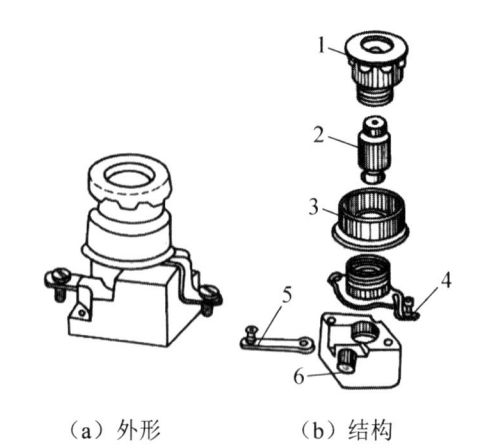

（a）外形　　（b）结构

1—陶瓷帽；2—熔管；3—陶瓷套；4—上接线座；5—下接线座；6—底座

图4.1.8　螺旋式熔断器的外形和结构

（3）密闭管式熔断器。

图4.1.9所示为密闭管式熔断器，它主要由熔管、夹头和夹座组成，分为无填料式和有填料式两种。

① 无填料密闭管式熔断器，是一种可拆卸熔断器，具有分断能力强、保护特性好、更换熔体方便和运行安全可靠等优点，当熔管内熔体熔断时，产生的高气压能加速灭弧。

② 有填料密闭管式熔断器，主要用在具有高短路电流的电力网络或配电装置中，用于电缆、导线及电气设备的短路保护。有填料密闭管式熔断器的熔管中填充了石英砂等介质材料，这些材料具有较好的导热性能和绝缘性能，可吸收电弧能量，加速灭弧。熔断器在电气原理图中的图形与文字符号如图4.1.10所示。

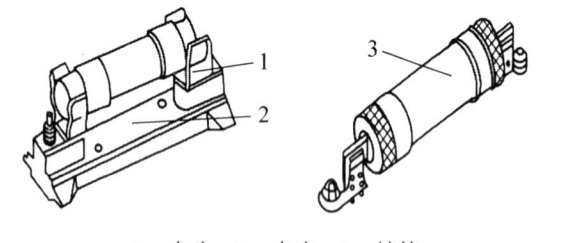

1—夹头；2—夹座；3—熔管

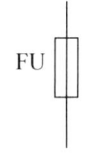

图4.1.9　密闭管式熔断器　　图4.1.10　熔断器在电气原理图中的图形与文字符号

2. 熔断器的选用

根据使用场合和预期短路电流大小选择熔断器的型号，根据线路电压选择熔断器的额定电压，根据负载性能选择熔断器的额定电流。选择的各级熔体要互相配合，后一级应比前一级小，主线路及各分支线路中电流不同，选用的熔丝也不同。

任务 4.2 常用低压控制电器

一、主令电器

主令电器主要用于切换控制电路，用来控制电动机及其他控制对象的启动、停止或工作状态的变换，在电气控制线路中起接通或切断控制电路的作用。常用的主令电器有控制按钮、行程开关、转换开关等。主令电器不能直接用于主电路的分断、接通，只能间接控制主电路的接通与分断，从而实现电路的接通、分断和联锁。

1. 控制按钮

控制按钮（简称按钮）是一种结构简单、应用广泛的主令电器，在电气自动控制电路中，用于手动发出控制信号以控制接触器、继电器、电磁启动器等。控制按钮触点允许通过的电流较小，一般不超过 5A，不能直接用于主电路控制。

（1）控制按钮的结构。

控制按钮的外形及结构如图 4.2.1 所示，当手动按下按钮帽 1 时，常闭静触点 4 和动触点 3 断开，常开静触点 5 和动触点 3 闭合；当手松开时，复位弹簧 2 使动触点 3 恢复原位，从而实现对电路的控制。

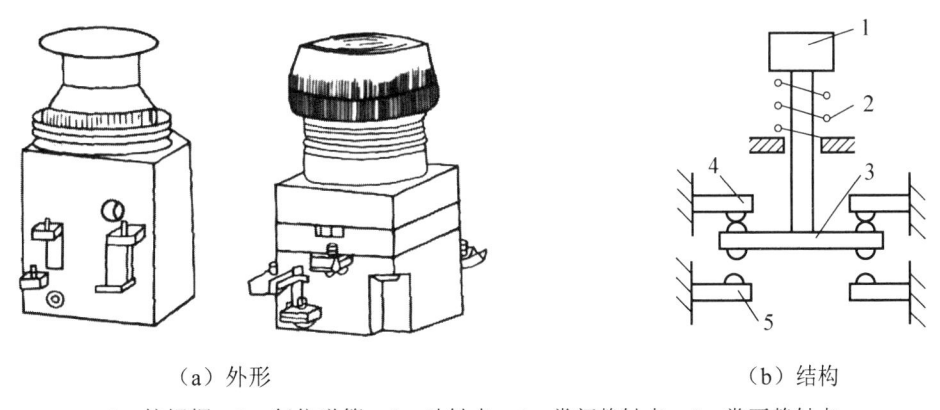

（a）外形　　　　　　　　　　　（b）结构

1—按钮帽；2—复位弹簧；3—动触点；4—常闭静触点；5—常开静触点

图 4.2.1 控制按钮的外形及结构

（2）控制按钮的分类。

控制按钮有常开按钮、常闭按钮和复合按钮等形式，各种控制按钮的图形与文字符号如图 4.2.2 所示。

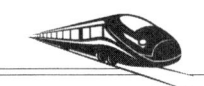

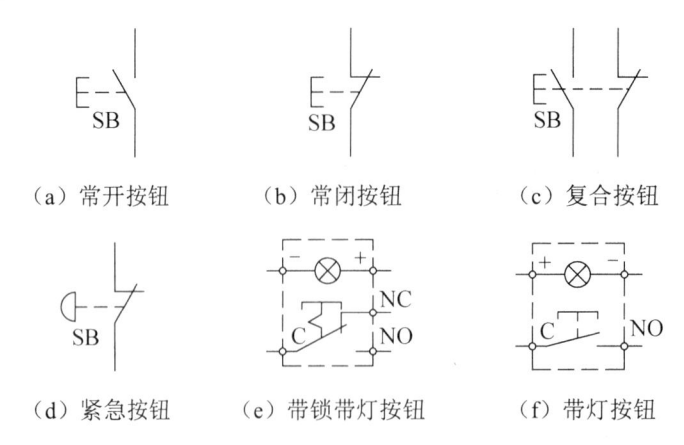

(a)常开按钮　　(b)常闭按钮　　(c)复合按钮

(d)紧急按钮　　(e)带锁带灯按钮　　(f)带灯按钮

图 4.2.2　各种控制按钮的图形与文字符号

（3）控制按钮的选用。

应根据使用场合和具体用途选择控制按钮的类型。控制按钮的颜色有红色、黄色、绿色、蓝色、白色、灰色、黑色等。

控制按钮的颜色根据指示的工作状态（或工作情况）来选择，如表 4.2.1 所示。

表 4.2.1　控制按钮的颜色及其含义

控制按钮的颜色	含义	说明	应用示例
红色	紧急	危险或紧急情况下操作	急停/停止
黄色	异常	异常情况下操作	干预/制止异常情况
绿色	正常	正常情况下操作	启动/接通
蓝色	强制性	要求强制动作情况下操作	复位
白色	未赋予特定含义	除急停以外的一般功能的启动	启动/接通（优先）、停止/断开
灰色			启动/接通、停止/断开
黑色			启动/接通、停止/断开、点动

控制按钮的数量应根据电气控制线路的需要确定。例如，需要启动和停止控制，可以选用红色、绿色控制按钮并将其装在同一控制按钮盒内。

2. 行程开关

行程开关又称限位开关，由操作头、触点系统和外壳组成，是一种常用的小电流主令电器，其工作原理与控制按钮的相似，不同的是行程开关通过机械运动部件的碰撞促使触点动作来实现控制电路的接通或分断，从而实现电路的切换。

行程开关有直动式、单轮旋转式和双轮旋转式等类型，如图 4.2.3 所示。

直动式行程开关的结构如图 4.2.4 所示，当运动机械撞到行程开关的推杆 1 时，推杆受压使常闭静触点 3 与动触点断开，常开静触点 5 与动触点闭合；运动机械移走后，推杆在弹簧 2 的作用下复位，各触点恢复至原始通断状态。

（a）直动式　　　（b）单轮旋转式　　　（c）双轮旋转式

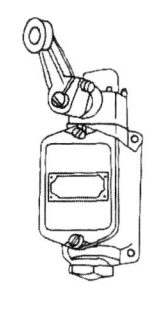

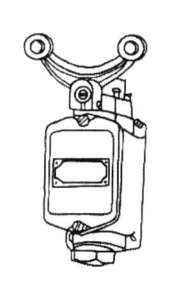

图 4.2.3　行程开关

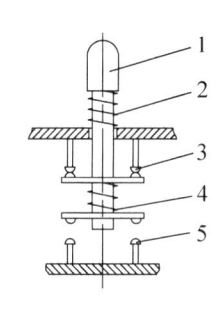

1—推杆；2—弹簧；3—常闭静触点；4—触点弹簧；5—常开静触点

图 4.2.4　直动式行程开关的结构

旋转式行程开关的结构如图 4.2.5 所示，当运动机械撞到行程开关的滚轮 1 时，行程开关的推杆 2 连同转轴 3、凸轮 4 一起转动，凸轮将撞块 5 压下，当撞块被压至一定位置时，便推动微动开关 7 动作，使常闭静触点断开，常开静触点闭合；当运动机械移走后，复位弹簧 8 就使行程开关各部件恢复到原始位置。行程开关的图形与文字符号如图 4.2.6 所示。

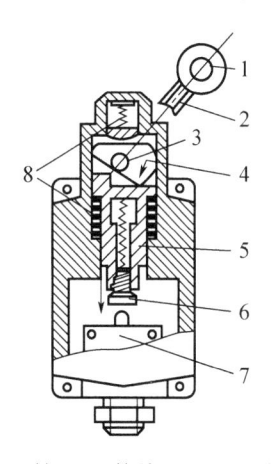

1—滚轮；2—推杆；3—转轴；4—凸轮；5—撞块；6—调节螺钉；7—微动开关；8—复位弹簧

图 4.2.5　旋转式行程开关的结构

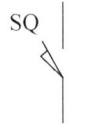

（a）常开触点　　　　　　　　　（b）常闭触点

图 4.2.6　行程开关的图形与文字符号

二、接触器

接触器是一种用途广泛的开关电器，利用电磁、气动或液动原理，通过控制电路来实现主电路的通断，主要控制对象是电动机，也可以用于控制其他负载。根据触点所通过的电流类型，接触器可以分为交流接触器和直流接触器，其中交流接触器应用较为广泛。图4.2.7为交流接触器的结构示意图。

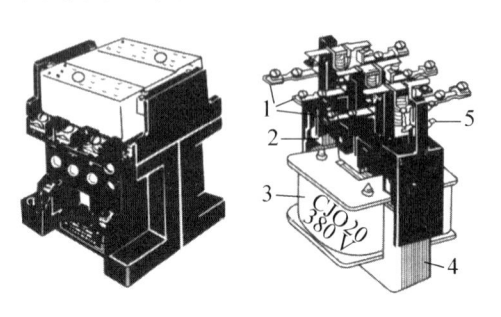

1—主触点（三对）；2—衔铁（动铁芯）；3—线圈；4—铁芯（静铁芯）；5—辅助触点

图4.2.7 交流接触器的结构示意图

1. 接触器的结构

电磁式接触器（交流接触器的一种）由电磁机构、触点系统、灭弧装置和其他部件组成。

（1）电磁机构：电磁机构由线圈、衔铁（动铁芯）和静铁芯组成。线圈套在铁芯（静铁芯）上，线圈和铁芯是不动的，只有衔铁（动铁芯）是可动的。当线圈通入电流后，产生磁场，磁通经铁芯、衔铁和工作气隙形成闭合回路，产生电磁吸力，在电磁吸力作用下将衔铁吸向铁芯。与此同时，衔铁还受到反作用弹簧的拉力作用，只有当电磁吸力大于弹簧反力时，衔铁才能可靠地吸合。

（2）触点系统：交流接触器的触点系统包括主触点和辅助触点。主触点用于通断主电路，有3对或4对常开触点；辅助触点用于控制电路，起电气联锁或控制作用，通常有两对常开触点、两对常闭触点。

（3）灭弧装置：容量在10A以上的交流接触器都有灭弧装置。对于小容量的交流接触器，常采用双断口桥形触点以利于灭弧；对于大容量的交流接触器，常采用纵缝灭弧罩及栅片灭弧机构。

（4）其他部件：包括反作用弹簧、缓冲弹簧、触点压力弹簧、传动机构及外壳等。

交流接触器上标有端子标号，A1、A2为线圈接线端；主触点1、3、5接电源端，2、4、6接负荷端；辅助触点用两位数表示，第一位为辅助触点顺序号，第二位上的3、4表示常开触点，1、2表示常闭触点。

2. 接触器的工作原理

当线圈通电时，产生电磁吸力，克服弹簧反力，吸引衔铁向下运动，衔铁带动绝缘连杆和动触点向下运动使常开触点闭合，常闭触点断开。当线圈失电或电压低于释放电压时，电磁吸力小于弹簧反力，使常开触点断开、常闭触点闭合。交流接触器的工作原理如图 4.2.8 所示。

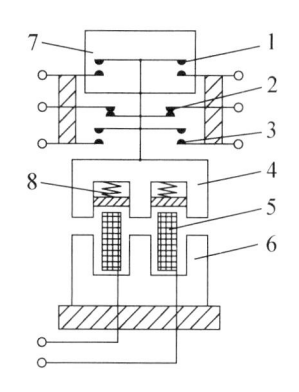

1—主触点；2—常闭辅助触点；3—常开辅助触点；4—动铁芯；5—电磁线圈；6—静铁芯；7—灭弧罩；8—弹簧

图 4.2.8　交流接触器的工作原理

3. 接触器的参数

（1）额定电压：接触器的额定电压是指主触点的额定电压。交流接触器的额定电压主要有 220V、380V 和 660V，在特殊场合应用的交流接触器的额定电压高达 1140V，直流接触器的额定电压主要有 110V、220V 和 440V。

（2）额定电流：接触器的额定电流是指主触点的额定工作电流。它是在一定的条件（额定电压、使用类别和操作频率等）下规定的，目前常用的接触器的额定电流为 10~800A。

（3）吸引线圈的额定电压：对于交流接触器，主要有 36V、127V、220V 和 380V；对于直流接触器，主要有 24V、48V、220V 和 440V。

（4）机械寿命和电气寿命：接触器是频繁操作的电器，应有较高的机械寿命和电气寿命，机械寿命和电气寿命是衡量接触器产品质量的重要指标。

（5）额定操作频率：接触器的额定操作频率是指每小时允许的最大操作次数，一般为 300 次/h、600 次/h 和 1200 次/h。

4. 接触器的选择

（1）根据负载性质选择接触器的类型。

（2）接触器的额定电压应大于或等于主电路工作电压。

（3）接触器的额定电流应大于或等于被控电路的额定电流。对于电动机负载，还应根据其运行方式适当增大或减小额定电流。

三、热继电器

热继电器是用于电动机或其他电气设备、电气线路的过载保护电器，其原理是利用电流的热效应来保护电器。热继电器的工作原理如图 4.2.9 所示。热继电器可以根据过载电流的大小自动调整动作时间，过载电流大，则热继电器动作时间较短；过载电流小，则热继电器动作时间较长；而在额定电流下，热继电器长期保持无动作状态。

1. 热继电器的工作原理

热继电器由发热元件、触点系统、动作机构、复位按钮、整定电路和温度补偿元件等组成，其中动作机构由双金属片制成，是关键的测量元件。双金属片由两种热膨胀系数不同的金属叠合而成，热膨胀系数大的一侧称为主动层，热膨胀系数小的一侧称为被动层。主动层的材料主要有锰镍铜合金、镍铬铁合金、镍锰铁合金和镍等，被动层的材料主要是镍铁合金，镍含量为 34%～50%。双金属片受热后会发生热膨胀，由于两层金属的热膨胀系数不同，主动层的形变要大于被动层，致使双金属片向被动层一侧弯曲。

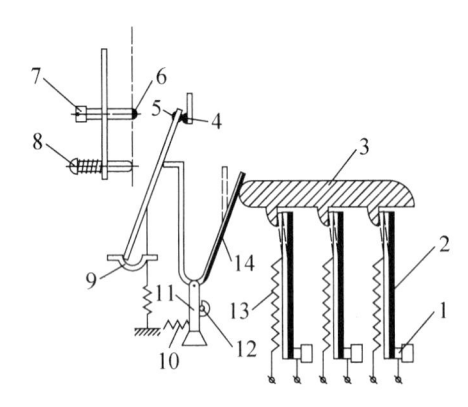

1—固定柱；2—双金属片；3—导板；4—常闭静触点；5—动触点连杆；6—常开静触点；7—螺钉；8—复位按钮；
9—U 形簧片；10—弹簧；11—支撑座；12—调节旋钮；13—发热元件；14—补偿双金属片

图 4.2.9　热继电器的工作原理

如图 4.2.9 所示，发热元件 13 串接在负载中，流过负载的电流与流过发热元件的电流相同，负载正常工作时，流过发热元件的电流会产生热效应，致使双金属片 2 发生轻微形变，不会影响到电路的正常工作。只有当负载过载时，才在发热元件上产生大量热量，使双金属片弯曲位移增大，从而推动导板 3 左移，通过补偿双金属片 14 与 U 形簧片 9 将动触点连杆 5 和常闭静触点 4 分开。动触点连杆 5 和常闭静触点 4 是热继电器的常闭触点，串接于控制电路中，如果两触点断开，会使接触器失电，接触器的常开触点断开电动机电源，从而对电动机起保护作用。

2. 热继电器的图形与文字符号

热继电器的图形与文字符号如图 4.2.10 所示。

（a）热元件　　　　　　　（b）常闭触点

图 4.2.10　热继电器的图形与文字符号

四、拓展学习材料

致敬劳动者　奋进新时代

张重阳，广州地铁集团有限公司的首席维修专家，2020年被评为"全国劳动模范"。在此之前，他在广州地铁的维修岗位上干了17年。17年的地铁检修经验，使他能够灵活、快速地攀爬3米高的检修车扶梯。多年来，他在这个"不起眼"的岗位上创新了多项维修技术，填补了行业空白，"全国五一劳动奖章""全国知识型职工先进个人""南粤工匠"等殊荣随之纷至沓来。万家灯火时，炙热奔流的地铁线网从一天的忙碌中渐渐冷却下来，又到了像张重阳这样的地铁维修"幕后英雄"们上场的时间了，他们坚守着运营安全的底线，从日落到天明。

天上的线网、地下的铁轨、地铁列车的机械器件……日常的检修工作庞杂、零碎且重复，张重阳没有局限于仅仅完成枯燥的职内工作。他在总结自己创新的"秘诀"时说："我在工作中喜欢'瞎折腾'，发现设备运用中不合理的地方就想去改进，将这种带着问题学习和创新的精神运用到工作中去，一项项创新成果就水到渠成了。"

多年来，他创新了多项维修技术。他牵头设计制作的"钢轨打磨车电动冲洗道床装置"开启了该领域的技术先河；参与研发的全国第一套机器视觉检测系统技术领先全国同行业水平；带领团队研发的"三遍打磨工法"系行业首创，改变了十几年来未曾撼动的传统打磨模式；设计制作的网轨检测车"30米长距离键盘驱动器"，成功解决了诸多地铁检修中的技术难题。

（节选自金羊网）

点评：伟大的时代，需要伟大的劳模精神，只要我们不畏艰难，乐于奉献，刻苦钻研，每个人都可以找到属于自己的位置，在平凡的工作岗位上做出不平凡的贡献。

思考与练习

一、选择题

1. DZ5-20型低压断路器的欠电压脱扣器的作用是（　　）。

　　A．过载保护　　　　　　　　B．欠电压保护

　　C．失电压保护　　　　　　　D．短路保护

2．按下复合按钮时，（　　）。

　　A．常开触点先闭合　　　　B．常闭触点先断开

　　C．常开、常闭触点同时动作　D．无法确定

3．DZ5-20型低压断路器的热脱扣器用于（　　）。

　　A．过载保护　B．短路保护　C．欠电压保护　D．失电压保护

4．按钮帽颜色的意义是（　　）。

　　A．易于识别　B．引起警惕　C．区分功能　D．无意义

5．热继电器在电动机控制电路中不能用于（　　）。

　　A．短路保护　B．过载保护　C．缺相保护　D．过载和缺相保护

6．对交流接触器而言，若操作频率过高，会导致（　　）。

　　A．铁芯过热　B．线圈过热　C．主触点过热　D．控制触点过热

二、判断题

1．低压开关可以用来直接控制任何容量的电动机启动、停止和正反转。（　　）

2．控制按钮可以作为一种低压开关使用，通过手动操作完成主电路的接通和分断。（　　）

3．主令电器是在自动控制系统中发出指令或信号的操纵电器。由于它是专门发号施令的，故称之为主令电器。（　　）

4．接触器通电时，常闭触点先断开，常开触点后闭合。（　　）

5．热继电器的整定电流是指使热继电器连续工作后而动作的最小电流。（　　）

6．交流接触器具有欠电压和失电压保护作用。（　　）

三、问答题

1．低压断路器的特点是什么？

2．接触器的工作原理是什么？

项目 5

照明电路的安装

项目导学

随着我国社会经济的发展,照明已经融入人们的日常生活和工作中。本项目通过照明电路的安装与维修的实践训练,帮助学生掌握常用照明电路的工作原理及安装维修技艺。

知识导图

```
                    ┌── 照明电路识图 ──┬── 电工电路图的概念、作用、分类及常用图形符号
                    │                 └── 照明电路图的识读
照明电路的安装 ─────┤
                    │                         ┌── 双控开关控制照明电路
                    └── 双控开关控制照明 ─────┤
                        电路的安装            └── 技能实训  双控开关控制照明电路的安装
```

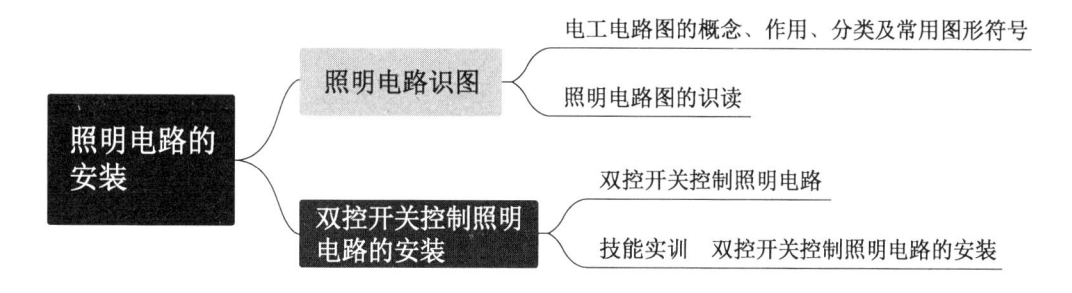

学习目标

知识目标:掌握照明电路的基本构成,能正确识读照明电路原理图。

技能目标:1. 能读懂照明电路的安装接线图。

2. 能根据电路原理图完成照明电路的安装与检测。

3. 能根据故障现象分析故障原因并排除故障。

素养目标:培养学生理论联系实际、学以致用的意识,为其树立学好专业技能的信心。

情景导入

轨道交通以"安全运营为目的,良好服务为宗旨",保证乘客安全、舒适、准点到达是

轨道交通技术人员的职责所在。地铁作为"城市动脉",是非常重要的轨道交通工具,地铁(轻轨)照明控制系统对于乘客乘车是否安全、舒适显得尤为重要。地铁照明是一项复杂的工程,地铁内有很多区域划分:出入口通道、站厅、站台、车厢内、轨道等。受自然采光、人流密度、区域功能、光环境舒适度等因素影响,不同区域的照明需求不尽相同。一般采用的照明方式有基础照明、导向照明、装饰照明、区间照明、广告照明、应急照明等。基础照明是地铁照明中的主要照明方式,以满足功能性照明为目的。照明控制电路是通过各种控制部件对各种照明灯具的点亮、熄灭进行控制的电路。它控制照明灯具将电能转换为光能,对城市轨道交通系统进行照明和装饰。地铁照明系统的应用场景如图5.0.1所示。

图 5.0.1 地铁照明系统的应用场景

照明控制电路是电工控制电路中比较简单的电路。其电路控制方式比较单一,没有复杂的控制关系,只要搞清电路中各控制部件的功能及电路连接关系,就能对照明电路进行识读分析。下面我们来学习照明电路。

任务 5.1 照明电路识图

一、电工电路图的概念、作用、分类及常用图形符号

(一)电工电路图的概念、作用

电工电路图是将各种电气部件、电子元器件的图形符号,通过连线和电路标识组合在一起,以表达某种控制关系或电气设备结构、原理的图纸。

电工电路图通常用于电气设备的安装接线、调试、维修等工作中。根据电工电路图,电工可以了解电气设备的工作过程、电气控制过程、供电线路的组成及电路关系等,以便

在安装、调试、维修中快速、准确地进行操作。

(二)电工电路图的分类

电工电路图是电气工程中各部门进行沟通、交流信息的载体,由于电路图所表达的对象的不同,提供信息的类型及表达方式也不同,这样就使电路图具有多样性。

通常,我们将表达电路特性和电气原理的电路图称为电工电路原理图,而将体现各组成部件或装置的实际位置关系的电路图称为电工电路接线图。

1. 电工电路原理图

电工电路原理图是对电子产品来说非常重要的一种电路图。在电工电路原理图中,详细地画出了各种组成部件或装置的图形符号,并用规则的导线连接来表现各部件之间的连接关系。例如,图 5.1.2 所示为目前大多数家庭客厅中使用的双控开关控制照明灯的电工电路原理图,直观且具体地体现了电路的操作控制原理,并详细地表示出了电路的组成与连接关系。

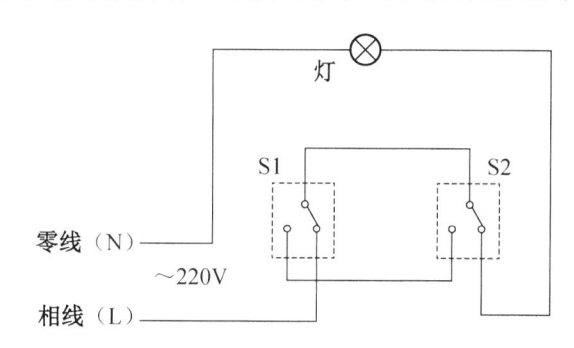

图 5.1.2 双控开关控制照明灯的电工电路原理图

2. 电工电路接线图

电工电路接线图重点突出电工电路中各电气部件或电子元器件的实际位置及它们之间的连接关系,图 5.1.3 所示为图 5.1.2 所示电工电路原理图对应的电工电路实物接线图。

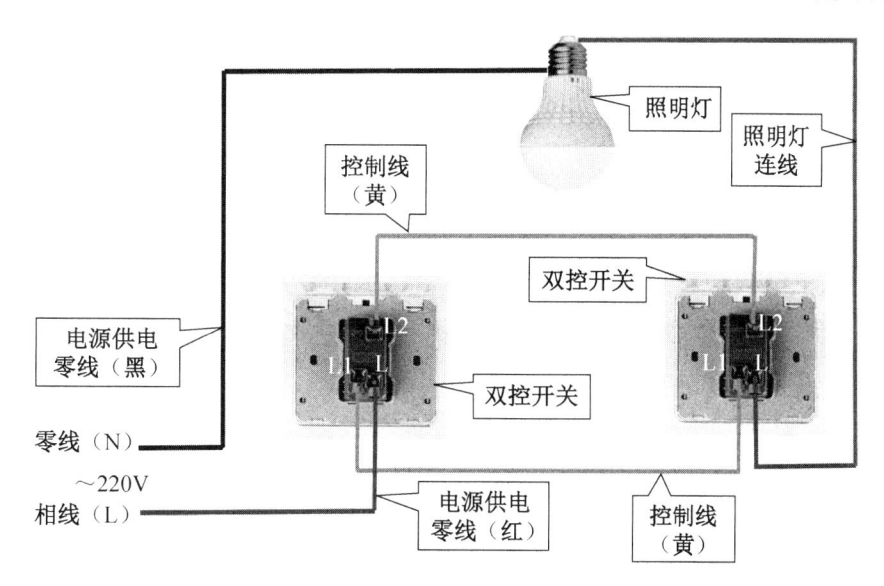

图 5.1.3 双控开关控制照明灯的电工电路实物接线图

(三)电工电路图的常用图形符号

图形符号是以图形或图像为主要特征来表达元器件及概念的符号,是组成电工电路图的基本单元。认识相关图形符号,才能更好地了解电工电路图所表达的功能、连接关系及工作流程。电工电路图中常用的图形符号及文字符号如表 5.1.1 所示。

表 5.1.1 电工电路图中常用的图形符号及文字符号

名称	图形符号	文字符号	名称	图形符号	文字符号	名称	图形符号	文字符号
普通电阻器		R	电源总开关		QS	线圈		
熔断器		FU	低压断路器		QF	时间继电器	延时闭合常开触点	KT
电位器		RP	行程开关	常开触点	SQ		延时断开常闭触点	
电容器		C		常闭触点			延时闭合常闭触点	
普通电感器		L		复合触点			延时断开常开触点	
单相变压器		T / TC	接触器	线圈	KM	热继电器	热元件	FR
二极管		VD		主触点			常闭触点	
发光二极管		VL		常开辅助触点		转换开关		SA
NPN 型晶体管		VT		常闭辅助触点		继电器	线圈	KA
PNP 型晶体管			控制按钮	常开按钮	SB		欠电压继电器	KV
桥式整流器		VC		常闭按钮			常开触点	相应继电器符号
照明灯		EL		复合按钮			常闭触点	

二、照明电路图的识读

1. 识读图纸说明

拿到图纸后,首先要仔细阅读图纸的主标题栏和有关说明,如图纸目录、技术说明、电气元件明细表、说明书等,结合已有的电工学、电子技术知识,对该电路图的类型、性质、作用有一个明确的认识,从整体上理解图纸的概况和所要表达的重点。

2. 识读电路图的方法

识读电路图首先要识读有哪些图形符号和文字符号，了解电路图各组成部分的作用，分清主电路和辅助电路。按照先识读主电路，再识读辅助电路的顺序进行识图。

3. 双控开关控制照明电路图的识读

在识读照明电路时，可以先根据照明电路的结构组成，还原出对应的照明电路连接关系。双控开关控制照明电路通过两只双控开关的闭合与断开，可实现两地控制一盏照明灯，常用于对卧室照明灯、楼梯灯等的控制，一般可在床头安装一只开关，在进入房间门处安装一只开关，以便两处都可对卧室照明灯进行点亮和熄灭控制。双控开关控制照明电路图的识读如图 5.1.4 所示。照明灯未点亮时，按下任意开关都可点亮照明灯。

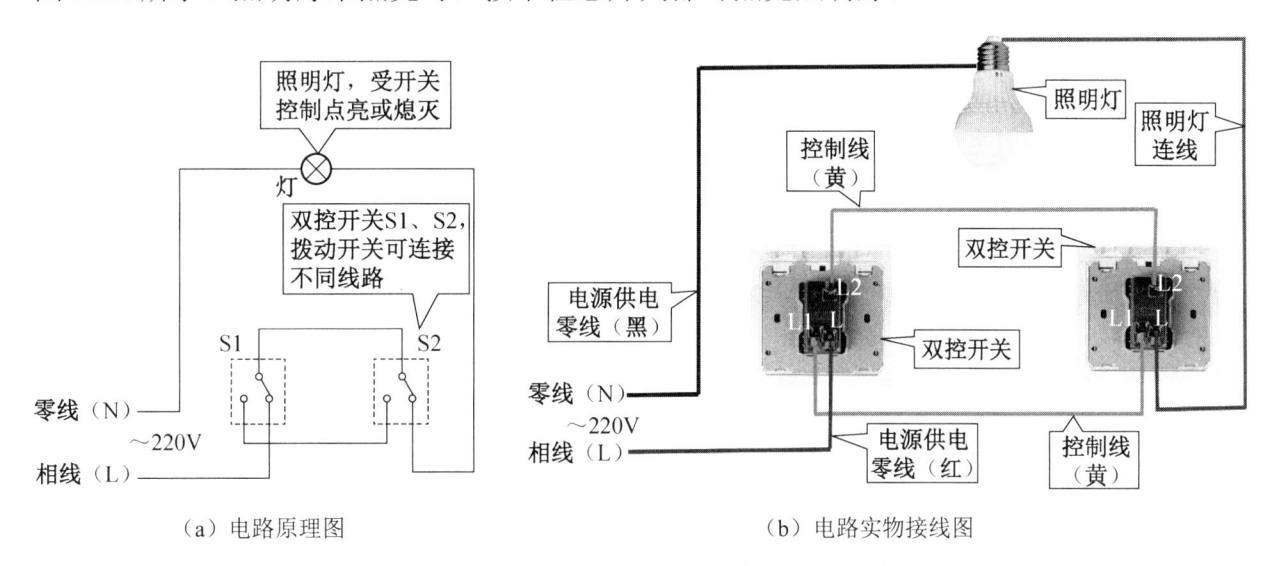

（a）电路原理图　　（b）电路实物接线图

图 5.1.4　双控开关控制照明电路图的识读

三、拓展学习材料

电子电路识图小知识

任何一个电子设备，其电路无论复杂程度如何，都是由单元电路组成的。在对单元电路进行分析时，要认准"两头"，即输入端和输出端，进而分析两端口信号的演变，从而达到弄清电路作用的目的。

1. "先易后难，先局部后整体，逐步深入"原则

识图应先从较简单的局部电路分析开始，再进行整体电路分析。在识图过程中要注意综合知识的运用，逐步深入，对基本电路理解得越深，掌握得越牢，就越能化难为易，看懂复杂的电路图。通过反复的训练和实践，积累一定的经验，识图能力就会逐步提高。

2. 要掌握电工基础知识，根据元器件的结构和工作原理来识图

为了正确而快速地识读电路图，需要熟练掌握电工基础知识。各种变电所、电力拖动、照明及电子电路等的设计，都离不开电工基础知识。任何一个电路图都是由各种元器件、

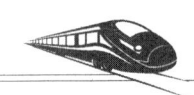

设备、装置组成的，如供配电高低压电路中的变压器、断路器、熔断器、继电器等。电压、电流、电阻等是电路中的基本参数，通过这些参数可以了解电路的内在特性和工作状态。我们要学习和掌握电路图的知识，首先应该对这些概念有一个基本的了解。

3. 结合单元电路或典型电路来识图

一张复杂的电路图，总是由单元电路或典型电路组合而成的，在识图时，应紧紧抓住单元电路或典型电路的特点，分清主次环节及其与其他部分的相互联系。典型电路就是常见的基本电路，不管多么复杂的电路，总是由若干典型电路组成的，先搞清每个典型电路的原理和作用，再将典型电路串联组合起来看，就能大体上看懂一个复杂电路。

4. 根据电路图的绘制特点来识图

熟练掌握电路图的重要特点及绘制电路图的一般规则，如电路图的布局、图形符号及文字符号的含义、主辅电路的位置、电气触点的画法、电路图与其他专业技术图的关系等，对识图大有帮助。

各种功能的单元电路都有它的基本组成形式。而各单元电路的不同组合，构成了不同类型的整体电路。在了解各单元电路信号变换作用的基础上，分析电路的信号流，就能对整个电路的工作过程有全面的了解。

任务 5.2　双控开关控制照明电路的安装

本任务要求实现"LED 照明灯两地控制电路的安装与调试"，要完成此任务，首先要熟悉 LED 照明灯两地控制电路的主要元器件，了解其组成及作用，并正确绘制 LED 照明灯两地控制电路图，做到按图安装接线。

一、双控开关控制照明电路

（一）双控开关控制照明电路的组成、工作原理和接线图

1. 电路的组成

双控开关控制照明电路如图 5.2.1 所示，该电路由断路器 QF、熔断器 FU、开关 S1 和 S2、白炽灯 EL 组成。其中，L 为相线，N 为零线。

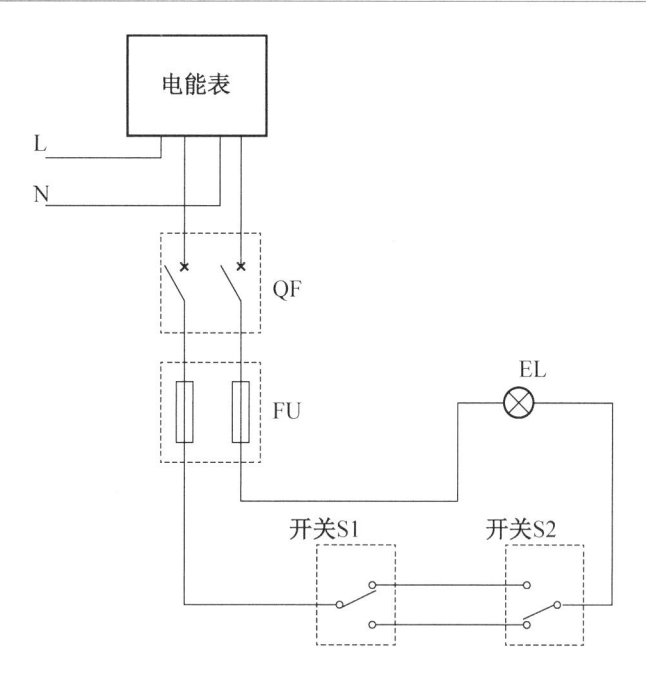

图 5.2.1 双控开关控制照明电路

2. 工作原理

电路断开时，白炽灯处于熄灭状态。接通电源后，可通过控制两个双控开关的闭合与断开，实现两地控制一盏灯的亮与灭，具体工作情况如下。

（1）开关 S1 接通，灯亮；开关 S1 断开，灯灭。

（2）开关 S2 接通，灯亮；开关 S2 断开，灯灭。

（3）开关 S1 接通，灯亮；开关 S2 接通，灯灭。

（4）开关 S2 接通，灯亮；开关 S1 接通，灯灭。

3. 接线图

双控开关控制照明电路接线图如图 5.2.2 所示。检查接线，确认无误后，接通电源。

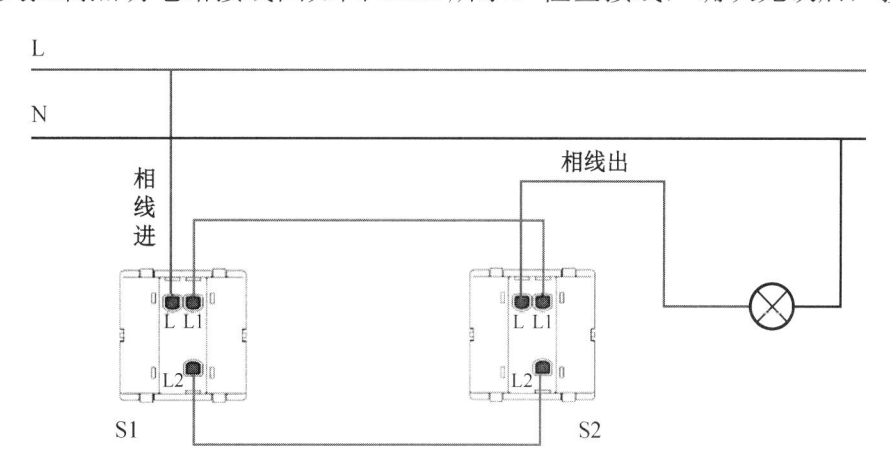

图 5.2.2 双控开关控制照明电路接线图

（二）电路和电气元件知识学习

1. 控制原理

LED 照明灯的控制方式有单控开关控制和双控开关控制两种方式（本项目以双控开关控制 LED 照明灯电路的安装与调试为例），如图 5.2.3 所示。单控开关控制与双控开关控制的接线图如表 5.2.1 所示。

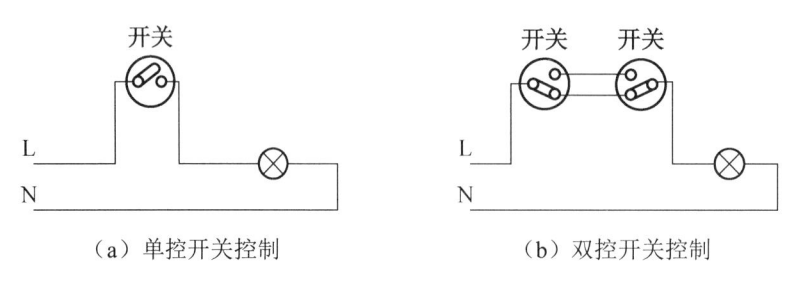

（a）单控开关控制　　　（b）双控开关控制

图 5.2.3　LED 照明灯的控制方式

表 5.2.1　单控开关控制与双控开关控制的接线图

类型	电路图	接线图
单控开关控制		
双控开关控制		

2. 电能表

电能表是一种用来测量电能的仪表，又称电度表、火表、千瓦小时表，广泛用于电力、工农业生产部门及家庭用户中，常见的电能表如图 5.2.4 所示。

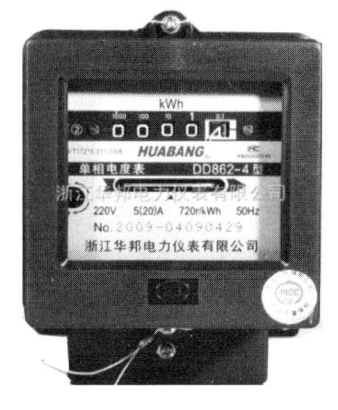

图 5.2.4　常见的电能表

(1) 电能表的分类。

电能表按用途分类：有功电能表、无功电能表、最大需量表、标准电能表、复费率分时电能表、预付费电能表、损耗电能表、多功能电能表和智能电能表。

电能表按工作原理分类：感应式、静止式、机电一体式。

电能表按接入电源性质分类：交流电能表、直流电能表。

电能表按接入相线分类：单相电能表、三相三线电能表、三相四线电能表。

(2) 电能表的常用系列。

电能表的常用系列有：DD 系列——单相电能表，DS 系列——三相三线电能表，DT 系列——三相四线有功电能表，DX 系列——三相无功电能表。

(3) 电能表的安装与使用。

① 合理选择电能表。

根据任务选择单相或三相电能表。对于单相电能表，应根据所带负载的大小来选择；对于三相电能表，应根据被测线路是三相三线制还是三相四线制来选择。

② 安装电能表。

电能表通常与配电装置安装在一起，且电能表应该安装在配电装置的下方，其中心距地面 1.5～1.8m。并列安装多只电能表时，两表间距不得小于 200mm。安装电能表时，必须使表身与地面垂直，否则会影响其准确度。同时，电能表必须安装在用户总开关前面，如图 5.2.5 所示。

③ 正确接线。

电能表的正确接线应遵守"电源端"守则。配线应进线接电源端，出线接负载端，电流线圈应接相线，而不要接零线。接线时一般应符合"相线 1 进 2 出""零线 3 进 4 出"的原则，如图 5.2.6 所示。注意，在接线前先用低压验电笔判明电源的相线及地线，以便电能表正确接线。

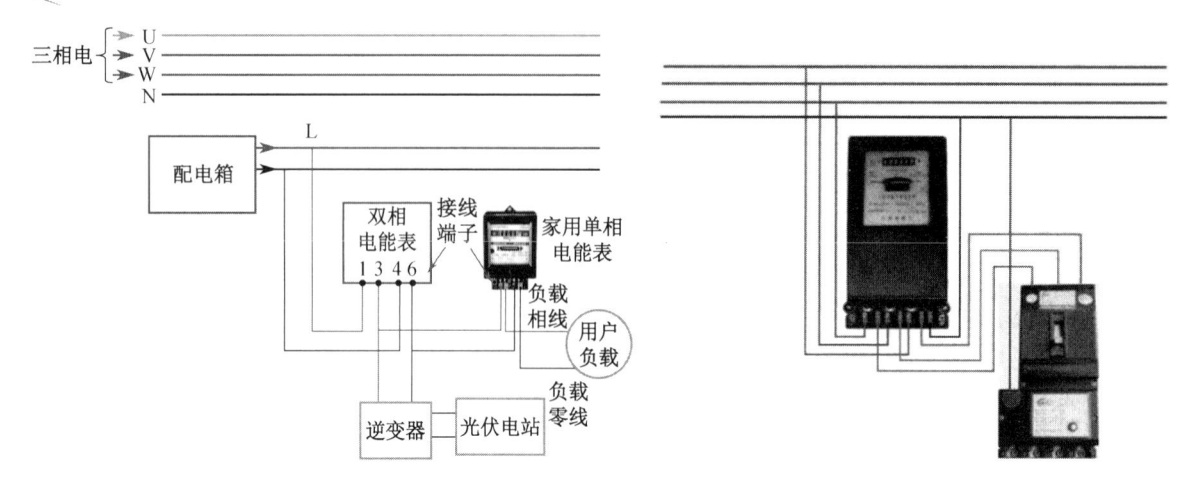

图 5.2.5　电能表实际接线图

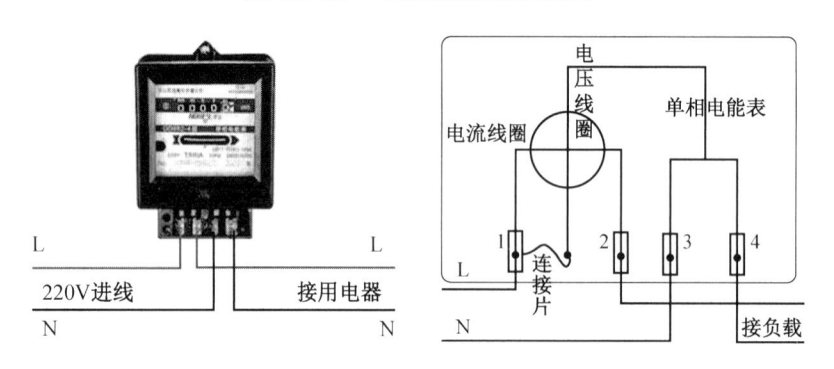

图 5.2.6　电能表的连接

④ 正确读数。

电能表计算的电量，可以从电能表的指示盘上个、十、百、千位的数字，直接读取电能表的示数，这个示数就是实际的电量计算值。指示盘的末尾空白方形中的数字是小数位数字，例如指示盘上的数字是 18315，即 1831.5kW·h。在实际电能表使用中，每月查表一次，用本月底电能表的读数减去上月底电能表的读数，即可得出本月的实际用电量。例如，电能表本月底的读数是 2468.5，上月底的读数是 1234.5，则本月的实际用电量为 2468.5-1234.5=1234kW·h。

3. 常用照明开关

开关是接通或断开电源的器件，照明开关一般称为灯开关，是人们每日接触频繁的电气器件之一，安装前要了解常用照明开关的类型、应用场合及功能等，如表 5.2.2 所示。

表 5.2.2　常用照明开关的类型、应用场合及功能

类型	典型应用场合	实物	电路符号	功能
单控开关	家庭或商业、工业上常采用一个灯开关控制一路灯	特点：两个接线口	L / L1	单控开关就是只对一条线路进行控制的开关。它只有一对触点（常开触点或常闭触点）

续表

类型	典型应用场合	实物	电路符号	功能
双控开关	主要用在一盏灯需要两地或多地控制的电路中，如楼梯间	特点：三个接线口	L—L1/L2	双控开关就是一个开关同时带常开、常闭两个触点（一对触点）。它有一个动触点和两个静触点，动触点可以分别与两个静触点闭合，达到接通或断开的目的

4. 常用照明灯具

随着技术的发展，照明灯具的种类越来越多，我们日常生活中常见的照明灯具有白炽灯、卤素灯、荧光灯、节能灯、LED 灯。下面对各常用照明灯具进行逐一介绍，如表 5.2.3 所示。

表 5.2.3　常用照明灯具的介绍

种类	简介	优点	缺点	适用场合
白炽灯	白炽灯是最传统的钨丝灯，历史悠久。其发光原理是：钨丝通电后发热，再发光，所以白炽灯也是热发光的，色温基本恒定	光谱连续，最接近自然光；显色指数高	能效最低，热效应比较明显，寿命较短	住宅及装饰性照明
卤素灯	卤素灯本质上也是钨丝灯，是对白炽灯改进得到的，其寿命比白炽灯更长，能效提高一倍左右，体积更小。卤素灯也是热发光的	光谱是连续的，最接近自然光；显色指数高。卤素灯的频闪比白炽灯要小	能效低，热效应明显，发光点较小，照射区域光线不均匀	商业空间的重点照明
荧光灯	传统的荧光灯是细长条形的荧光灯管，采用电感镇流器和启辉器启动。其色温一般为 6500K 左右，属冷白色	能效相对较高；发光点比较大，不易产生对比度强的阴影	光谱不连续；显示指数不高，发出的光线有频闪，且波动深度很大，不利于近距离阅读/写字	办公室、商场、住宅及一般公共建筑的局部照明、安全照明、方向标志照明
节能灯	节能灯是对传统荧光灯的改进，有 U 字形的、细长条形的，也有圆管形的。现在的节能灯一般采用三基色荧光灯管，其驱动电路一般采用电子镇流器	能效高；光线比较稳定（频闪很小）；显色指数较高，发光点较大，是室内照明比较理想的选择	三基色光谱，不太连续；其驱动电路会产生电磁干扰信号（30～50kHz）	室内照明
LED 灯	LED 灯能效非常高，热效应很小。因其体积小，故可以将其做成各种形状。驱动电路一般采用电子直流镇流器。色温比较灵活	成本低，能效高，光线稳定，体积小，灯具可以做得非常时尚	有光衰现象（亮度随时间推移而下降）；发光点较小，照射区域光线不均匀	显示屏、汽车用灯、LCD 背光源、仪器仪表、通信设备及电动玩具等

LED 即发光二极管，是一种半导体固体发光器件，它利用固体半导体芯片作为发光元件，在半导体中通过电子与空穴复合释放能量，直接发出红色、黄色、蓝色、绿色的光，

在此基础上，利用三基色原理，添加荧光粉，LED 可以发出任意颜色的光。

LED 灯相比普通节能灯具有环保（不含汞）、成本低、功率小、光效高、寿命长、发光面积大、无眩光、无重影、耐频繁开关等优点。目前在办公室、公共建筑及家庭照明电路中，多使用 LED 灯。家庭照明用 LED 灯根据安装形式主要有 LED 日光灯、LED 吸顶灯、LED 节能灯等，如图 5.2.7 所示。

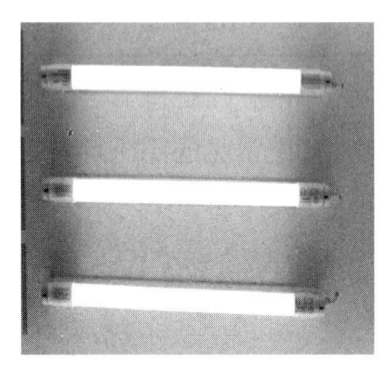

图 5.2.7　家庭照明用 LED 灯

二、双控开关控制照明电路的安装

双控开关控制照明电路是指通过双控开关对照明灯具的点亮、熄灭进行控制的电路，这类电路有很多控制方式，最终通过照明灯具将电能转换为光能。

【安装训练按工作手册（技能实训 5）要求实施。】

三、拓展学习材料

刘云清　20 年扎根一线　成就"智造"专家

"执着专注、作风严谨、精益求精、敬业守信、推陈出新"，这是中车戚墅堰机车车辆工艺研究所股份有限公司（以下简称中车戚墅堰所）高级技师刘云清对工匠精神的切身体会，凭着这种精神，他从一名普通的机械设备维修工成长为智能设备制造专家。

1996 年，从山东职业学院毕业的刘云清进入中车戚墅堰所当机修钳工，跟着老师傅学习维修数控机床。"艺痴者技必良"。时光流转，刘云清从机械设备维修工成长为全面、系统掌握数控设备机械、电气、液压、软件等各方面故障维修技术的专家，练就了"神奇"的本领：从嘈杂的轰鸣声中能立马听出哪一台机器"生病了"，并能准确判断"病因"所在。

数控珩磨机是涡轮增压器等零部件高精密加工的关键磨削设备，一度只能靠进口，价格昂贵，维修成本高，生产的产品尺寸也难以满足客户的定制需求，他主动请缨进行研发攻关。在新型数控珩磨机的研究现场，单是为了掌握珩磨的相关工艺，他就尝试了 100 多种不同配比的刀具和磨削介质。他带领团队经过数千次反复试验，最终研制出成本仅为进口设备的 1/4，且具有多重安全控制机制、成品率高等诸多优点的新型龙门式全浮动数控珩磨机，其磨削精度很高，达到国际领先水平。

20多年的磨砺钻研，让刘云清成长为中车戚墅堰所首席技师。刘云清团队发明的全智能控制机器人高压清洗机属全国首创，通过调控高压水柱清洗各种零部件。"高铁齿轮箱就像汽车的变速箱。它要跑得快、跑得稳，里面就不能有脏东西，公司以前都是用人工清洗高铁齿轮箱，有的时候会担心漏掉，返工也多，效率很低，后来我们就改成自动化清洗，不但节省了人工，而且可防止人为因素造成的清洗不到位，让火车行驶得更加平稳。"刘云清这样道。从2019年投入使用至今，刘云清团队已经为上万台"复兴号"齿轮箱体、数百万个零部件"洗了澡"，合格率达到100%。

从无到有，从引进、消化、吸收再创新到自主创新，如今，大专学历的刘云清，手下却带着一批博士、硕士，他带领团队自主研发设备200多套，直接创造的经济效益超过1.5亿元。他以行动诠释"匠心"，坚持求真创新，用责任与担当传承着"中国工匠"精神，从他身上，我们看到了"中国制造"的时代精神。

（节选自《工人日报》）

点评：学历不等于能力，大专学历的刘云清，手下却带着一批博士、硕士，这告诉我们，只要有过硬的专业技能，是金子，到哪里都会发光。

思考与练习

1. 安装灯座时，两个灯座分别固定在灯架的两端，固定时，其间距应如何控制？若接线选用多股软导线，制作连接圈时应如何处理线芯？

2. 安装时，控制开关一旦接反，会出现什么现象？

3. 本次任务中，我们使用双控开关实现两地控制一盏灯。若要用开关实现三地控制一盏灯，需要什么形式的开关？请查找资料后，画出"三地控制一盏灯"的电路图。

项目 6

电动机原理

项目导学

电动机是利用电磁感应原理将电能转换成机械能的装置。电动机在电力拖动、电力机车、无轨电车、家用电器、医疗器械中得到广泛应用。电动机根据所使用电源类型的不同，分为交流电动机和直流电动机。交流电动机根据电源相数的不同，分为单相交流电动机和三相交流电动机。直流电机可分为直流发电机和直流电动机。直流发电机将机械能转换为电能，而直流电动机将电能转换为机械能。

知识导图

- 电动机原理
  - 认识交流异步电动机
    - 三相交流异步电动机的基本结构
    - 技能实训　判断三相交流异步电动机三相绕组的首尾端
  - 三相交流异步电动机
    - 三相交流异步电动机的工作原理
    - 三相交流异步电动机的定子绕组旋转磁场的产生
    - 三相交流异步电动机转子的转动原理
    - 三相交流异步电动机正反转控制原理
  - 单相交流异步电动机
    - 单相交流异步电动机的结构
    - 单相交流异步电动机的工作原理和启动
    - 常用的单相交流异步电动机的分类
    - 单相交流异步电动机的控制
  - 直流电动机
    - 直流电动机的结构
    - 直流电动机的分类
    - 直流电动机的工作原理

学习目标

知识目标：1. 了解交流电动机、直流电动机的结构。
　　　　　2. 理解交流电动机旋转磁场的产生、转子转动原理。
　　　　　3. 掌握三相、单相交流异步电动机正反转的控制原理。
　　　　　4. 掌握直流电动机的启动、正反转控制方法。

技能目标：掌握三相交流电动机三相绕组首尾端的判断方法。

素养目标：培养学生"学一行，爱一行，钻一行，精一行"的学习意识和行为习惯，使学生立志成为大国工匠。

情景导入

使用不当，电动机烧毁

西安某机械公司反馈电动机出现故障，售后人员赶往现场查看情况，经检查发现，电动机端部绕组及绝缘材料全部深度变色，绕组已被击穿。这说明在使用过程中有过载现象，导致电动机不正常发热，而且电气保护装置未起到有效保护作用，导致绕组发热严重，最终使绝缘老化，绕组击穿，电动机烧毁。电动机故障是影响安全生产的主要因素，所以正确使用和维护保养电动机是电工必须掌握的技能之一。

点评：从本案例中，我们看到，电动机烧毁与用户没有定期检查、保养不当有很大的关系，因此对电动机出现的异常要及时发现并停车检查，排除故障。而用户一般认为电动机安装后无明显异响，而且有电气保护装置，不会出现大的问题，所以只注重生产，而忽视电动机检查和保养，对电动机出现的小问题没有及时解决，这样长时间运行下去，极易造成电动机烧毁。

任务6.1　认识交流异步电动机

交流异步电动机具有结构简单、工作可靠、使用方便、易于制造维护等优点，在工农业生产中得到广泛应用。家用电器中的空调、洗衣机、抽油烟机，农业灌溉中的潜水泵、电动葫芦，以及工业生产中的车、铣、刨、磨、镗等机床的电力拖动都离不开交流异步电动机。

一、三相交流异步电动机的基本结构

三相交流异步电动机主要由定子（固定部分）和转子（转动部分）两大部分组成。三相交流异步电动机的外形和内部结构分别如图 6.1.1 和图 6.1.2 所示。

图 6.1.1 三相交流异步电动机的外形

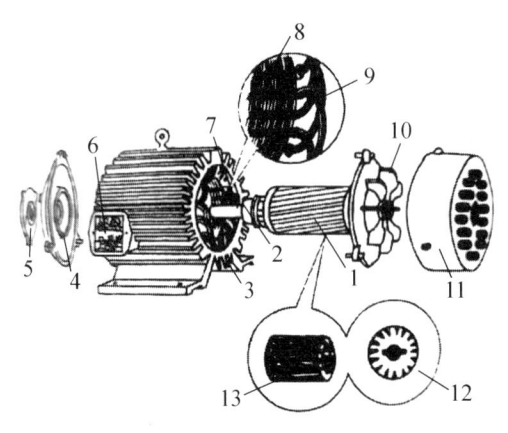

1—转子；2—轴承；3—机座；4—端盖；5—轴承盖；6—接线盒；7—转轴；
8—定子铁芯；9—定子绕组；10—风扇叶；11—风扇叶罩；12—转子铁芯冲片；13—定子绕组

图 6.1.2 三相交流异步电动机的内部结构

1. 固定部分

固定部分由定子铁芯、定子绕组、端盖和机座组成。

定子铁芯的作用有两个：一个是形成电动机的磁路，另一个是安放定子绕组。定子铁芯一般采用 0.35～0.5mm 的硅钢片冲压而成。电动机的定子及定子冲片（硅钢片）如图 6.1.3 所示。

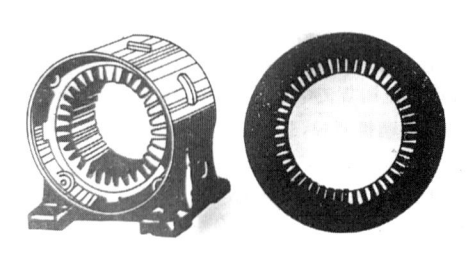

（a）不装绕组的定子　（b）定子冲片

图 6.1.3 电动机的定子及定子冲片（硅钢片）

定子绕组为电动机提供电路，产生旋转磁场。三相交流异步电动机的定子绕组由三个对称、相序相差120°（空间角度）的绕组组成，这三个绕组被嵌放在定子槽内。通常将绕组的六个端子引出到接线盒内，与接线柱相连。三相绕组的首端和尾端并不接成一条竖线，而是每相绕组的首端和尾端错一位。这样的连接方式便于用户将电动机接成三角形（△）和星形（Y）。星形接法将三相绕组的尾端短接，首端分别接三相电源，这种接法的电动机的启动方式为降压启动；三角形接法将三相不同绕组的首尾端相接，构成一个三角形，这种接法的电动机的运行方式为全压运行。图6.1.4所示为三相交流异步电动机的接线柱的连接。

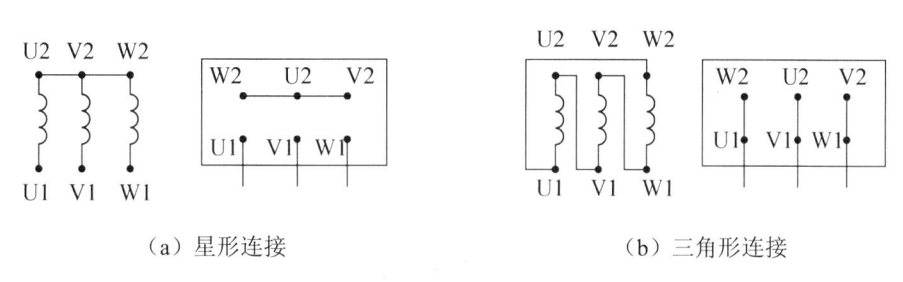

（a）星形连接　　　　　　　　　（b）三角形连接

图6.1.4　三相交流异步电动机的接线柱的连接

端盖、机座的作用是支撑转子和散热。

2. 转动部分

转动部分由转子铁芯、转子绕组等组成。

转子铁芯是电动机磁路的一部分，一般用厚度为0.5mm的硅钢片冲压而成。转子绕组的作用是产生感应电流，形成电磁转矩，实现电能与机械能的转换。鼠笼式绕组是在转子铁芯槽里嵌放铜条或铝条，铜条或铝条两端用端环连接而形成的。图6.1.5所示为鼠笼式转子。

（a）铜鼠笼式转子　　　　　　　　　（b）铸铝鼠笼式转子

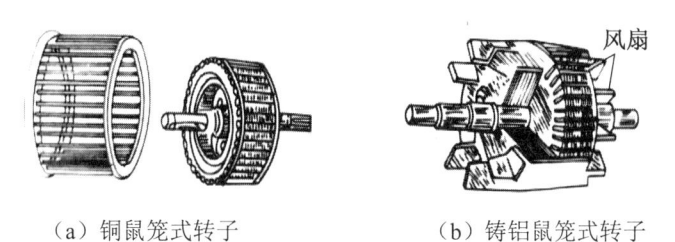

图6.1.5　鼠笼式转子

转轴的作用是支撑转子铁芯和输出转矩。

二、判断三相交流异步电动机三相绕组的首尾端

三相交流异步电动机有三个绕组，每个绕组有首端和尾端两个端子，所以三相交流异步电动机一共有六个端子。电动机线路板损坏或重新绕制后，必须先分清楚绕组的首尾端才能接线，不能盲目接线，以免引起短路等故障。下面介绍用万用表的电阻挡和电流挡进行三相交流异步电动机三相绕组首尾端的判断。

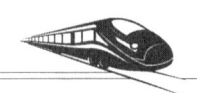

1. 同相绕组的判别

先对六个端子进行标号，然后将万用表的电阻挡选在 R×10Ω 挡位，进行欧姆调零。将万用表的一支表笔接触其中一个端子，另一支表笔分别与其他的端子相接，当另一支表笔与某个端子相接时，万用表指针接近"0"，说明该端子与万用表最先接触的端子为同相绕组。将确定好的同相绕组的两个端子做好标记后，用同样的方式找出其余两相绕组的四个端子。

2. 三相绕组首尾端的判断

（1）将万用表转换开关选在直流电流 50μA 挡。

（2）将一个绕组作为检验绕组，让假设的首端接电池的"+"极，假设的尾端碰触电池的"−"极。

（3）在尾端碰触电池的"−"极时，观察表笔的偏转情况。如果正偏，则黑表笔所接的端子为首端，红表笔所接的端子为尾端；如果反偏，则红表笔所接的端子为首端，黑表笔所接的端子为尾端。

（4）利用相同的方法判断剩余绕组的首尾端。

为了快速地掌握三相绕组首尾端的判断方法，读者需记住六个字，"正正黑"和"反正红"。第一个"正"或"反"表示指针的正偏或反偏，第二个"正"表示该端子接电池的正极，第三个"黑"或"红"表示万用表黑表笔或红表笔。

3. 首尾端判断是否正确的检验方法

（1）将万用表转换开关选在直流电流 50μA 挡。

（2）将三相绕组的首端连接起来，接到万用表的一支表笔上。

（3）将三相绕组的尾端连接起来，接到万用表的另一支表笔上。

（4）启动电动机，看万用表指针偏转程度。如果指针轻微抖动或不动，说明三相绕组首尾端判断正确；如果指针有较大幅度的摆动，说明三相绕组首尾端判断错误。

任务 6.2　三相交流异步电动机的原理

三相交流异步电动机是利用电磁感应原理将电能转换成机械能的装置。它在接上三相交流电源后为什么会自动转起来呢？

一、三相交流异步电动机的工作原理

三相交流异步电动机的原理演示如图 6.2.1 所示。我们在转动手柄时，固定在手柄上的 U 形磁铁就会旋转，那么由磁铁产生的磁极就会转动，这样就形成了旋转磁场。在 U 形磁铁的中间放置一个可以自由转动的鼠笼式转子，当 U 形磁铁旋转时，转子会跟着 U 形磁铁旋转，转子的旋转方向和 U 形磁铁的旋转方向一致。同时，U 形磁铁转得快，转子也转得快；U 形磁铁转得慢，转子也转得慢。通过这个实验，我们知道，电动机要旋转必须具备 3 个条件：

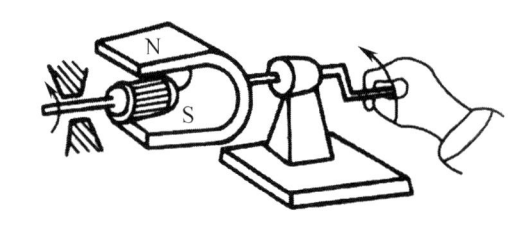

图 6.2.1 三相交流异步电动机的原理演示

（1）有旋转磁场。

（2）有闭合回路的转子。

（3）转子转速和旋转磁场的转速有差异（转差率）。

二、三相交流异步电动机的定子绕组旋转磁场的产生

当三相交流异步电动机的定子绕组通入三相交流电流时，该电流就在定子绕组中产生旋转磁场。旋转磁场的产生如图 6.2.2 所示。

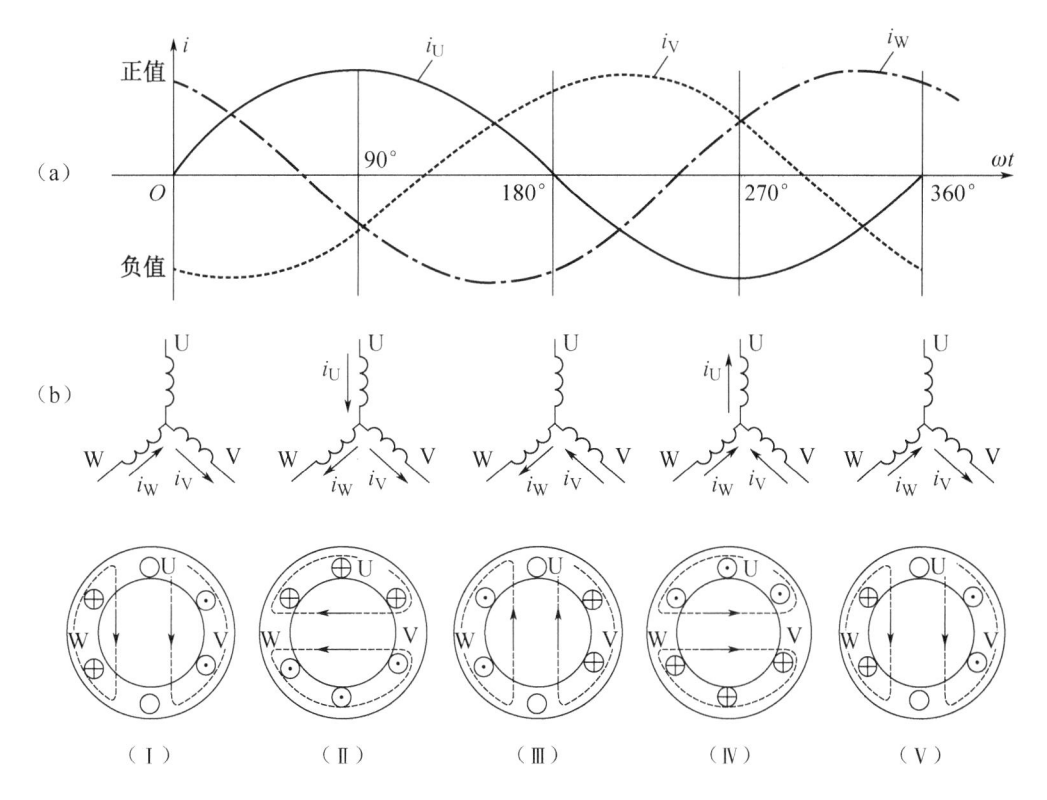

图 6.2.2 旋转磁场的产生

选定 ωt 为 0°、90°、180°、270°、360° 五个点进行分析，总结磁场的变化规律。

（1）当 $\omega t = 0°$ 时，电流由 W 相流入，V 相流出，U 相无电流，产生的磁场方向向下。

（2）当 $\omega t = 90°$ 时，电流由 U 相流入，V 相、W 相流出，产生的磁场方向向左。

（3）当 $\omega t = 180°$ 时，电流由 V 相流入，W 相流出，U 相无电流，产生的磁场方向向上。

（4）当 $\omega t = 270°$ 时，电流由 V 相、W 相流入，U 相流出，产生的磁场方向向右。

（5）当 $\omega t = 360°$ 时，电流由 W 相流入，V 相流出，U 相无电流，产生的磁场方向向下。

由此可见，给电动机的绕组通三相交流电流时，定子绕组中产生的磁场的规律为：

（1）三相交流电流在三相绕组中合成的磁场在空间上是旋转的。

（2）合成的磁场的旋转方向由三相绕组中三相电流的相序决定。

三、三相交流异步电动机转子的转动原理

旋转磁场切割转子绕组，将在转子绕组中产生感应电动势和感应电流，通电电流在磁场中受到力的作用，这个力产生的力矩使转子朝着旋转磁场的方向旋转。但是转子的转速一定会小于旋转磁场的转速（同步转速），这样才能使旋转磁场和转子有相对运动，才会有切割磁力线的情况出现。交流异步电动机的"异步"一说就是这样来的。

四、三相交流异步电动机正反转控制原理

由三相交流异步电动机的工作原理可知，转子的转向和旋转磁场的转向是一致的。三相交流电流通过三相绕组后会在定子绕组中形成旋转磁场，而且旋转磁场的方向与定子绕组中三相电流的相序有关。

在实际工作中，改变电动机转动方向的做法是：在接线盒内将任意两接线柱与电源连接的导线对调，或在电源开关上将与电动机连接的任意两根导线对调。后面学习的电动机正反转控制电路就是通过调换三相电源的任意两相来实现电动机正反转的。

任务 6.3　单相交流异步电动机

单相交流异步电动机是利用单相交流电源供电的交流异步电动机，因为具有可直接接 220V 交流电源、结构简单、成本低、噪声小等优点，所以在家用电器、医疗器械中得到广泛应用。

一、单相交流异步电动机的结构

单相交流异步电动机和三相交流异步电动机既有相同之处，也有不同之处。相同之处是都由定子和转子构成，定子和转子的铁芯都由硅钢片冲压而成，转子都采用鼠笼式转子。不同之处是单相交流异步电动机的定子槽内安放了两套绕组，三相交流异步电动机的定子槽内安放了三套绕组；单相交流异步电动机定子产生的磁场是脉振磁场，三相交流异步电动机定子产生的磁场是旋转磁场。单相交流异步电动机的结构如图 6.3.1 所示。

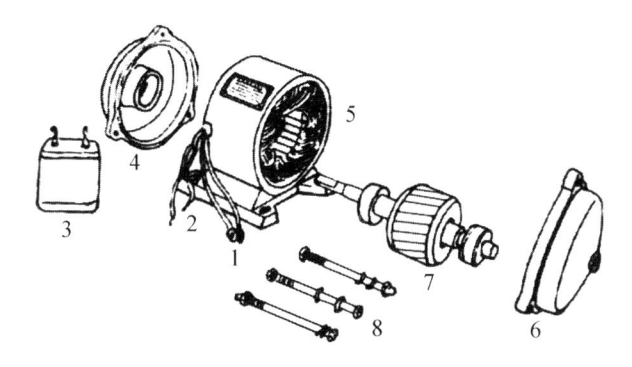

1—电源接线；2—机座；3—启动电容器；
4—后端盖；5—定子铁芯和线圈；6—前端盖；7—转子；8—固定螺钉

图 6.3.1 单相交流异步电动机的结构

二、单相交流异步电动机的工作原理和启动

由任务 6.2 可知，三相交流异步电动机能够转动是因为给定子绕组通以相差 120°电角度的三相交流电，三相交流电在电动机的定子上产生旋转磁场。而单相交流异步电动机的供电电源是单相电源，不能产生旋转磁场，其产生的磁场大小随着交流电流值的变化而变化，方向随着交流电方向的变化而变化（总是在一个位置上下振动），我们称之为脉振磁场。这种磁场在转子上产生的合力和合力矩均为 0，转子是静止不动的。所以，单相交流异步电动机若不采取一定措施，是不能自行启动的。

单相交流异步电动机采用特殊的启动方式。通常会在单相交流异步电动机的定子上嵌套两套绕组，一套是主绕组，也叫工作绕组，用"U1U2"表示，直接接到电源上；另一套是副绕组，也叫启动绕组，用"Z1Z2"表示，与电容 C 串联后接到电源上。由于电容的移相功能，流过两套绕组的电流相差 90°电角度，从而产生旋转磁场，使电动机开始转动。图 6.3.2 所示为单相电容运行异步电动机接线图。

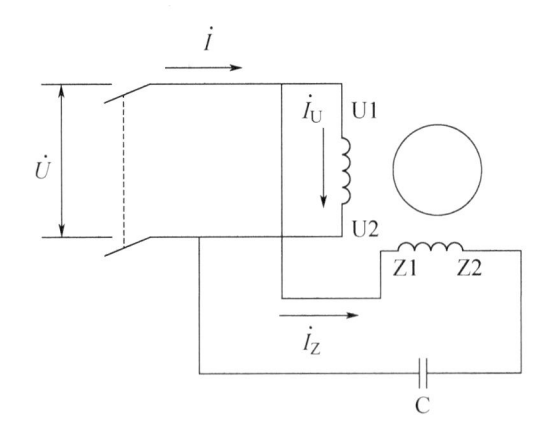

图 6.3.2　单相电容运行异步电动机接线图

三、常用的单相交流异步电动机的分类

根据启动方式和结构的不同，常用的单相交流异步电动机的分类如图 6.3.3 所示。

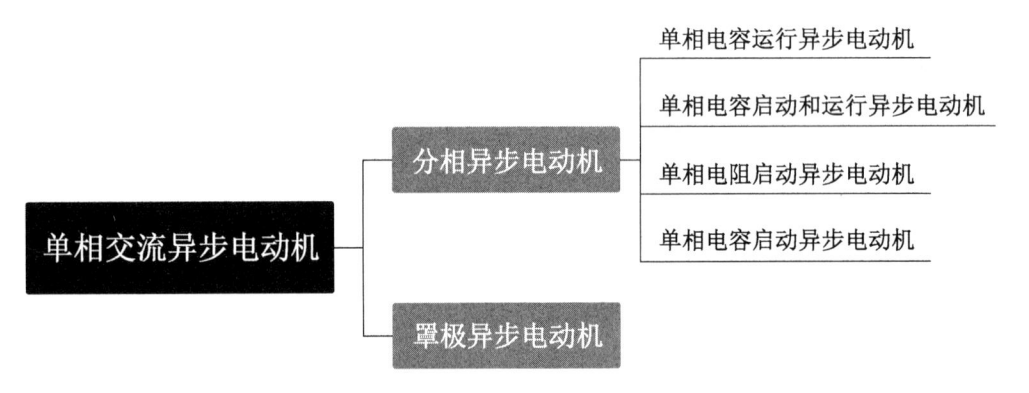

图 6.3.3　常用的单相交流异步电动机的分类

四、单相交流异步电动机的控制

单相交流异步电动机的控制主要有单相交流异步电动机的正反转控制和转速控制两种。

1. 单相交流异步电动机的正反转控制

在日常生活中，有时需要使单相交流异步电动机正反转，比如洗衣机波轮的正反转运动。通过原理分析可知，转子的转动方向与定子绕组产生的旋转磁场有关，只要改变外部电路的连接，让旋转磁场的转向改变，就可以实现单相交流异步电动机的正反转控制。图 6.3.4 所示为洗衣机电动机的正反转控制电路。

洗衣机电动机中有两套匝数相同、空间相差 90°电角度的绕组，也就是说，主绕组和副绕组是一样的。通过将开关 S 打在"1"和"2"位置，就可以实现电动机的正反转。

当开关"S"打在"1"位置时，U1U2 直接接电源，为主绕组；Z1Z2 与电容 C 串联构成启动电路，Z1Z2 为副绕组。

当开关"S"打在"2"位置时，Z1Z2 直接接电源，为主绕组；U1U2 与电容 C 串联构成启动电路，U1U2 为副绕组。

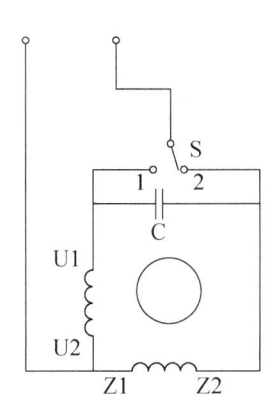

图 6.3.4　洗衣机电动机的正反转控制电路

2. 单相交流异步电动机的转速控制

家庭用的摇头扇、吊扇都具有调速功能。其中，摇头扇是通过改变电动机的绕组抽头来调速的，吊扇是通过改变串入电路的电抗器来调速的。下面介绍通过改变电动机的绕组抽头来调速的方法。

图 6.3.5 所示为摇头扇电动机转速控制电路，其中 U1U2 为主绕组，Z1Z2 为带抽头的副绕组，电容 C 为启动电容。通过将转换开关 S 打在"1""2""3"位置达到调速目的。

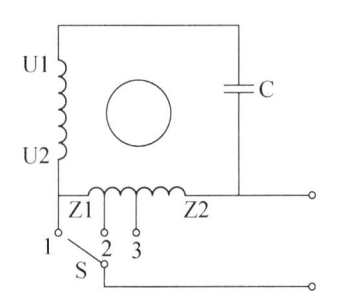

图 6.3.5　摇头扇电动机转速控制电路

任务 6.4　直流电动机

直流电动机是指使用直流电源的电动机。直流电动机因为控制精准、启动性能好、启动转矩大、调速性能好等优点，在现代工业制造、自动化控制中得到广泛应用。目前地铁列车、城际轨道列车、电动自行车等使用直流电动机作为动力源。直流电动机的应用如图 6.4.1 所示。

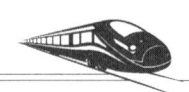

地铁列车　　　　　　　城际轨道列车　　　　　　电动自行车

图 6.4.1　直流电动机的应用

一、直流电动机的结构

直流电动机由定子和转子（电枢）两大部分组成，定子和转子之间的空隙称为空气隙。其内部结构如图 6.4.2 所示。

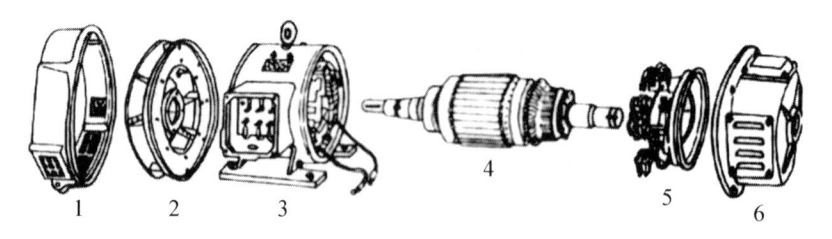

1—前端盖；2—风扇；3—机座；4—转子；5—电刷；6—后端盖

图 6.4.2　直流电动机的内部结构

1. 定子部分

定子部分主要用来产生磁场、起机械支撑作用等。定子部分由主磁极、换向磁极、机座、电刷装置等组成。

（1）主磁极。

主磁极用来产生直流电动机的主磁场，由主磁极铁芯和套在主磁极铁芯上的励磁绕组构成。励磁绕组的作用是在通入直流电后产生励磁磁场。励磁绕组经过绝缘处理，套装在主磁极铁芯上。直流电动机的主磁极如图 6.4.3 所示。

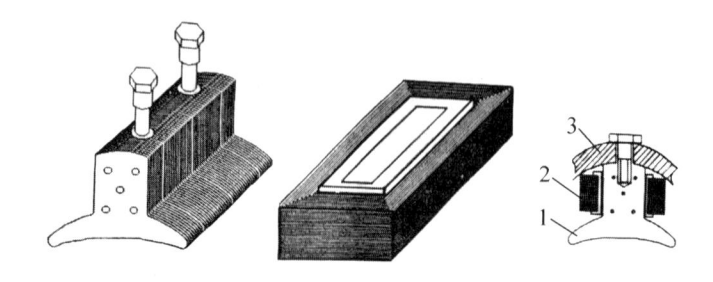

1—主磁极铁芯；2—励磁绕组；3—固定螺钉

图 6.4.3　直流电动机的主磁极

（2）换向磁极。

换向磁极装在相邻的两主磁极之间，又称附加磁极，用来产生附加磁场，改善电动机的换向性能。直流电动机的换向磁极如图6.4.4所示。

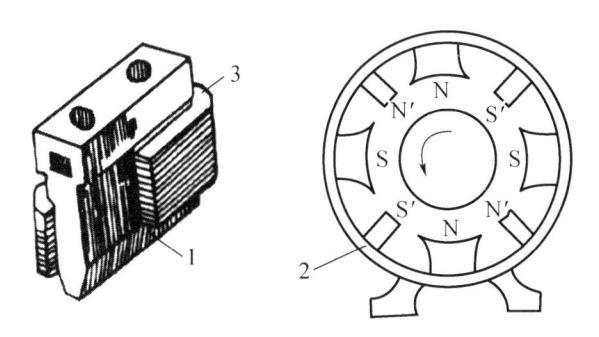

1—铁芯；2—机座；3—绕组

图 6.4.4　直流电动机的换向磁极

（3）机座。

机座可以用来保护电动机的主磁极、换向磁极，是电动机磁路的一部分，称为磁轭。它一般用导磁性能好的铸钢件或钢板焊接而成。

（4）电刷装置。

电刷装置主要由电刷和刷架等构成，电刷通常被弹簧压板压在转子的换向器上。其作用是通过固定的电刷和旋转的换向器之间的滑动接触，使转动的转子电路与静止的外电路相连接。各相同极性的电刷经软连线汇在一起后，再引到出线盒内的接线板上，作为转子电枢绕组的引出端。

电刷应具有较好的导电性能和耐磨性能，一般用石墨粉压制而成，放在刷握中的刷盒内。电刷装置固定在端盖上，端盖有保护电动机和支承轴承的作用。直流电动机的电刷装置如图6.4.5所示。

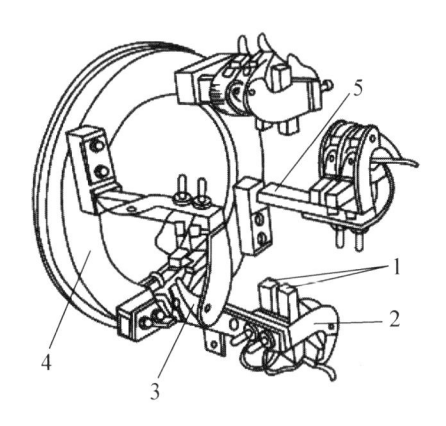

1—电刷；2—刷握；3—弹簧压板；4—座圈；5—刷杆

图 6.4.5　直流电动机的电刷装置

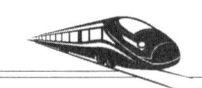

（5）出线盒。

出线盒内除有电枢绕组引出线的接线端子外，还有励磁绕组引出线的接线端子。

2. 转子部分

转子通常称为电枢，是用来产生感应电动势、电流、电磁转矩，实现能量转换的部件，如图6.4.6所示。直流电动机的转子由电枢铁芯、电枢绕组、换向器、转轴、风扇等组成。

图6.4.6 直流电动机的转子（电枢）

（1）电枢铁芯。

电枢铁芯是直流电动机磁路的一部分，用来嵌放电枢绕组。它由硅钢片冲制叠压而成，在其外圆上有均匀分布的槽，用来嵌放电枢绕组。

（2）电枢绕组。

电枢绕组是直流电动机转子上的一个重要部件，作用是产生感应电动势和电磁转矩，使电动机实现能量转换。电枢绕组由许多绕组元件构成，它们按一定的规则嵌放在电枢铁芯表面的槽里，并按一定的规则和换向器连接，使绕组本身连成一个回路。为防止电枢旋转时电枢绕组因离心力而飞散，将槽口用槽楔压住，端部用非磁性钢丝或玻璃丝带扎紧。

（3）换向器。

换向器又称整流子，是直流电动机的特有装置。它是由许多换向片组成的一个圆柱体，装在转子的一端。换向片之间相互绝缘，每个换向片又按一定的规则与电枢绕组连接。转动的换向器与固定的电刷滑动接触，使旋转的电枢绕组电路与静止的外电路相连接。直流电动机的换向器如图6.4.7所示。

图6.4.7 直流电动机的换向器

（4）转轴。

转轴用来传递转矩，一般用合金钢锻压而成。

（5）风扇。

风扇用来降低直流电动机运行中的温升。

二、直流电动机的分类

直流电动机根据主磁极磁场的不同，一般可以分为两大类：永磁直流电动机和励磁直流电动机。励磁直流电动机又分为他励式直流电动机和自励式直流电动机两种。

1. 永磁直流电动机

永磁直流电动机用永久磁体来建立电动机所需的磁场，无须另用电源进行励磁，因而从家用电器、便携式电子设备、电动工具到要求有良好动态性能的精密速度和位置传动系统，都大量应用永磁直流电动机。

2. 他励式直流电动机

他励式直流电动机的励磁绕组和转子绕组分别用不同的电源供电，励磁绕组和转子绕组没有电路联系。他励式直流电动机的原理图如图 6.4.8 所示。

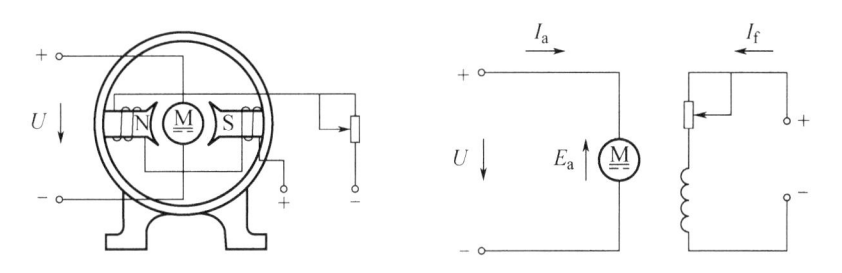

图 6.4.8 他励式直流电动机的原理图

3. 自励式直流电动机

自励式直流电动机的励磁绕组和转子绕组按照一定的规则相连接，由同一个电源供电。自励式直流电动机有并励式、串励式、复励式三种。

（1）并励式直流电动机。

在并励式直流电动机中，励磁绕组与转子绕组的连接方式为并联。并励式直流电动机的原理图如图 6.4.9 所示。

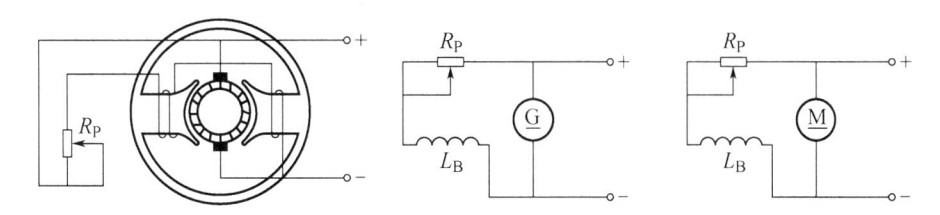

图 6.4.9 并励式直流电动机的原理图

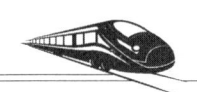

（2）串励式直流电动机。

在串励式直流电动机中，励磁绕组与转子绕组的连接方式为串联。串励式直流电动机的原理图如图6.4.10所示。

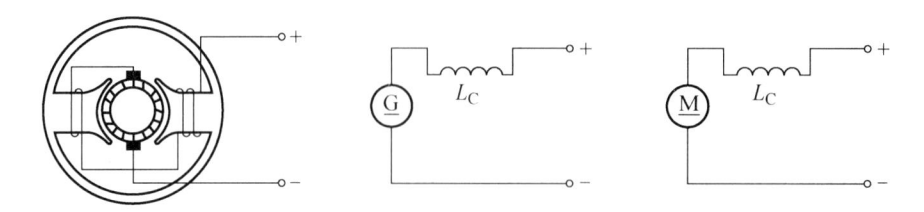

图6.4.10 串励式直流电动机的原理图

（3）复励式直流电动机。

在复励式直流电动机中，励磁绕组与转子绕组的连接方式既有并联又有串联。复励式直流电动机的原理图如图6.4.11所示。

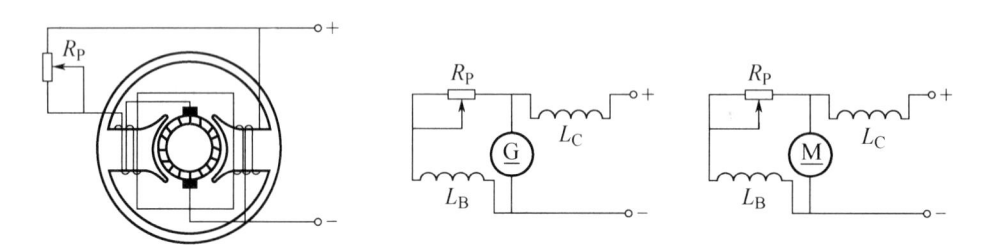

图6.4.11 复励式直流电动机的原理图

三、直流电动机的工作原理

直流电动机的示意图如图6.4.12所示。线圈abcd作为转子绕组被放在转子铁芯中，ab线端通过换向器1、电刷A接电源正极，dc线端通过换向器2、电刷B接电源负极。在电源的作用下，转子绕组abcd中产生电流。载流导体在气隙磁场作用下产生使电枢转动的电磁转矩，从而使转子转动。

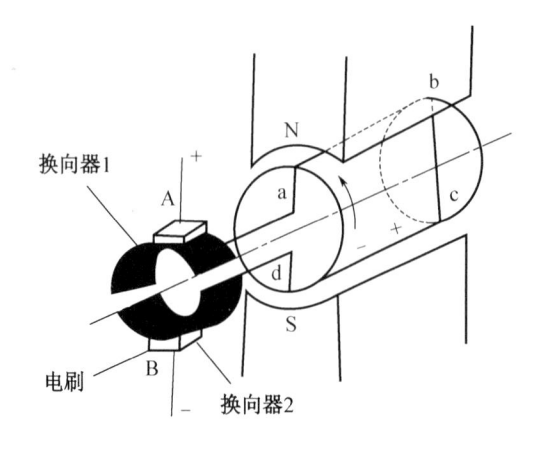

图6.4.12 直流电动机的示意图

当导体从一个磁极进入另一个磁极时，为了使转子转动的转矩方向不变，根据磁场对通电导体的作用力定律，通过导体的电流方向就必须发生改变，这就是换向器的作用。换向器和电刷的联合作用是让外部电源极性保持不变，通过导体的电流方向不断循环改变，从而让直流电动机朝一个方向转动下去，将电能转换成机械能。

直流电动机工作原理图如图 6.4.13 所示。直流电动机工作原理分析如表 6.4.1 所示。

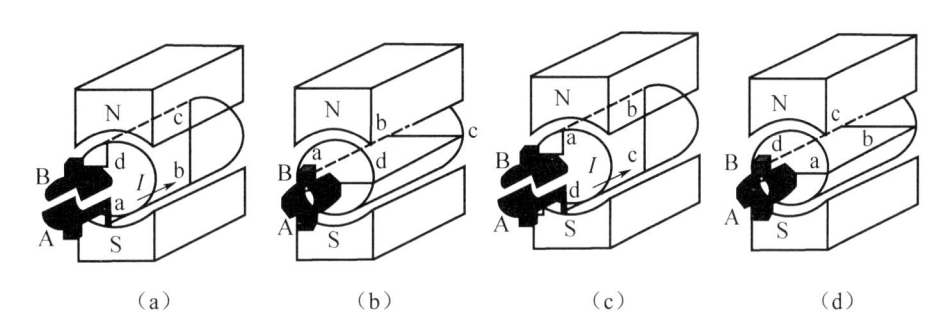

图 6.4.13 直流电动机工作原理图

表 6.4.1 直流电动机工作原理分析表

图序号	电流方向	导体受力方向	绕组转动方向
（a）	电刷 A→ab→cd→电刷 B	ab 向左，cd 向右	顺时针
（b）	无电流	不受力	惯性转动
（c）	电刷 A→dc→ba→电刷 B	ab 向右，cd 向左	顺时针
（d）	无电流	不受力	惯性转动

综上所述，可以得到以下结论。

（1）电动机外部电源极性不变，电动机绕组中的电流方向不断改变。

（2）线圈边从一个极性的磁极下转换到另一个极性的磁极下时，电流方向改变一次，使电枢转动的电磁力方向不变。

（3）改变线圈中的电流方向是靠换向器和电刷来完成的，线圈中电流改变方向的过程叫换向。

（4）线圈在转动时每经过两个磁极的交界处，导体电流为 0，线圈中的电磁转矩为 0，转子凭借惯性通过这个位置。但是，实际上直流电动机转子绕组是由多个线圈连接而成的，所以转子的转矩是不变的，转动是平稳的。

四、拓展学习材料

徐仲维：从普通装配工到大国工匠

徐仲维，湖南湘电动力有限公司电器装配高级工程师，从普通钳工一路走到"大国工匠年度人物"提名人选。

徐仲维所在的湖南湘电动力有限公司，有一台高龄苏联制母线弯机。操作师傅认为这

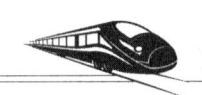

台机器之所以运转至今，除了本身质量好，还靠徐仲维"妙手回春"。徐仲维经常把大家都认为修不好、不能用、只能废弃的机器恢复正常。他参加工作以来，小到螺钉，大到千吨级机器，都经过他的一双手打磨、改进、组装。他65次参加国家重点项目技术攻关，改进电动机系统缓冲装置关键技术11项，真正做到"爱一行，钻一行，精一行"，从一名普通的钳工转变成了一个有技术、有能力、肯钻研、攻难关的大国工匠。

（节选自《湖南日报》）

点评：聚光灯下的大国工匠，其实都是由普通人起步，一步步行至人生高处。汗流浃背、技能钻研中的夜以继日、精雕细琢里的一丝不苟……光环环绕下的大国工匠以行动告诉世人，不论行业、不论身份，唯有"穷其一生，专注一事"，方能成为工匠。

思考与练习

一、填空题

1. 三相交流异步电动机是利用_____原理，将_____转换成_____的装置。
2. 三相交流异步电动机主要由_____和_____两大部分组成。
3. 单相交流电源在电动机一个绕组中产生的磁场大小随着_____而变化，方向随着_____变化，总是在一个位置_____振动，称之为脉振磁场。
4. 为了解决单相交流异步电动机的启动问题，通常在单相交流异步电动机的定子上嵌两套绕组，一套是主绕组，也叫_____，用"U_1U_2"表示；另一套是副绕组，也叫_____，用"Z_1Z_2"表示。它们在空间上相差_____电角度。
5. 洗衣机电动机中有两套_____、空间相差_____电角度的绕组，也就是说，主绕组和副绕组是_____的。
6. 直流电动机由_____和_____两大部分组成。
7. 直流电动机的主磁场由_____和_____构成。励磁绕组的作用是_____。

二、判断题

1. 单相交流异步电动机的定子绕组能产生旋转磁场。（　　）
2. 旋转磁场的转速与电源的频率和磁极对数有关。（　　）
3. 交流电动机的转子的转速和旋转磁场的转速是一样的。（　　）

4．家用摇头扇的电容损坏，被拆除后，每次通电时，拨动一下转子，电动机照样可以转动起来。　　　　　　　　　　　　　　　　　　　　　　　　　　（　　）

5．直流电机既可以当作直流电动机用，也可以当作直流发电机用。　（　　）

三、简答题

1．简述洗衣机电动机如何实现正反转，定子绕组中的两个绕组有什么特点，并绘制出电路工作原理接线图。

2．简述三相交流异步电动机如何实现正反转。

3．根据已知条件，说出下面各图中电动机的转动方向。

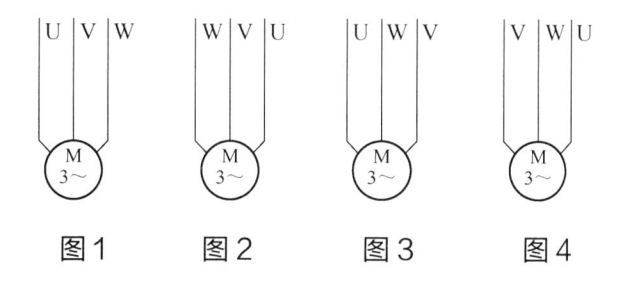

图1　　图2　　图3　　图4

图1中电动机的转动方向是顺时针，图2中电动机的转动方向是_____时针，图3中电动机的转动方向是_____时针，图4中电动机的转动方向是_____时针。

项目 7

三相异步电动机点动和连续运行控制电路安装与调试

项目导学

现代生产机械一般由电动机通过传动机构（皮带、链条、传动轴等）进行拖动，通过电动机控制电路可以实现不同的运动。复杂的控制电路由一个个基本的控制单元电路组合而成，三相异步电动机的点动和连续运行控制电路就是电气控制的基本单元电路。

知识导图

- 三相异步电动机点动和连续运行控制电路安装与调试
  - 三相异步电动机点动控制电路安装与调试
    - 三相异步电动机点动控制电路
    - 三相异步电动机点动控制电路的构成和工作过程
    - 技能实训　控制电路安装与调试
  - 三相异步电动机连续运行控制电路安装与调试
    - 三相异步电动机连续运行控制电路
    - 电路的构成和工作过程
    - 技能实训　控制电路安装与调试
  - 三相异步电动机点动与连续运行控制电路安装与调试
    - 三相异步电动机点动与连续运行控制电路
    - 三相异步电动机点动与连续运行控制电路工作原理
    - 技能实训　控制电路安装与调试

学习目标

知识目标：1. 了解电气控制电路的构成和作用。
　　　　　2. 掌握三相异步电动机点动与连续运行控制电路的构成。

技能目标：1. 能够叙述三相异步电动机点动控制和连续运行控制过程。
　　　　　2. 能够安装和调试三相异步电动机点动控制电路和连续运行控制电路。
　　　　　3. 会分析电路故障产生的原因及进行故障排除。

素养目标：引导学生形成"劳动光荣、技能宝贵、创造伟大"的理念。

情景导入

隧道风机的排风和送风是如何实现的？

地铁大部分处于地下的隧道中，地下建筑相对封闭，人员聚集，有大量的内部热源和污染源，消防系统还要考虑到有火灾时烟气的排放，因而地铁的空调通风系统很重要，要为地铁的乘客和工作人员提供舒适的空气环境，为隧道通风换气，火灾时要能及时排烟气，利于人员的疏散。区间隧道通风系统（TVF）是地铁空调通风系统的重要组成部分。TVF由区间隧道活塞通风系统与机械通风、排烟系统构成。机房和风井一般布置于车站两端，由活塞风道、排风道、正反转隧道通风机、组合风阀等构成。隧道风机均为可逆转式的轴流式风机，用于早、晚时段及列车阻塞、火灾时通风和排烟，根据正转或反转按运行模式的要求给隧道排风或向隧道内送风。轨道交通隧道风机及其内部结构如图 7.1.1 所示。电动机的运转通过控制电路来实现，电气控制电路由接触器、继电器、开关和按钮等组成，广泛应用于各类生产设备和生产过程的自动化控制中。各种生产设备的运行通过控制电路来实现，复杂的控制电路也都由最基本的控制环节组成。

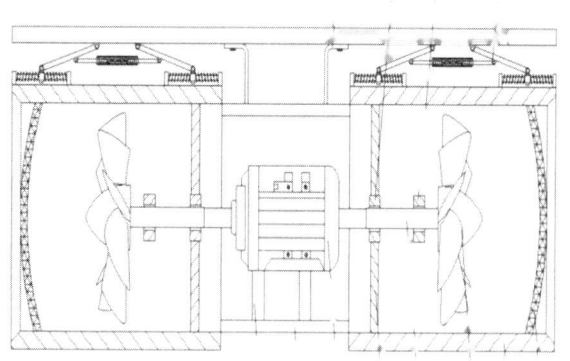

图 7.1.1　轨道交通隧道风机及其内部结构

任务 7.1　三相异步电动机点动控制电路安装与调试

在轨道交通运营中，列车飞驰在轨道上，像这种设备在正常工作时电动机处于长期运转的工作状态，即所谓"长动"。除长动状态外，还有一种调整状态，如机床加工前的对刀过程，这一工作状态要求电动机点一下动一下，即按一次按钮动一下，连续按则连续动，不按则不动，这种状态称为"点动"。下面就来完成一个三相异步电动机的点动控制电路的安装与调试任务。

一、技术准备

1. 三相异步电动机点动控制电路

（1）电力拖动。

三相异步电动机在生产中应用广泛，通常把用三相异步电动机带动生产机械工作的电力拖动系统称为电力拖动。电力拖动运行时需要对三相异步电动机的各种功能进行控制和保护。

（2）点动控制。

当按下按钮后电动机通电启动运行，而松开按钮后电动机断电，停止转动，这称为点动控制。点动控制用于短时间内需要电动机运转，但运转一会儿后就需要电动机停止工作的设备，如机床等设备的步进或步退控制等。

三相异步电动机点动控制电路如图 7.1.2 所示。

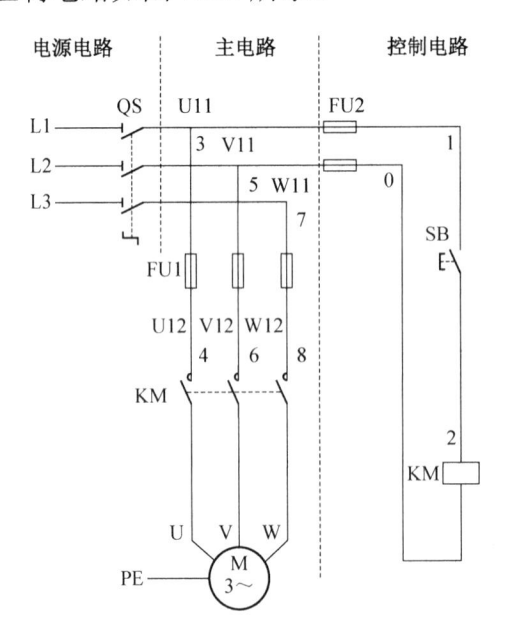

图 7.1.2　三相异步电动机点动控制电路

2. 三相异步电动机点动控制电路的构成和工作过程

图 7.1.2 所示三相异步电动机点动控制电路的构成和工作过程如下。

1）电路构成

（1）电源电路：由相线 L1、L2、L3 和电源开关 QS 构成。

（2）主电路：包括熔断器 FU1、交流接触器 KM 主触点、三相异步电动机 M。

（3）控制电路：包括熔断器 FU2、按钮 SB、交流接触器 KM 线圈。

2）电路工作过程

先合上电源开关 QS。

（1）启动。

按下启动按钮 SB→交流接触器 KM 线圈得电→KM 主触点闭合→电动机 M 启动运转。

（2）停止。

松开启动按钮 SB→交流接触器 KM 线圈失电→KM 主触点断开→电动机 M 失电停转。

停止使用时，断开电源开关 QS。

图 7.1.2 所示电路中，按下按钮 SB，电动机启动运行，松开按钮 SB，电动机停止运行，一点一动，不点不动，这就是点动控制的由来。

点动控制电路相对比较简单，控制方便，在工农业生产中得到了广泛的应用，如机床中刀的调整、立柱的移动等。

3. 电气元件知识学习

三相电动机点动控制电路用到的电气元件有电源开关、交流接触器、熔断器、按钮、三相电动机，对这些电气元件的名称、电路符号、功能、检测等应掌握，其中电源开关、按钮必备知识如表 7.1.1 所示。

表 7.1.1 电源开关、按钮必备知识

电气元件名称	实物图	文字符号	功能
电源开关		QS	通常用来控制电路的通断，可以用空气开关、刀开关等实现

续表

电气元件名称	实物图	文字符号	功能
按钮		SB	按钮是一种结构简单、应用广泛的主令电器。手压动作，手松自动复位。主要用于短时间接通或分断5A以下的小电流电路。为表明各按钮的作用，避免误操作，按钮帽常做成红、黄、蓝、黑、白等颜色

二、控制电路安装与调试

【内容和要求见工作手册 技能实训 7.1】

三、做中学

电气原理图识读

1. 电气原理图

工农业生产中用电气系统图来描述电气系统的组成、工作原理和设备之间的连接关系，电气系统图主要有电气原理图、电器布置图、电气安装接线图，这三种图通常要结合起来使用，它们可以帮助我们更好地理解电气系统的整体结构和运行方式，方便我们对系统进行设计、安装、调试和维修。

电气原理图通常分为电源电路、主电路、控制电路（辅助电路）三部分，按国家规定的图形符号、文字符号并按一定的逻辑（如功能）布局绘制，详细表达电气设备的组成、连接关系、用途和工作原理，如图 7.1.3 所示。电气原理图是电气线路安装、调试、维修的理论依据。

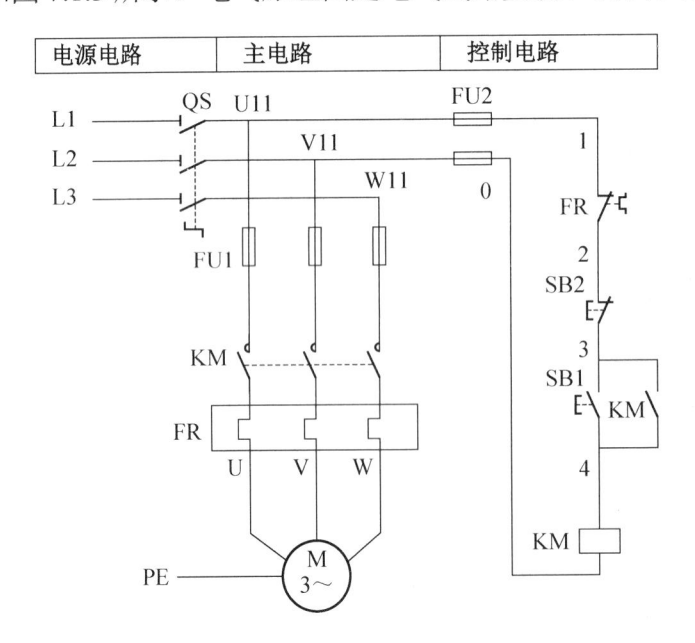

图 7.1.3 电气原理图

2. 识读电气原理图的步骤

识读电气原理图时，首先要分清主电路和控制电路，交流电路和直流电路。其次按照先主电路，再控制电路的顺序读图。看主电路时，通常从下往上看，即从电气设备开始，经控制元件，顺次往电源看；看控制电路时，则自上而下、从左向右看，即先看电源，再顺次看各条回路，分析各条回路元件的工作情况及其对主电路的控制关系。通过看主电路，要搞清用电设备是怎样连接电源的，电源经过哪些元件到达负载等。通过看控制电路，要搞清它的回路构成，各元件间的联系、控制关系和在什么条件下回路构成通路或断路，并理解各元件动作情况。

3. 识图要点

（1）明确电气原理图中符号的含义。

（2）电路由几部分组成（电源电路、主电路、控制电路）。

（3）搞清各条支路电流的方向（电流从哪里来，经过什么元件回到哪里，构成通路）。

（4）根据电气原理图，分析各电路的工作原理。（电气元件如何得电？得电后元件如何动作？动作后的结果是什么？）

四、拓展学习材料

布线工艺要求

在电气维修过程中，做得最多的是故障查找，具体体现在线路查找方面，线路简洁、分类明了、线标清晰则可以达到事半功倍的效果，如图 7.1.4～图 7.1.6 所示。如果有的设备布线凌乱，那真是叫人头疼，如图 7.1.7 所示。所以一个合格的电工，应该了解电工的布线工艺，布线应横平竖直，线色合理，标志清晰，且能达到实际电气规范要求。无论是配电柜，还是服务器柜，布线都要遵循电气规范，走线要工整。

图 7.1.4　电气布线图（1）　　　　图 7.1.5　电气布线图（2）

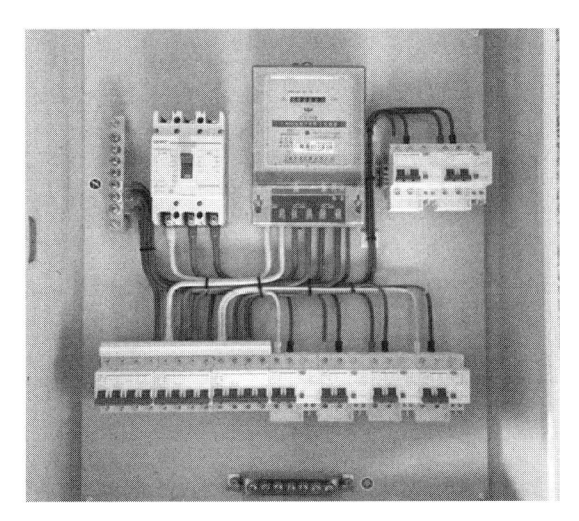

图 7.1.6　电气布线图（3）　　　　图 7.1.7　电气布线图（4）

功率线与信号线分开走，有适当的弧度，且要符合电气规范。

工艺要求：

（1）布线通道要尽可能少，同路并行导线按主电路、控制电路分类集中，单层密排，紧贴安装面布线。

（2）同一平面的导线应高低一致或前后一致，不能交叉。非交叉不可时，该导线应在接线端子引出时就水平架空跨越，但走线必须合理。

（3）布线应横平竖直，分布均匀，变换走向时应垂直转向。

（4）布线时严禁损伤线芯和导线绝缘层。

（5）布线顺序一般为：以交流接触器为中心，由里向外，由低至高，先控制电路后主电路，以不妨碍后续布线为原则。

任务 7.2　三相异步电动机连续运行控制电路安装与调试

点动控制电路中只有当按下按钮后电动机才能运转，而手松开按钮，电动机就停止运转。而实际生产中经常需要电动机启动后能够连续运转，那么如何实现手按下按钮电动机运行，而手松开按钮后电动机仍然运转？

一、技术准备

1. 三相异步电动机连续运行控制电路

三相异步电动机连续运行控制电路如图 7.2.1 所示。

2. 三相异步电动机连续运行控制电路的构成和工作过程

图 7.2.1 所示三相异步电动机连续运行控制电路的构成和工作过程如下。

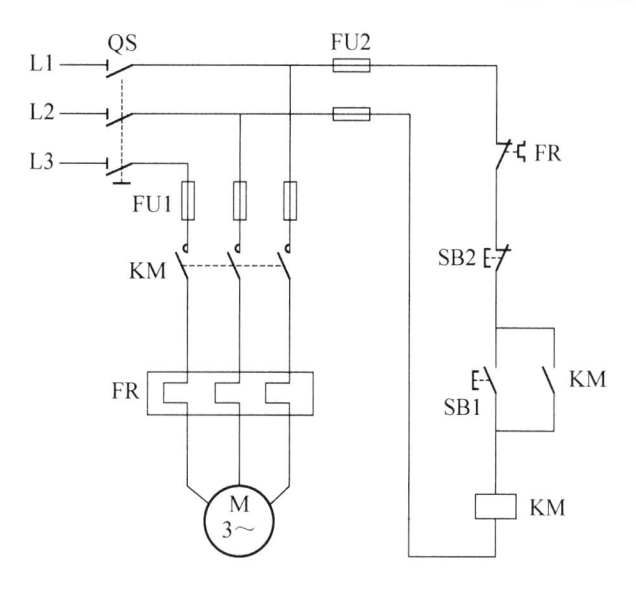

图 7.2.1 三相异步电动机连续运行控制电路

1）电路构成

（1）电源电路：由相线 L1、L2、L3 和电源开关 QS 构成。

（2）主电路：包括熔断器 FU1、交流接触器 KM 主触点、热继电器 FR、三相异步电动机 M。

（3）控制电路：包括熔断器 FU2、热继电器 FR 常闭（辅助）触点、停止按钮 SB2、启动按钮 SB1、KM 自锁触点（KM 的常开辅助触点）、交流接触器 KM 线圈。

2）电路工作过程

首先合上电源开关 QS。

（1）启动：

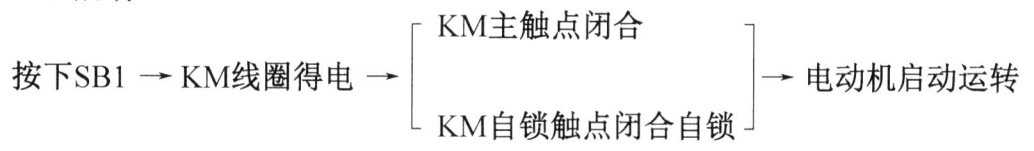

按下SB1 → KM线圈得电 → [KM主触点闭合 / KM自锁触点闭合自锁] → 电动机启动运转

（2）停止：

按下SB2 → KM线圈失电 → [KM主触点分断 / KM自锁触点断开，解除自锁] → 电动机失电停机

停止使用时，断开电源开关 QS。

3. 自锁概念

在电动机点动控制电路中，一松开按钮电动机就失电停机，但实际生产中经常需要电动机启动后能够连续运转，这时可以利用交流接触器的自锁功能来实现电动机的连续运行控制。

如图 7.2.1 所示，按下启动按钮 SB1，控制电路中交流接触器线圈通电，主触点及与启

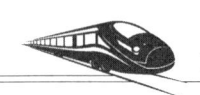

动按钮并联的常开辅助触点同时闭合，电动机通电运转。松开 SB1 按钮后，常开辅助触点仍然闭合，为交流接触器线圈通电提供了回路，实现自锁控制，使得电动机连续运转。

这种当启动按钮松开后，接触器通过自身的常开辅助触点使其线圈保持得电的方式叫作自锁。与启动按钮并联起自锁作用的常开辅助触点叫作自锁触点，如图 7.2.2 所示。

自锁概念口诀：自锁并联，与启动按钮并联。

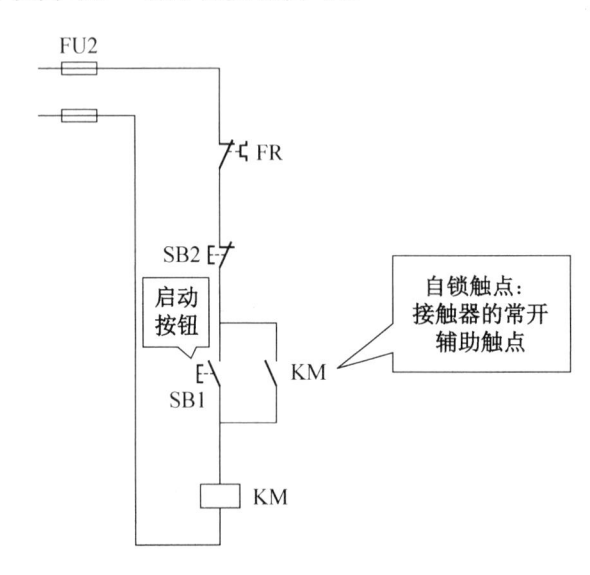

图 7.2.2　自锁触点

二、控制电路安装与调试

【内容和要求见工作手册 技能实训 7.2】

三、做中学

电气故障检修方法

故障检修的常用方法有直观法、电阻测量法、电压测量法、短路法、逻辑分析法。下面先来学习常用方法中的直观法、逻辑分析法和电阻测量法。

1. 直观法（观察法）

直观法是指采用看、听、摸等方法观察电气设备和电气元件的动作是否符合要求，从而初步判断故障范围和原因。

2. 逻辑分析法

逻辑分析法是指根据电气控制电路的工作原理，各控制环节元件的动作、相互间的联系，结合观察到的故障现象进行具体分析，缩小故障范围，判断故障所在。

3. 电阻测量法

电阻测量法是指利用万用表的电阻挡测量控制电路上某点或某个元件的通、断情况，来确定电气故障位置的方法。电阻测量法可分为电阻分段测量法和电阻分阶测量法。

1）电阻分段测量法

电阻分段测量法就是用万用表测量相邻线路电阻值，当测量到某相邻两点间的电阻值很大时，说明该两点间连接线或电气元件为故障点。

（1）测量步骤。

① 断开电源开关，用低压验电笔验电，确保在控制电路断电的情况下测量。

② 取下控制电路熔断器，按下启动按钮 SB1，用万用表 R×1Ω 挡逐一测量 1-2、2-3、3-4 线间的电阻值，若测得的阻值为 0Ω，表示线路和两点间电气元件触点正常；若测得阻值很大，表示对应点间的连接线或电气元件触点可能接触不良或已开路。

③ 用万用表 R×100Ω 或 R×1kΩ 挡测量 4-0 线间交流接触器 KM 线圈的直流电阻值，若测量值超过交流接触器线圈实际电阻值很多，表明连接线或交流接触器线圈已断路。

④ 根据测量结果，判断故障点。

电阻分段测量法示意图如图 7.2.3 所示。

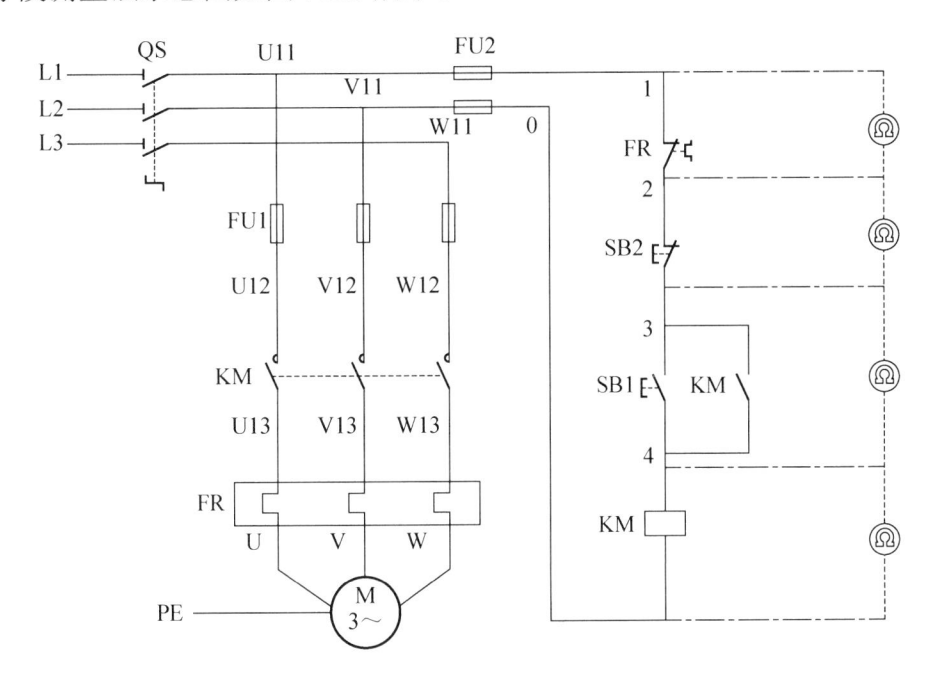

图 7.2.3 电阻分段测量法示意图

（2）电阻分段测量法测量结果与故障点判断表（见表 7.2.1）。

2）电阻分阶测量法

电阻分阶测量法就是将万用表的一支表笔固定接触在控制电路的一端（一般为 0 点），另一支表笔逐阶测量其他点间的电阻值，当测量到某相邻两阶的电阻值不正常时，则该跨接点为故障点。

表 7.2.1　电阻分段测量法测量结果与故障点判断表

故障现象	测试状态	1-2	2-3	3-4	4-0	故障点
按下启动按钮 SB1，交流接触器 KM 不能吸合	按住 SB1 不放	∞	—	—	—	1-2 线间 FR 常闭触点接触不良或接线松脱
		0	∞	—	—	2-3 线间 SB2 常闭触点接触不良或接线松脱
		0	0	∞	—	3-4 线间 SB1 常开触点接触不良或接线松脱
		0	0	0	∞	4-0 线间交流接触器 KM 线圈断路或接线松脱

注意事项：

A．测量前一定要切断控制电路电源，并验电，确认无电才能测量。

B．若所测量电路与其他电路并联，须将该电路与其他电路先断开，否则测量的电阻不准确。

C．测量高电阻电气元件时，要将万用表电阻挡转换到合适挡位。

D．实际测量时，两种方法可以结合起来使用，以便迅速查明故障点。

（1）测量步骤。

① 选择合适倍率的电阻挡（R×100Ω 或 R×1kΩ 挡），并进行调零。

② 断开电源开关，用低压验电笔验电，确保在控制电路断电的情况下测量。

③ 取下控制电路熔断器，按下启动按钮 SB1，依次测量 0-4、0-3、0-2、0-1 两点之间的电阻值。

④ 根据测量结果，判断故障点。

电阻分阶测量法示意图如图 7.2.4 所示。

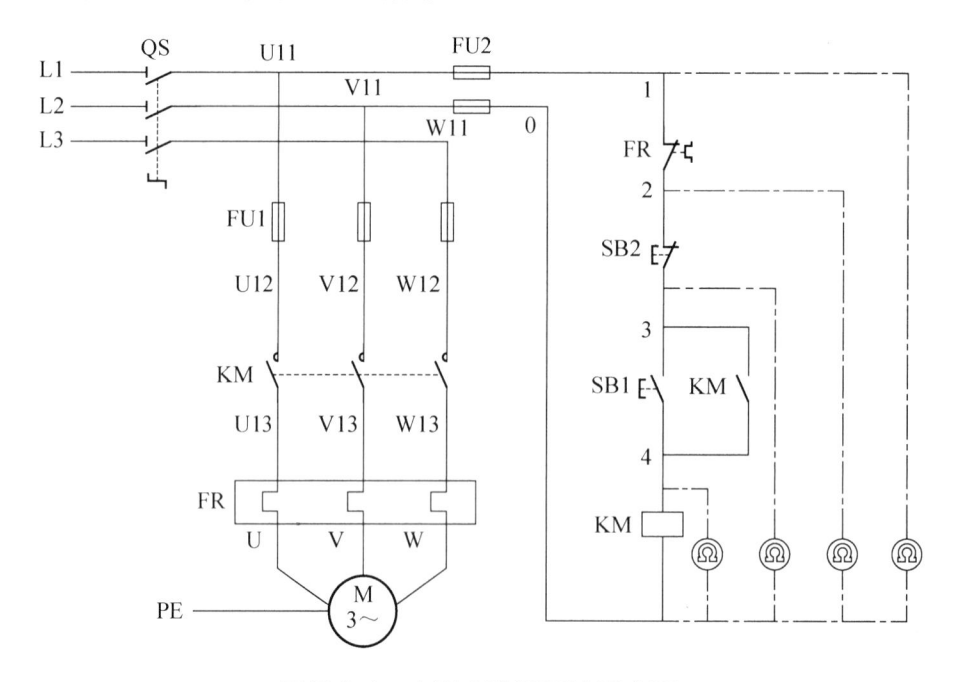

图 7.2.4　电阻分阶测量法示意图

（2）电阻分阶测量法测量结果与故障点判断表（见表7.2.2）。

表7.2.2　电阻分阶测量法测量结果与故障点判断表

故障现象	测试状态	0-4	0-3	0-2	0-1	故障点
按下启动按钮SB1，交流接触器KM不能吸合	按住SB1不放	∞	∞	∞	∞	0-4两点间交流接触器KM线圈断路或接线松脱
		R	∞	∞	∞	3-4两点间SB1常开触点接触不良或接线松脱
		R	R	∞	∞	2-3两点间SB2常闭触点接触不良或接线松脱
		R	R	R	∞	2-3两点间FR常闭触点接触不良或接线松脱

注：表中的"R"表示两个线号点间所测得的交流接触器KM线圈电阻值。

四、拓展学习材料

保护设备为安全生产保驾护航

随着科技的发展，机电设备和电子产品越来越多，它们给人们的生产和生活带来很多便利，这些设备都需要电作为驱动力，因此在使用时需要保证电路安全运行，避免电气设备与线路在运行过程中发生故障，当电流（或电压）超过设备与线路允许的范围与限度时，需要采用能对设备和线路进行自动调整（断开、切换等）的保护设备，以免发生故障，给使用者带来财产损失及人身伤害。

电路保护设备的作用是当元器件受到过电压、过电流、浪涌、电磁干扰等情况下，保护元器件不被损坏。

在本次实训的"三相异步电动机连续运行控制电路"中，就有多重保护设备，如熔断器FU在电路中起短路保护作用，热继电器FR为电动机提供过载保护，交流接触器自锁控制不但能使电动机连续运转，还有欠电压和失电压（或零电压）保护作用。

短路保护：熔断器FU实现主电路和控制电路的短路保护。

过载保护：热继电器FR为电动机提供过载保护。

欠电压保护：当线路电压下降到一定值（通常低于额定电压的85%）时，交流接触器线圈的电压下降，交流接触器线圈的磁通减弱，产生的电磁吸力减小。当电磁吸力减小到一定程度时，动铁芯被迫释放，主触点和辅助触点同时分断，电动机失电停转，起到欠电压保护作用。

失电压（或零电压）保护：交流接触器的主触点和自锁触点在断电时已经分断，主电路和控制电路都不能接通，在电源恢复供电时，电动机不会自行启动运转，保证了人身和设备的安全。

任务 7.3　三相异步电动机点动与连续运行控制电路安装与调试

机床设备在正常工作时，一般需要电动机处在连续运转状态，但在试车或调整刀具与工件的相对位置时，又需要电动机可点动控制，如何把前面的点动控制电路和连续运行控制电路结合起来，满足既可"点动"又可"长动"的生产需求呢？

思考：在同一个控制电路中，怎样才能实现点动与连续运转的相互转换，并且保证这两种工作状态在运行时互不干扰？

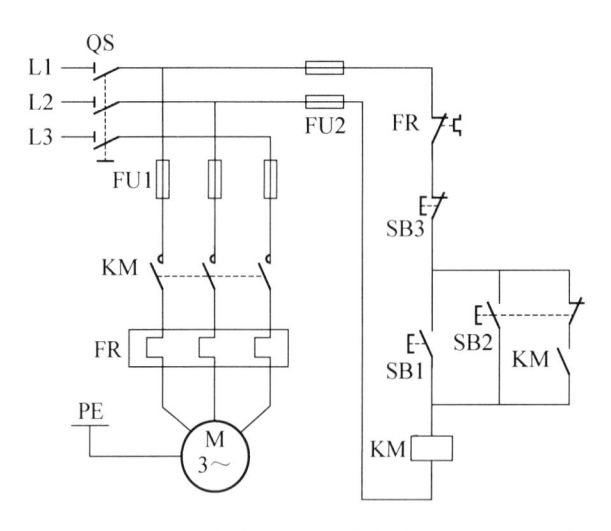

一、技术准备

1. 三相异步电动机点动与连续运行控制电路

三相异步电动机点动与连续运行控制电路如图 7.3.1 所示。

图 7.3.1　三相异步电动机点动与连续运行控制电路

2. 三相异步电动机点动与连续运行控制电路的构成和工作过程

图 7.3.1 所示三相异步电动机点动与连续运行控制电路的构成和工作过程如下。

1）电路构成

（1）电源电路：由 L1、L2、L3 和电源开关 QS 构成。

（2）主电路：包括熔断器 FU1、交流接触器 KM 主触点、热继电器 FR、三相异步电动机 M。

（3）控制电路：包括熔断器 FU2、热继电器 FR 常闭（辅助）触点、停止按钮 SB3、启动按钮 SB1、复合按钮 SB2，KM 自锁触点（KM 的常开辅助触点）、交流接触器 KM 线圈。

2）电路工作过程

首先合上电源开关 QS。

（1）连续运行。

启动：

按下SB1 → KM线圈得电 → { KM主触点闭合 / KM自锁触点闭合自锁 } → 电动机启动运转

停止：

按下SB3 → KM线圈失电 → { KM主触点分断 / KM自锁触点断开，解除自锁 } → 电动机失电停机

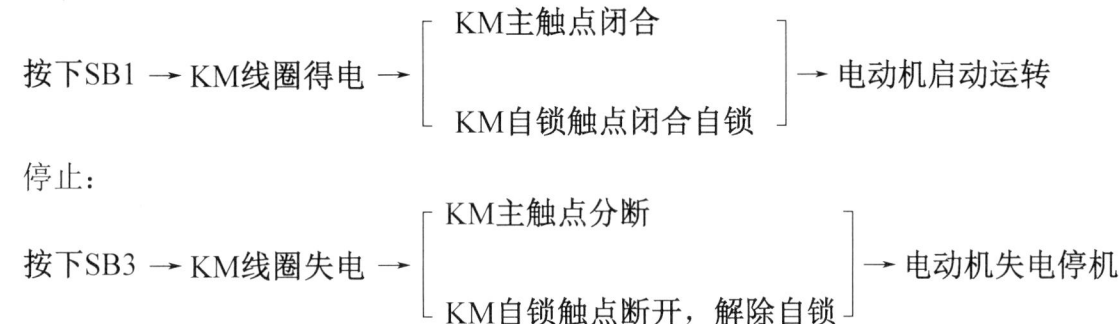

（2）点动（运行）。

启动：

按下SB2 → { SB2常闭触点切断自锁电路 / SB2常开触点闭合 } → KM线圈失电 → KM主触点闭合 → 电动机运转

停止：

松开按钮 SB2→KM 线圈失电→KM 主触点断开→电动机 M 失电停转。

停止使用时，断开电源开关 QS。

3. 电气元件知识学习

按钮通常有三种形式，如表 7.3.1 所示。

表 7.3.1 按钮的三种形式

按钮名称	示意图	文字符号和图形符号	功能
常开按钮（动合按钮）		SB	按钮是一种结构简单、应用广泛的主令电器。常开按钮又称动合按钮，不按下按钮时，桥式动触点和静触点是分离的
常闭按钮（动断按钮）		SB	常闭（又称动断）按钮，未按下时，触点是连通的，按下时触点被脱开；当松开按钮后，按钮在复位弹簧的使用下复位连通
复合按钮		SB	具有一对常开触点和一对常闭触点的按钮，按下按钮时从常闭状态转换为常开状态，有联动关系，称为复合按钮

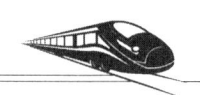

二、控制电路安装与调试

【内容和要求见工作手册 技能实训 7.3】

三、做中学

电气故障检修——电压检查法、短接法

在任务 7.2 中，已经了解到故障检修的常用方法有直观法、逻辑分析法、电阻测量法、电压测量法、短路法等，并且已经学习了直观法、逻辑分析法、电阻测量法，下面继续了解故障检修的电压检查法、短接法。

（一）电压检查法

电压检查法是利用电压表或万用表的交流电压挡，对电路进行带电测量，查找故障点的方法。电压检查法有电压分段测量法和电压分阶测量法。

1. 电压分段测量法

测量时，把万用表的转换开关置于交流电压 500V 挡位上，按图 7.3.2 所示的方法进行测量。

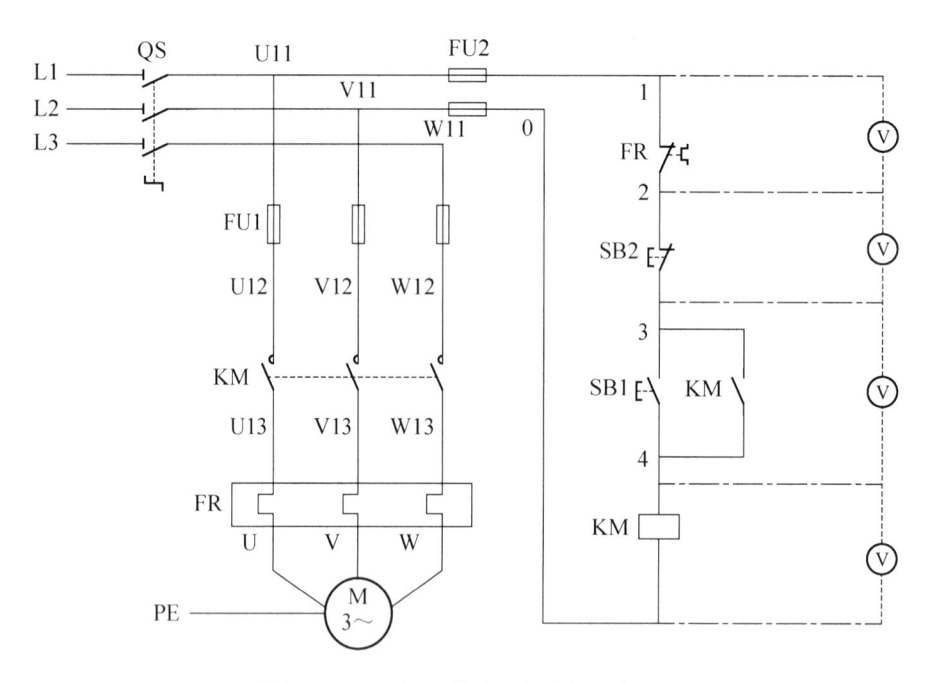

图 7.3.2 电压分段测量法示意图

首先，用万用表测量 0 和 1 两点之间的电压，若电压为 380V，则说明控制电路的电源电压正常。然后，一人按下启动按钮 SB1，若交流接触器 KM 不吸合，则说明控制电路有故障。这时另一人可用万用表逐段测量相邻两点 1-2、2-3、3-4、4-0 之间的电压，根据其测量结果即可找出故障点，如表 7.3.2 所示。

表 7.3.2 电压分段测量法查找故障点表

故障现象	测试状态	1-2	2-3	3-4	4-0	故障点
按下 SB1，交流接触器不吸合	按下 SB1 不放	380V	0V	0V	0V	FR 常闭触点接触不良
		0V	380V	0V	0V	SB2 常闭触点接触不良
		0V	0V	380V	0V	SB1 常开触点接触不良
		0V	0V	0V	380V	KM 线圈断路或接触不良

2. 电压分阶测量法

测量时，首先把万用表的转换开关置于交流电压 500V 的挡位上，然后按图 7.3.3 所示的方法进行测量。

断开主电路，接通控制电路的电源。若按下启动按钮 SB1，交流接触器 KM 不吸合，则说明控制电路有故障。

检测时，需要两人配合进行。一人先用万用表测量 0 和 1 两点之间的电压。若电压为 380V，则说明控制电路的电源电压正常。然后，一人按下 SB1 不放，另一人用黑表笔接到 0 点上，用红表笔依次接到 2、3、4 各点上，分别测量出 0-2、0-3、0-4 两点间的电压，根据测量结果即可找出故障点，如表 7.3.3 所示。

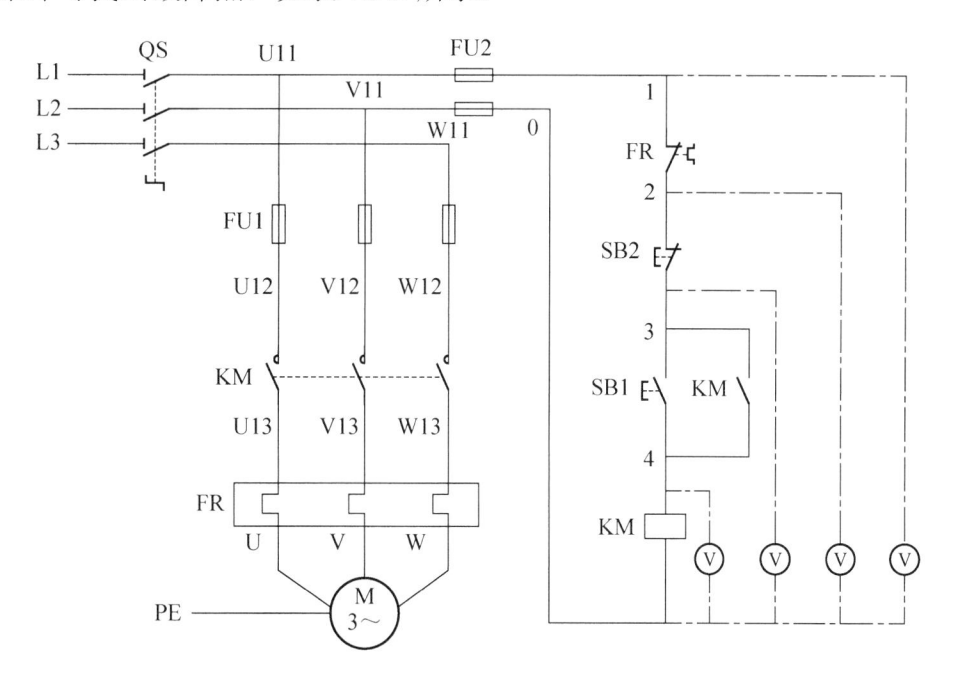

图 7.3.3 电压分阶测量法示意图

表 7.3.3 电压分阶测量法查找故障点表

故障现象	测试状态	0-2	0-3	0-4	故障点
按下 SB1，交流接触器不吸合	按下 SB1 不放	0V	0V	0V	FR 常闭触点接触不良
		380V	0V	0V	SB2 常闭触点接触不良
		380V	380V	0V	SB1 常开触点接触不良
		380V	380V	380V	KM 线圈断路

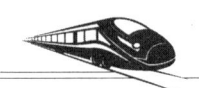

（二）短接法

（1）电气设备的常见故障为断路，如导线断路、虚连、虚焊、触点接触不良、熔断器熔断等。对这类故障，除用电压检查法和电阻测量法检查外，还有一种更为简便可靠的方法，就是短接法。检查时，用一根外层绝缘良好的导线，将所怀疑的断路部位短接，若短接到某处时电路接通，则说明该处断路，具体方法如图 7.3.4 所示。

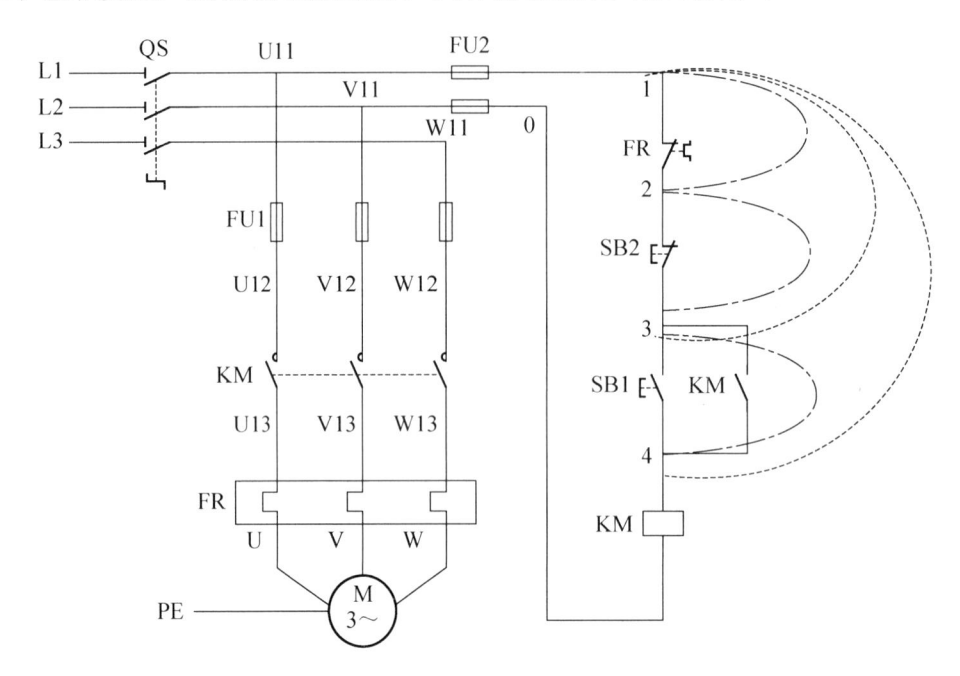

图 7.3.4 短接法

（2）短接法又分为局部短接法和长短接法，在图 7.3.4 中，短接 1-2、2-3、3-4 可称为局部短接，短接 1-3、1-4，由于短接的线路较长，称为长短接。

（3）用短接法检查故障时必须注意以下几点：

① 用短接法检查时，是用手拿着绝缘导线带电操作的，所以一定要注意安全，避免触电事故发生。

② 短接法只适用于电压降极小的导线及触点之类的断路故障，对于电压降较大的电器，如电阻、线圈、绕组等的断路故障不能采用短接法，否则会出现短路故障。

③ 对于工业机械的某些重要部位，只能在电气设备或机械设备不会出现事故的情况下使用短接法。

（4）使用短接法检查前，先用万用表测量图 7.3.4 所示 1-0 两点间的电压，若电压正常，可一人按下启动按钮 SB1，另一人用一根绝缘良好的导线，分别短接相邻的两点 1-2、2-3、3-4（注意千万不要短接 0-4，否则造成短路），当短接到某两点时，交流接触器 KM 吸合，说明断路故障就在这两点之间，如表 7.3.4 所示。

表 7.3.4 短接法查故障表

故障现象	短接位置	KM 动作	故障点
按下 SB1，KM 不吸合	1-2	吸合	FR 常闭触点接触不良
	2-3	吸合	SB2 常闭触点接触不良
	3-4	吸合	SB1 常开触点接触不良
	1-3	吸合	故障不在 1-3 之间

四、拓展学习材料

单轨"神医"黄德勇：从"门外汉"到"大师"

黄德勇，男，汉族，1972年1月出生，中共党员，大学本科学历，高级工程师，重庆市轨道交通（集团）有限公司童家院子单轨车大修车间研发班班长，2021年获得全国五一劳动奖章，还获得了全国交通建设工匠、重庆英才技术技能领军人才、全国技术能手等荣誉。

2007年，黄德勇刚进入重庆市轨道交通（集团）有限公司时，也是重庆的单轨刚刚起步之时，一切都需要从零学起。"如何让运维管理国产化，是首先需要攻克的难题。"当时大部分的零部件都是进口的，说明书上全是英文、日文。对此，黄德勇一点一点在字典上查阅，经过不懈努力，如今日文产品的说明书他基本都能读懂。凭借着刻苦钻研的精神，他在技术上也越发成熟。

随着重庆轨道交通网络化运营的蓬勃发展，黄德勇率领团队成员对重庆单轨2号线车辆辅助供电单元、3号线列车基础制动单元、3号线德国产司控器进行技术优化，降低了单轨列车的故障率，将需要返厂解决的问题变为可自主解决的问题；改造研发的重庆单轨2号线单司机制模式，每年为重庆市轨道交通（集团）有限公司节约人力成本上千万元；自主维修进口VVVF（变频调速系统）控制板，通过优化原电路设计，延长设备寿命50%以上。

近年来，黄德勇团队累计开展技术改造及创新成果57项，攻克技术难题10项，成果转化15项，专利23项，为重庆市轨道交通（集团）有限公司节省资金6000余万元。

"守一种精神，做一个匠人。"这是黄德勇时常挂在嘴边的一句话。正是这种"爱岗敬业、争创一流、勇于创新"的劳模精神，让黄德勇不断成长和突破，为推动重庆轨道交通高质量发展做出了重要贡献。

（来源：重庆城市交通开发投资（集团）有限公司官网）

点评：立足岗位实践，用技能履行好职责，用劳动创造价值，争当时代先锋，成为时代的劳动模范、最美的劳动者。

思考与练习

1. 简述三相异步电动机点动控制的工作过程。
2. 什么是点动？
3. 简述三相异步电动机连续运行控制电路的工作过程。
4. 什么是自锁？如何实现自锁？
5. 简述三相异步电动机点动与连续运行控制电路的工作过程。
6. 在图 7.3.1 所示三相异步电动机点动与连续运行控制电路的基础上，你还可以采用不同的元件和连接方式实现同样的控制功能，试设计一个有相同控制功能的电路。

项目 8

三相异步电动机正反转控制电路安装与调试

项目导学

在实际工作中，生产机械常常需要运动部件可以向正、反两个方向运动，这就要求电动机能够实现可逆运行。由电动机原理可知，三相异步电动机可改变定子绕组相序来改变电动机的旋转方向。因此，借助接触器来实现三相电源相序的改变，即可实现电动机的可逆运行。

知识导图

- 三相异步电动机正反转控制电路安装与调试
  - 接触器联锁的正反转控制电路安装与调试
    - 三相异步电动机正反转控制原理
    - 接触器联锁的正反转控制电路的构成和工作过程
    - 技能实训　电路安装与调试
  - 按钮联锁的正反转控制电路安装与调试
    - 按钮联锁的正反转控制电路
    - 按钮联锁的正反转控制电路的构成和工作过程
    - 技能实训　电路安装与调试
  - 双重联锁的正反转控制电路安装与调试
    - 双重联锁的正反转控制电路
    - 双重联锁正反转控制电路的构成和工作过程
    - 技能实训　电路安装与调试

学习目标

知识目标：1. 了解三相异步电动机电气控制电路的构成和作用。

2. 掌握三相异步电动机正反转控制电路的工作原理。

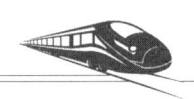

技能目标： 1. 能够叙述三相异步电动机正反转控制电路的工作过程。
　　　　　　2. 掌握三相异步电动机正反转控制电路的安装与调试方法。
　　　　　　3. 会分析电路故障产生的原因及进行故障排除。

素养目标： 让学生了解我国的高铁技术领跑世界，增强民族自豪感。

情景导入

如何控制电梯上升和下降呢？

重庆地铁红土地站是重庆地铁6号线与10号线的换乘车站。当初在建设时，由于重庆市地质结构复杂，多为山地，加上地表上都是建筑物和道路，为了安全建设等，最终红土地站的深度挖掘到94.467米，赶上了莫斯科地铁站的深度，从地面入口下去一趟最快也要3分钟。不仅如此，因为地铁6号线和10号线这样独特的建设，红土地站还创造了一个新的全国纪录，那就是它是我国拥有电动扶梯数量最多的地铁站。重庆地铁6号线与10号线之间，电动扶梯的数量就达到了惊人的91部。

重庆地铁红岩村站是中国最深的地铁站，深116米，相当于39层楼的高度，从站台到4号出入口，需要乘坐8段电动扶梯，全程需要约10分钟的时间。一般地铁站只安装一上一下两部电动扶梯，而红岩村站安装了3部电动扶梯，一上一下之外还有一部备用，如图8.1.1所示。据了解，这是设计红岩村站时特意采取的消防措施之一，为的是能够在发生事故时更快地疏散乘客。

几乎每个地铁站都安装了电梯，那么怎么控制电梯的上升和下降呢？下面我们一起学习三相异步电动机正反转的控制，了解如何通过三相异步电动机来控制机电设备的运行。

图8.1.1　红岩村站电梯

任务 8.1　接触器联锁的正反转控制电路安装与调试

一、技术准备

1. 三相异步电动机正反转控制原理

（1）如图 8.1.2 所示，只要改变三相异步电动机任意两相的电源相序，电动机的旋转方向就能改变。

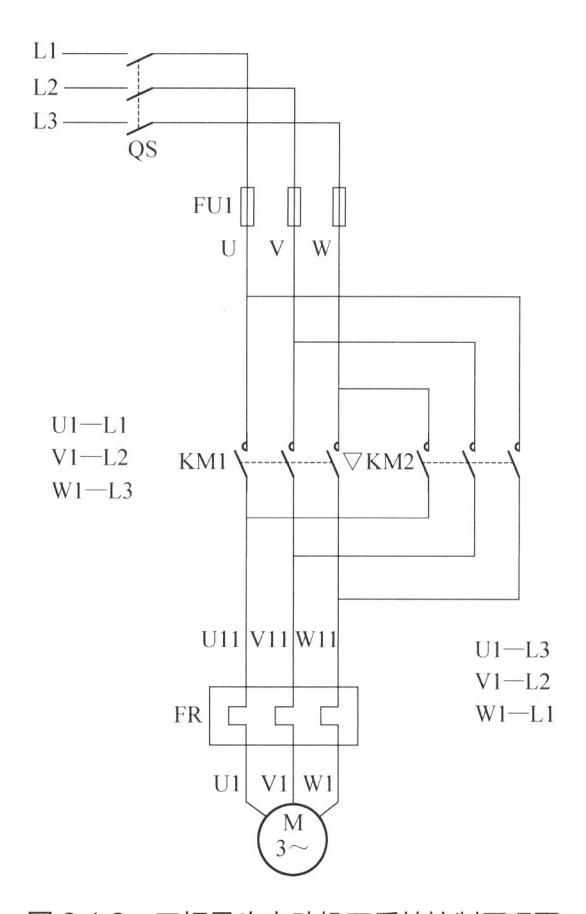

图 8.1.2　三相异步电动机正反转控制原理图

（2）图 8.1.2 所示电路通过接触器来改变电源相序。也就是 L1、L2、L3 的顺序变成 L2、L1、L3 或者 L1、L3、L2 或者 L3、L2、L1。

（3）主电路中的相序变化是：上变下不变，下变上不变，不能上下都变。

2. 三相异步电动机接触器联锁的正反转控制电路（见图 8.1.3）

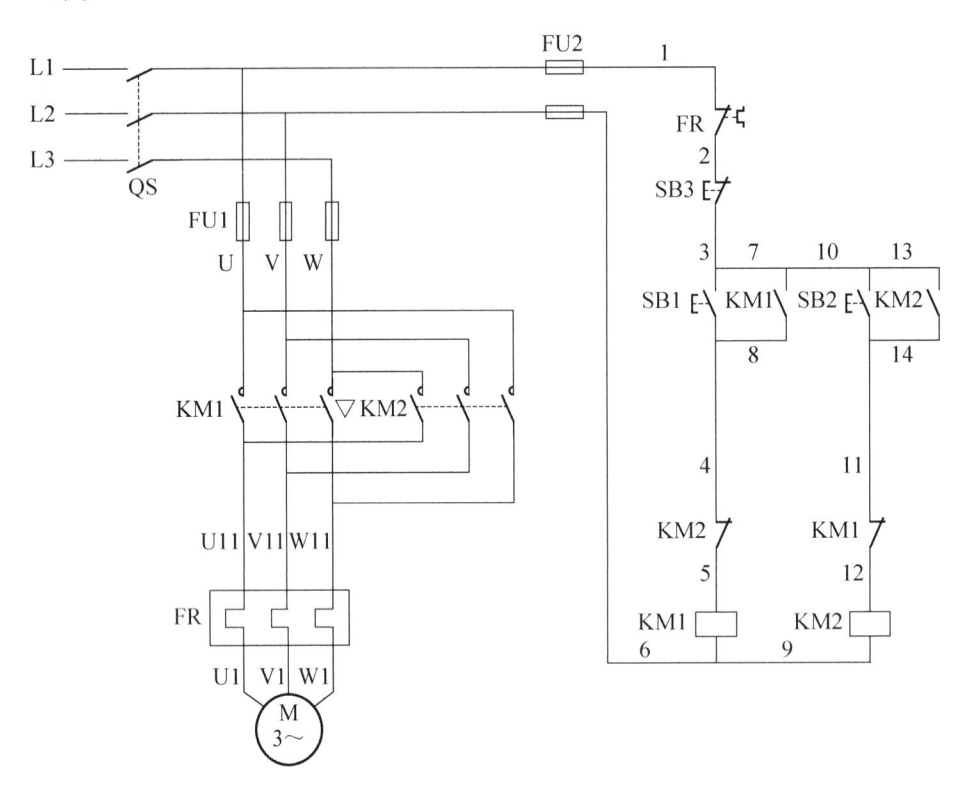

图 8.1.3 三相异步电动机接触器联锁的正反转控制电路

3. 三相异步电动机接触器联锁的正反转控制电路的构成和工作过程

1）电路构成

（1）电源电路：包括相线 L1、L2、L3 和电源开关 QS。

（2）主电路：包括熔断器 FU1、接触器 KM1 主触点、接触器 KM2 主触点、热继电器 FR、三相异步电动机 M。

（3）正转控制电路：包括熔断器 FU2、热继电器 FR 常闭（辅助）触点、停止按钮 SB3、启动按钮 SB1、KM1 自锁触点（KM1 的常开辅助触点）、KM2 联锁触点（KM2 的常闭辅助触点）、接触器 KM1 线圈。

（4）反转控制电路：熔断器 FU2、热继电器 FR 常闭（辅助）触点、停止按钮 SB3、启动按钮 SB2、KM2 自锁触点（KM2 的常开辅助触点）、KM1 联锁触点（KM1 的常闭辅助触点）、接触器 KM2 线圈。

2）电路工作过程

（1）正转控制。启动：合上电源开关 QS。

按下SB1→KM1线圈得电→┬→KM1主触点闭合────→电动机得电正转运行
　　　　　　　　　　　├→KM1自锁触点闭合
　　　　　　　　　　　└→KM1对KM2联锁（切断反转控制电路）

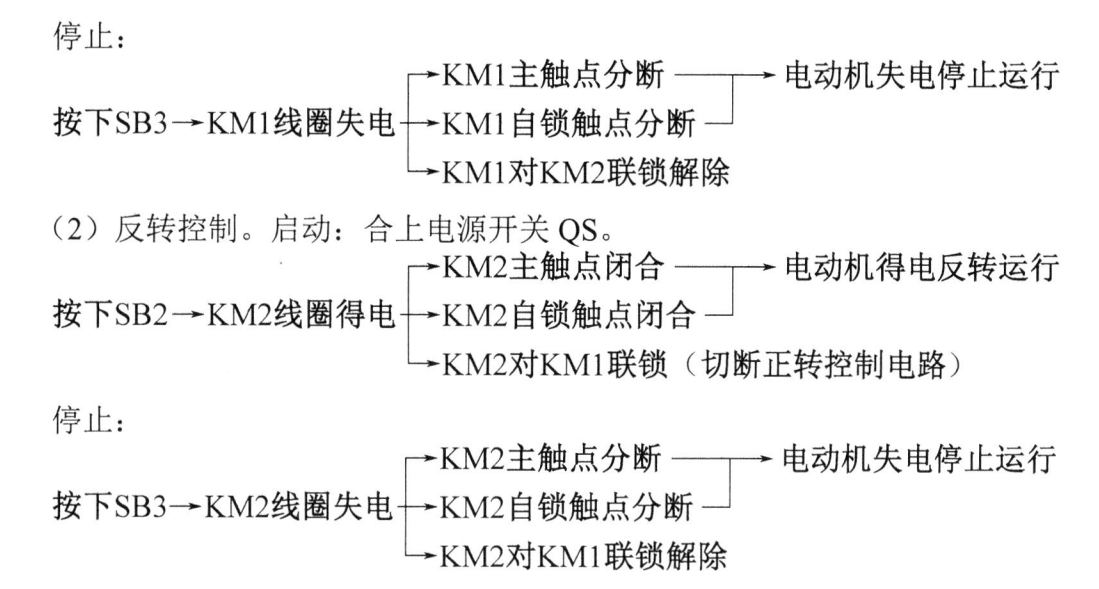

停止：

按下SB3→KM1线圈失电→┬→KM1主触点分断 ──→电动机失电停止运行
　　　　　　　　　　├→KM1自锁触点分断
　　　　　　　　　　└→KM1对KM2联锁解除

（2）反转控制。启动：合上电源开关QS。

按下SB2→KM2线圈得电→┬→KM2主触点闭合 ──→电动机得电反转运行
　　　　　　　　　　├→KM2自锁触点闭合
　　　　　　　　　　└→KM2对KM1联锁（切断正转控制电路）

停止：

按下SB3→KM2线圈失电→┬→KM2主触点分断 ──→电动机失电停止运行
　　　　　　　　　　├→KM2自锁触点分断
　　　　　　　　　　└→KM2对KM1联锁解除

4. 联锁的概念

接触器线圈得电后，通过常闭辅助触点的断开，保证另外一个接触器线圈不能得电，这样的功能称为联锁（互锁）。接触器常闭辅助触点称为联锁触点，如图8.1.4所示。

联锁概念的口诀：联锁串联，是与对方线圈串联。

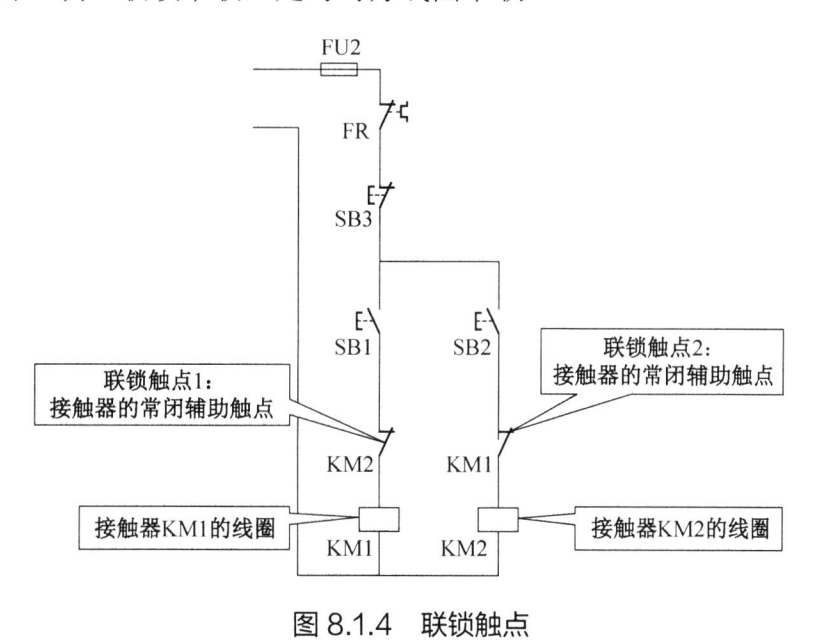

图 8.1.4　联锁触点

二、电路安装与调试

【内容和要求见工作手册　技能实训8.1】

三、拓展学习材料

三代"信号人"砥砺前行，打破国外垄断，引领中国轨道交通信号新方向

信号控制系统是轨道交通的"大脑"和"神经"，在过去的100多年，我国长期处于被

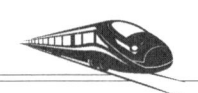

国外技术和设备"卡脖子"的状态。但采用国外信号设备不仅费用昂贵，而且在核心技术问题上受到限制。

20世纪60年代，中国第一代信号人汪希时提出了自主开发中国轨道交通信号系统的理念，但是由于当时的技术条件不完善，而且缺乏顶级的相关技术人才支持，自主开发中国轨道交通信号系统很难实现，为此汪希时将全部的精力投入到对人才的培养上。

宁滨是汪希时培养出来的第二代信号人，也是郜春海的老师。当时，正处于改革开放的关键时期，中国对轨道交通的建设需求日益强烈。随着宁滨等第二代信号人逐渐成熟，中国轨道交通信号系统一直未能实现自主可控的问题也日益突出。

为了能让中国轨道交通信号系统不再受制于人，2002年，第三代信号人郜春海带领团队开始了对国产地铁信号系统CBTC（基于通信的列车自动控制系统）的研发。经过不懈努力，2008年底，郜春海带领团队完成了自主化CBTC，并在北京亦庄地铁线路上实现了技术应用。如今，在中华大地上，无数条搭载着中国自主研发的信号系统的列车正在960万平方公里的土地上呼啸疾驰，中国轨道交通信号系统自主可控也真正得到了实现。正如郜春海所说："一项技术的突破并不是一两个人的努力，轨道交通信号系统，是在几代党员的带领下，无数信号人共同努力的结果。"

（来源：北京卫视节目报道）

点评："一项技术的突破并不是一两个人的努力，轨道交通信号系统是无数信号人共同努力的结果。"正是一代代像汪希时、宁滨、郜春海等科技人员的接力传承，才使我们国家的高铁技术领跑世界。

任务8.2　按钮联锁的正反转控制电路安装与调试

一、技术准备

1. 三相异步电动机按钮联锁的正反转控制电路

接触器联锁的正反转控制电路要想实现反转，必须先按下停止按钮，再按反转启动按钮才能实现反转，这样比较麻烦，而且当接触器出现机械故障（比如衔铁被卡住）时主电路会出现短路现象。为了解决上述问题，实际生产中常采用按钮联锁的正反转控制电路，如图8.2.1所示。

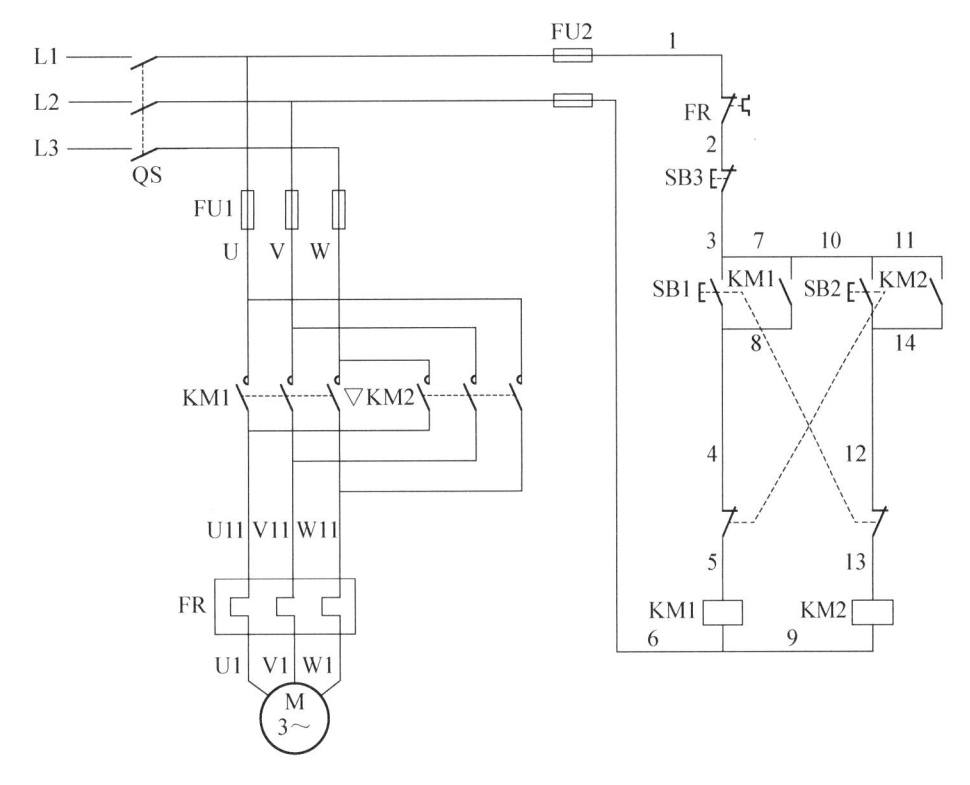

图 8.2.1 三相异步电动机按钮联锁的正反转控制电路

2. 三相异步电动机按钮联锁的正反转控制电路的构成和工作过程

1) 电路构成

(1) 电源电路：包括相线 L1、L2、L3 和电源开关 QS。

(2) 主电路：包括熔断器 FU1、接触器 KM1 主触点、接触器 KM2 主触点、热继电器 FR、三相异步电动机 M。

(3) 正转控制电路：包括熔断器 FU2、热继电器 FR 常闭（辅助）触点、停止按钮 SB3、启动按钮 SB1、KM1 自锁触点（KM1 的常开辅助触点）、SB2 联锁触点（SB2 的常闭辅助触点）、接触器 KM1 线圈。

(4) 反转控制电路：包括熔断器 FU2、热继电器 FR 常闭（辅助）触点、停止按钮 SB3、启动按钮 SB2、自锁触点 KM2（KM2 的常开辅助触点）、SB1 联锁触点（SB1 的常闭辅助触点）、接触器 KM2 线圈。

2) 电路工作过程

(1) 正转控制。启动：合上电源开关 QS。

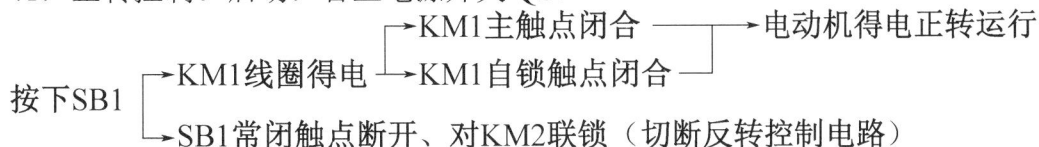

按下SB1 → KM1线圈得电 → KM1主触点闭合 → 电动机得电正转运行
　　　　　　　　　　　　→ KM1自锁触点闭合
　　　　　→ SB1常闭触点断开、对KM2联锁（切断反转控制电路）

停止：

按下SB3 → KM1线圈失电 ┬→ KM1主触点分断 ┐
　　　　　　　　　　　└→ KM1自锁触点分断 ┴→ 电动机失电停止运行

（2）反转控制。启动：合上电源开关 QS。

按下SB2 ┬ KM2线圈得电 ┬→ KM2主触点闭合 ┐→ 电动机得电反转运行
　　　　 │　　　　　　　└→ KM2自锁触点闭合 ┘
　　　　 └ SB2常闭触点断开、对KM2联锁（切断正转控制电路）

停止：

按下SB3 → KM2线圈失电 ┬→ KM2主触点分断 ┐
　　　　　　　　　　　└→ KM2自锁触点分断 ┴→ 电动机失电停止运行

二、电路安装与调试

【内容和要求见工作手册 技能实训 8.2】

三、拓展学习材料

试验时速达 453 公里 新一代动车组研制取得新进展

2023 年 6 月，国铁集团在福厦高铁福清至泉州区段组织开展了新型动车组新技术部件在更高运行速度条件下的性能验证试验，试验列车单列最高运行时速达到 453 公里，标志着 CR450 新一代动车组研制取得新进展。

在国铁集团组织下，6 月 28 日在湄洲湾跨海大桥，试验列车实现单列最高时速 453 公里、双向两列相对交会最高时速 891 公里运行；6 月 29 日在海尾隧道，试验列车实现单列最高时速 420 公里、双向两列相对交会最高时速 840 公里运行，对新技术部件进行了有效的性能验证，各项指标表现良好，为"CR450 科技创新工程"的顺利实施打下了坚实基础。

此次性能验证试验由国铁集团组织，铁路科技创新联盟相关单位中国铁道科学研究院集团公司、中国中车所属企业、北京交通大学、西南交通大学、中南大学等共同实施，开展 57 项科研试验，验证 CR450 动车组新技术部件的技术可行性、性能稳定性。试验开展以来，各项工作进展顺利，获取了新技术部件在不同速度条件下和桥梁、隧道等不同工况条件下的数据。更高时速运行条件下的性能验证试验表明，新技术运用实现了动车组相关指标的新提升，高铁安全、功率、能耗、震动、加速性能、制动平稳性等重要指标持续领先，为研制更高速度、更加安全、更加环保、更加智能的 CR450 动车组提供了有力支撑，对于实现铁路高水平科技自立自强具有重要意义。

（来源：新华网）

点评： 团结合作，凝聚力量，攻克难关，实现中国科技自立自强。

任务 8.3　双重联锁的正反转控制电路安装与调试

一、技术准备

1. 三相异步电动机双重联锁的正反转控制电路

在实际应用中，为了保证电路安全可靠，在电路中既要利用接触器的联锁，又要利用按钮的联锁，实现双重保护，如图 8.3.1 所示。

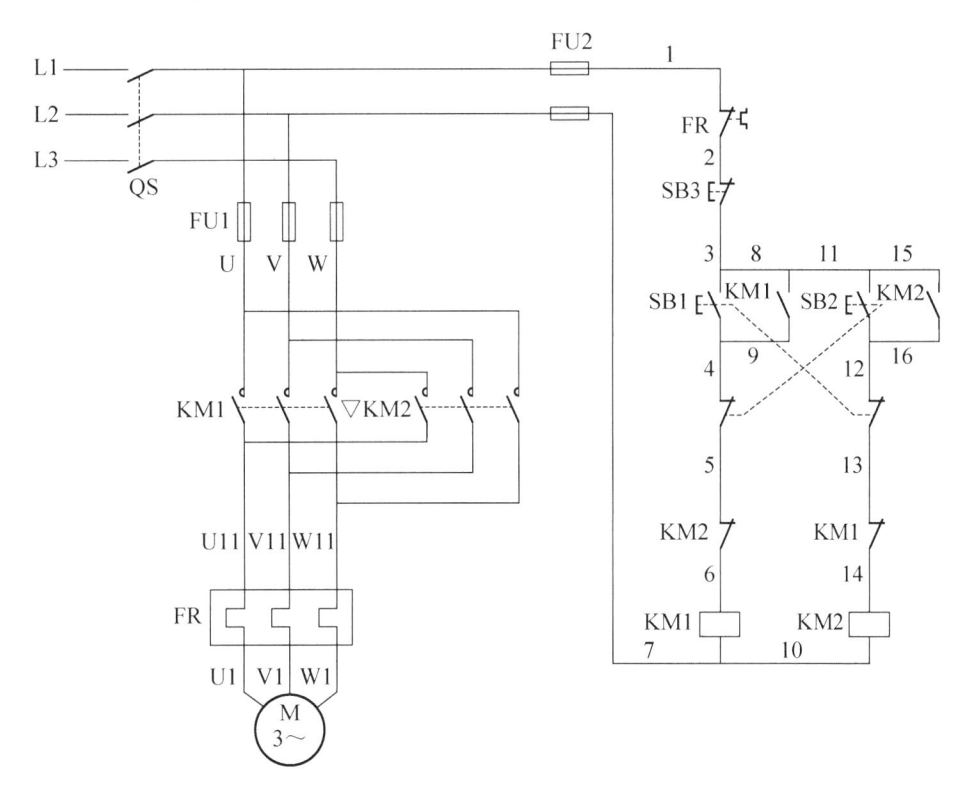

图 8.3.1　三相异步电动机双重联锁的正反转控制电路

2. 三相异步电动机双重联锁的正反转控制电路的构成和工作过程

1）电路构成

（1）电源电路：包括相线 L1、L2、L3 和电源开关 QS。

（2）主电路：包括熔断器 FU1、接触器 KM1 主触点、接触器 KM2 主触点、热继电器 FR、三相异步电动机 M。

（3）正转控制电路：包括熔断器 FU2、热继电器 FR 常闭（辅助）触点、停止按钮 SB3、启动按钮 SB1、KM1 自锁触点（KM1 的常开辅助触点）、KM2 联锁触点（KM2 的常闭辅

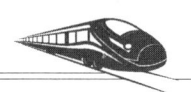

助触点）、SB2 联锁触点（SB2 的常闭辅助触点）、接触器 KM1 线圈。

（4）反转控制电路：包括熔断器 FU2、热继电器 FR 常闭（辅助）触点、停止按钮 SB3、启动按钮 SB2、KM2 自锁触点（KM2 的常开辅助触点）、KM1 联锁触点（KM1 的常闭辅助触点）、SB1 联锁触点（SB1 的常闭辅助触点）、接触器 KM2 线圈。

2）电路工作过程

（1）正转控制。启动：合上电源开关 QS。

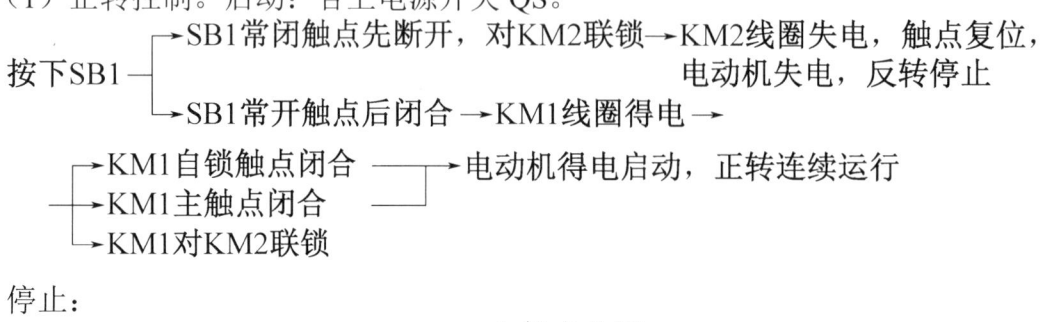

按下SB1 ─┬─ SB1常闭触点先断开，对KM2联锁 → KM2线圈失电，触点复位，电动机失电，反转停止
　　　　 └─ SB1常开触点后闭合 → KM1线圈得电 →

┬─ KM1自锁触点闭合
├─ KM1主触点闭合 ─── 电动机得电启动，正转连续运行
└─ KM1对KM2联锁

停止：

按下SB3 → KM1线圈失电 ┬─ KM1主触点分断
　　　　　　　　　　　 ├─ KM1自锁触点分断 ─→ 电动机失电停止运行
　　　　　　　　　　　 └─ KM1对KM2联锁解除

（2）反转控制。启动：合上电源开关 QS。

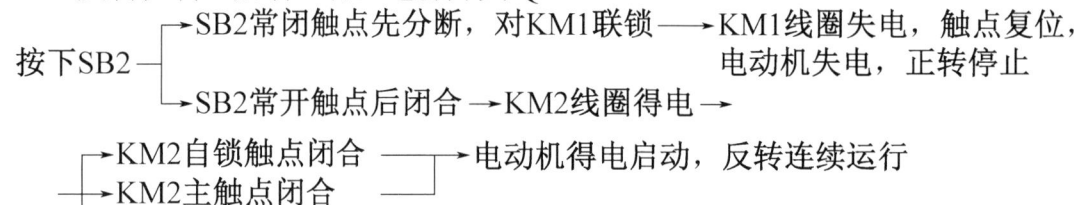

按下SB2 ─┬─ SB2常闭触点先分断，对KM1联锁 → KM1线圈失电，触点复位，电动机失电，正转停止
　　　　 └─ SB2常开触点后闭合 → KM2线圈得电 →

┬─ KM2自锁触点闭合
├─ KM2主触点闭合 ─── 电动机得电启动，反转连续运行
└─ KM2对KM1联锁

停止：

按下SB3 → KM2线圈失电 ┬─ KM2主触点分断
　　　　　　　　　　　 ├─ KM2自锁触点分断 ─→ 电动机失电停止运行
　　　　　　　　　　　 └─ KM2对KM1联锁解除

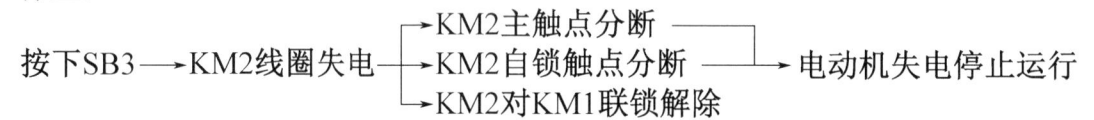

二、电路安装与调试

【内容和要求见工作手册 技能实训 8.3】

三、拓展学习材料

中国高铁打造领跑世界的"亮丽名片"

交通强国，铁路先行。中国铁路用几十年走过发达国家几百年的路，中国高铁更是谱写了一曲提速超越的蝶变篇章。秉持"核心技术必须要把握在自己手里"的发展理念，中国高铁在新时代跑出加速度，实现由"追赶者"到"领跑者"的角色转换，跑出了中国速度，更创造了中国奇迹，成为代表中国形象的"亮丽名片"。

高铁是交通运输现代化的重要标志，也是一个国家工业化水平的重要体现。我国高铁发展虽然比发达国家晚40多年，但经过几代铁路人接续奋斗，实现了从无到有、从追赶到并跑再到领跑的历史性变化，成功建设了世界上规模最大、现代化水平最高的高铁网。特别是党的十八大以来，我国高铁发展进入快车道，年均投产3500公里，发展速度之快、质量之高令世界惊叹。放眼现实，在广袤的祖国大地上，中国高铁正织出一张流动的巨网，跨越大江大河、穿越崇山峻岭、通达四面八方，从林海雪原到江南水乡，从大漠戈壁到东海之滨，"四纵四横"高铁网已经形成，"八纵八横"高铁网正加密成型，改写着整个中国社会的时空格局，也提供了助力世界发展的中国智慧。

凡是过往，皆为序章。回首来路，中国高铁攻坚克难，一路前行，唱响了从跟跑到领跑的时代最强音。展望未来，中国高铁这张亮丽的"中国名片"必将在世界的舞台上更加闪亮发光。

（来源：金羊网）

点评：中国高铁已经开始领跑世界，中国轨道交通人在党的领导下团结一致，不断攻克难关，在国际舞台上发挥领导作用，并为全球科技进步做出更大的贡献。

思考与练习

1. 简述三相异步电动机正反转控制原理。
2. 什么是联锁？如何实现联锁？
3. 简述接触器联锁的正反转控制电路的工作过程。
4. 简述按钮联锁的正反转控制电路的工作过程。
5. 按钮联锁的正反转控制电路中，当电动机正转运行时，要转换成反转运行，需要先按下停止按钮吗？
6. 简述双重联锁的正反转控制电路的工作过程。
7. 试简要说明接触器联锁的正反转控制电路、按钮联锁的正反转控制电路和双重联锁的正反转控制电路的共同点和不同点。

项目 9

三相异步电动机顺序启动逆序停止控制电路安装与调试

项目导学

在装有多台电动机的生产机械上,各电动机所起的作用是不同的,有时需要按一定的顺序启动或停止,才能保证操作过程的合理和工作的安全可靠。将几台电动机按一定的先后顺序来启动或停止的控制方式称为电动机的顺序控制。

知识导图

三相异步电动机顺序启动逆序停止控制电路安装与调试
- 电动机顺序启动控制电路安装与调试
  - 三相异步电动机的顺序控制
  - 三相异步电动机顺序启动控制电路的构成和工作过程
  - 技能实训　电路安装与调试
- 电动机顺序启动逆序停止控制电路安装与调试
  - 三相异步电动机的顺序启动逆序停止控制电路的控制方式
  - 三相异步电动机的顺序启动逆序停止控制电路工作的构成和工作过程
  - 技能实训　电路安装与调试

学习目标

知识目标:
1. 知道顺序控制电路的作用和构成。
2. 掌握三相异步电动机顺序启动控制电路中各电气元件的作用。

技能目标:
1. 能够叙述三相异步电动机顺序启动控制电路的工作过程。
2. 能够安装和调试三相异步电动机顺序启动控制电路。
3. 会分析电路故障的原因及进行故障排除。

素养目标：培养学生耐心细致、精益求精的工匠精神。

情景导入

地铁中的牵引电动机有什么作用？

地铁中，电动机顺序启动控制一般用于控制地铁列车的牵引电动机的启动顺序，以保证列车的牵引力平稳增加，减少列车启动时的冲击和噪声。通常，地铁列车的牵引系统是由多个电动机组成的，为了保证电动机的运行平稳，需要对其进行顺序启动控制。这样可以避免在短时间内启动所有电动机导致电网电压下降，影响其他用户的用电。同时，顺序启动控制也可以减少电动机启动对设备的影响，延长设备的寿命。地铁中的牵引电动机如图 9.0.1 所示。

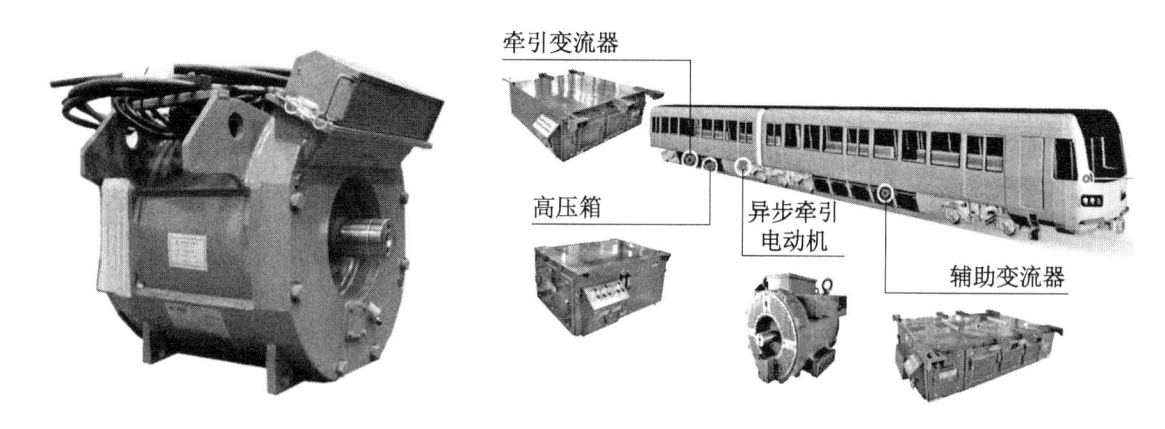

图 9.0.1 地铁中的牵引电动机

任务 9.1　电动机顺序启动控制电路安装与调试

一、技术准备

（一）三相异步电动机的顺序控制

1. 顺序控制

将几台电动机按一定的先后顺序来启动或停止的控制方式，称为电动机的顺序控制。例如有两台电动机，如果编号为一、二，按照其编号先启动一号电动机，再启动二号电动机。如果没有启动一号电动机去启动二号电动机是启动不了的。

2. 自动顺序控制

在电路中加入时间继电器，由时间继电器实现延时效果，以达到顺序控制的目的。例

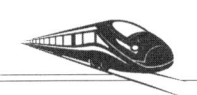

如有两台电动机，如果编号为一、二，按照其编号先按下启动按钮，启动一号电动机，过一段时间后，二号电动机自动启动。

（二）三相异步电动机顺序启动控制电路的构成和工作过程

图 9.1.1 所示三相异步电动机顺序启动控制电路的构成和工作过程如下。

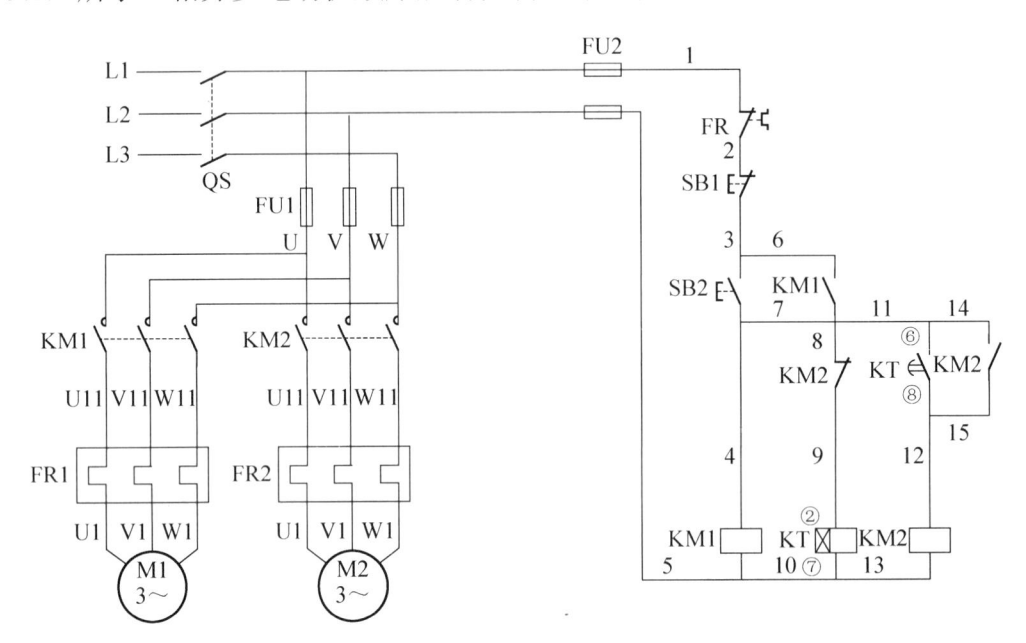

图 9.1.1 三相异步电动机顺序启动控制电路

1. 电路构成

电源电路：由相线 L1、L2、L3 和电源开关 QS 构成。

主电路：包括熔断器 FU1，接触器 KM1、KM2 主触点，热继电器 FR1、FR2，三相异步电动机 M1、M2。

控制电路：包括熔断器 FU2，按钮 SB1、SB2，接触器 KM1 和 KM2 线圈、KM1 常开触点、KM2 常闭触点、KM2 常开触点、时间继电器 KT 线圈、KT 延时闭合常开触点（M2 的自动启动按钮）。

2. 电路工作过程

启动：合上电源开关 QS。

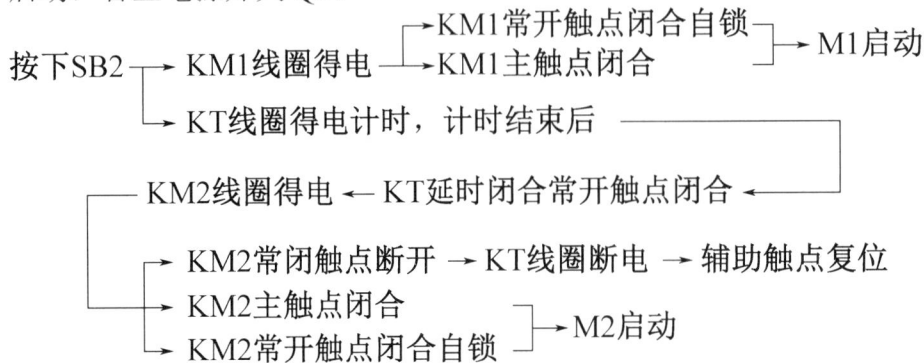

按下SB2 → KM1线圈得电 → KM1常开触点闭合自锁 → M1启动
　　　　　　　　　　　→ KM1主触点闭合
　　　　　→ KT线圈得电计时，计时结束后
　　　　　→ KM2线圈得电 ← KT延时闭合常开触点闭合
　　　　　→ KM2常闭触点断开 → KT线圈断电 → 辅助触点复位
　　　　　→ KM2主触点闭合
　　　　　→ KM2常开触点闭合自锁 → M2启动

停止：

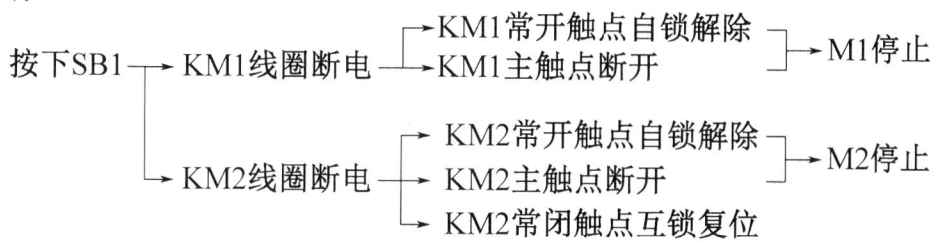

按下SB1 → KM1线圈断电 → KM1常开触点自锁解除
　　　　　　　　　　　→ KM1主触点断开　　　　　→ M1停止

　　　　→ KM2线圈断电 → KM2常开触点自锁解除
　　　　　　　　　　　→ KM2主触点断开　　　　　→ M2停止
　　　　　　　　　　　→ KM2常闭触点互锁复位

3. 顺序启动的概念

电动机的顺序启动控制是一种常用的控制方法，可以避免在同时启动多台电动机时对电网造成冲击。如图 9.1.1 所示，按下启动按钮 SB1，控制电路中接触器 KM1 线圈通电，KM1 主触点及与启动按钮并联的常开辅助触点同时闭合，电动机 M2 通电持续运转。通过时间继电器 KT 延时后，控制电路中接触器 KM2 线圈通电，KM2 主触点及与 KT 延时闭合常开触点并联的常开辅助触点同时闭合，电动机 M1 通电持续运转。最终实现电动机 M2 启动后，电动机 M1 启动的顺序控制。

4. 电气元件知识学习

时间继电器相关知识如表 9.1.1 所示。

表 9.1.1　时间继电器相关知识

元件名称	实物图 [以 CKC（AH3-3）型时间继电器为例介绍]	文字符号	介绍
时间继电器	（正面）	KT	时间继电器也称延时继电器，它在电路中起着使控制电路延时动作的作用。当时间继电器的感测元件接收到外界发来的动作信号后，要经过一段时间后触点才能动作并输出信号操纵控制电路
	（侧面）		引脚介绍： ①脚与③脚组成瞬时闭合延时断开常开触点（简称延时断开常开触点）； ①脚与④脚组成瞬时断开延时闭合常闭触点（简称延时闭合常闭触点）； ⑤脚与⑧脚组成延时断开瞬时闭合常闭触点（简称延时断开常闭触点）； ⑥脚与⑧脚组成延时闭合瞬时断开常开触点（简称延时闭合常开触点）； ②脚与⑦脚组成电源端

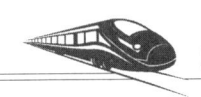

续表

元件名称	实物图 [以 CKC（AH3-3）型时间继电器为例介绍]	文字符号	介绍
时间继电器	背面与底座	KT	注意底座插孔与引脚的对应关系
时间继电器 （图形符号）	通电延时线圈　断电延时线圈　延时闭合（瞬时断开）常开触点　（瞬时闭合）延时断开常开触点 常开触点　常闭触点　（瞬时断开）延时闭合常闭触点　延时断开（瞬时闭合）常闭触点		

二、电路安装与调试

【内容和要求见工作手册 技能实训 9.1】

三、做中学

电路的扣锁型接法

在同学们对电力拖动的控制电路越学越深入时，会发现电路中使用的电气元件增多，电路接线越来越复杂。很多同学在接线过程中往往因为接线思路不清晰导致接错线，最终无法实现电路既定的实验现象。本节将介绍一种电路接线思路，便于初学者掌握接线的逻辑，以便更好地完成电路接线。顺序启动控制电路的扣锁型接法如图 9.1.2 所示。

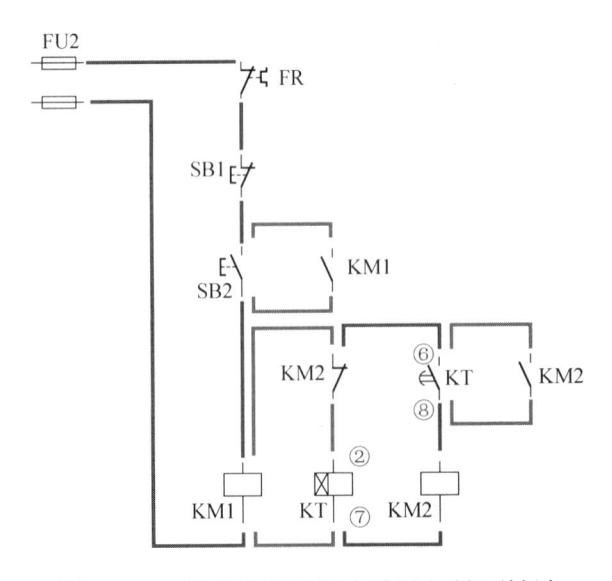

图 9.1.2 顺序启动控制电路的扣锁型接法

如图 9.1.2 所示，控制电路扣锁型接法的接线特点是从左到右，接线以顺时针方向，将电气元件按电路要求进行串联，形成一个个闭环，形状类似于扣锁。

四、拓展学习材料

大地深处追光而行

28 公里，开了 10 余年，母永奇形容自己是"世上最慢的司机"。在未遭遇复杂难掘地层的情况下，一台盾构机平均每年掘进 3 公里。盾构主司机从业年限一般为 3～5 年，之后大多选择转岗。38 岁的母永奇是个例外，他在中铁隧道局集团有限公司当了 10 余年盾构主司机。

近几年，经历不同项目，使用不同的盾构机，遇到各种地层情况，他对此始终保有期待与好奇心，不断研究新设备、新地层。他调侃自己："我和盾构机相处的时间，比跟任何人相处的时间都长。" 10 多年来，由母永奇带领完成的技术创新成果达 36 项，攻克了软土地层沉降控制、砂质地层盾构掘进渣土改良、大直径水下铁路盾构隧道建设等技术难题，创造经济效益超千万元。

全国五一劳动奖章、全国技术能手、全国青年岗位能手、2022 年"大国工匠年度人物"……凭着过硬的技术，属于母永奇的荣誉接踵而至。

（来源：中工网）

点评：做一行，爱一行，爱岗敬业，吃苦耐劳，勇于创新的职业精神值得我们学习。

任务 9.2　电动机顺序启动逆序停止控制电路安装与调试

电动机顺序启动控制电路只能实现对电动机启动时的顺序控制，停止时是同时断电的。若要对电动机停止时也实现逆序控制，应该如何对电路进行改造？

一、技术准备

（一）三相异步电动机的顺序启动逆序停止控制电路的控制方式

1. 手动控制

根据图 9.2.1，闭合 QS 接通外部电源后，按下 SB1，电动机 M1 启动；按下 SB2，电动机 M2 启动，完成了电动机 M1 和 M2 的顺序启动控制。按下 SB4，电动机 M2 停止；按下 SB3，电动机 M1 停止，完成了电动机 M1 和 M2 的逆序停止控制。若未按下 SB4 而先

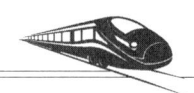

按下 SB3，则无法使电动机 M1 停止。

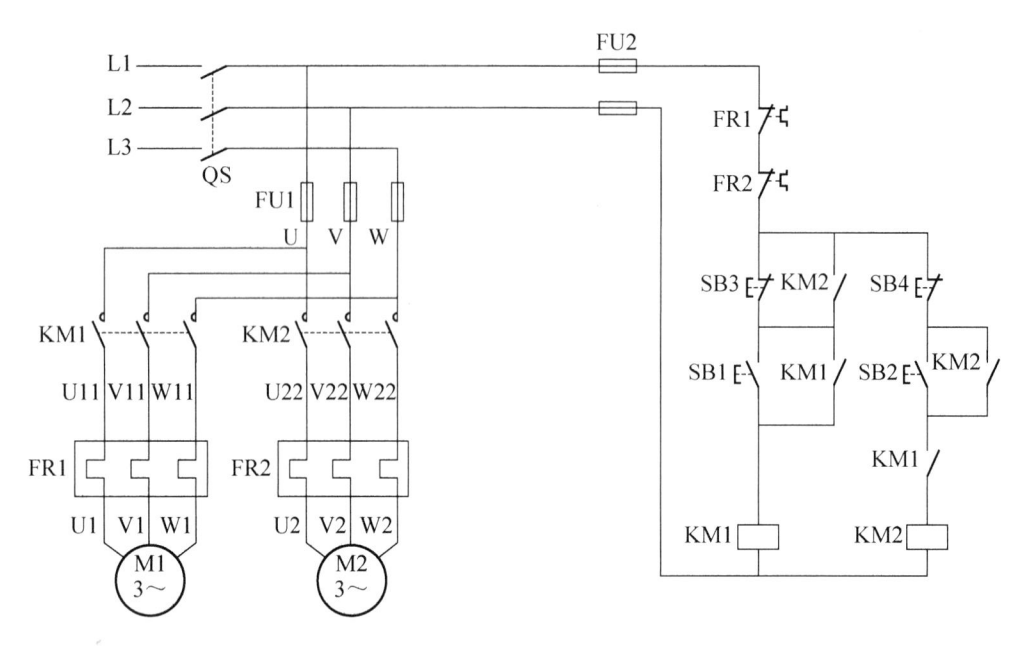

图 9.2.1　三相异步电动机顺序启动逆序停止控制电路（手动控制）

2. 延时控制

如图 9.2.2 所示，闭合 QS 接通外部电源后，按下启动按钮 SB2，电动机 M1 开始运行，5s 之后电动机 M2 开始运行；接下停止按钮 SB3，电动机 M2 停止运行，10s 之后电动机 M1 停止运行；SB1 为紧急停止按钮，当出现故障时，只要按下 SB1，两台电动机均立即停止运行。

二、三相异步电动机顺序启动逆序停止控制电路的构成和工作过程

本节以图 9.2.2 所示三相异步电动机顺序启动逆序停止控制电路（延时控制）为例，介绍三相异步电动机顺序启动逆序停止控制电路。

1. 电路构成

如图 9.2.2 所示，三相异步电动机顺序启动逆序停止控制电路主要包括以下三部分：

电源电路：由相线 L1、L2、L3 和电源开关 QS 构成。

主电路：包括熔断器 FU1，接触器 KM1、KM2 主触点，热继电器 FR1、FR2，电动机 M1、M2。

控制电路：包括熔断器 FU2，按钮 SB1、SB2、SB3，接触器 KM1、KM2、KM3 线圈、KM1 常开触点、KM3 常开触点、KM3 常闭触点、时间继电器 KT1 和 KT2 线圈、KT1 延时闭合常开触点、KT2 延时断开常闭触点。

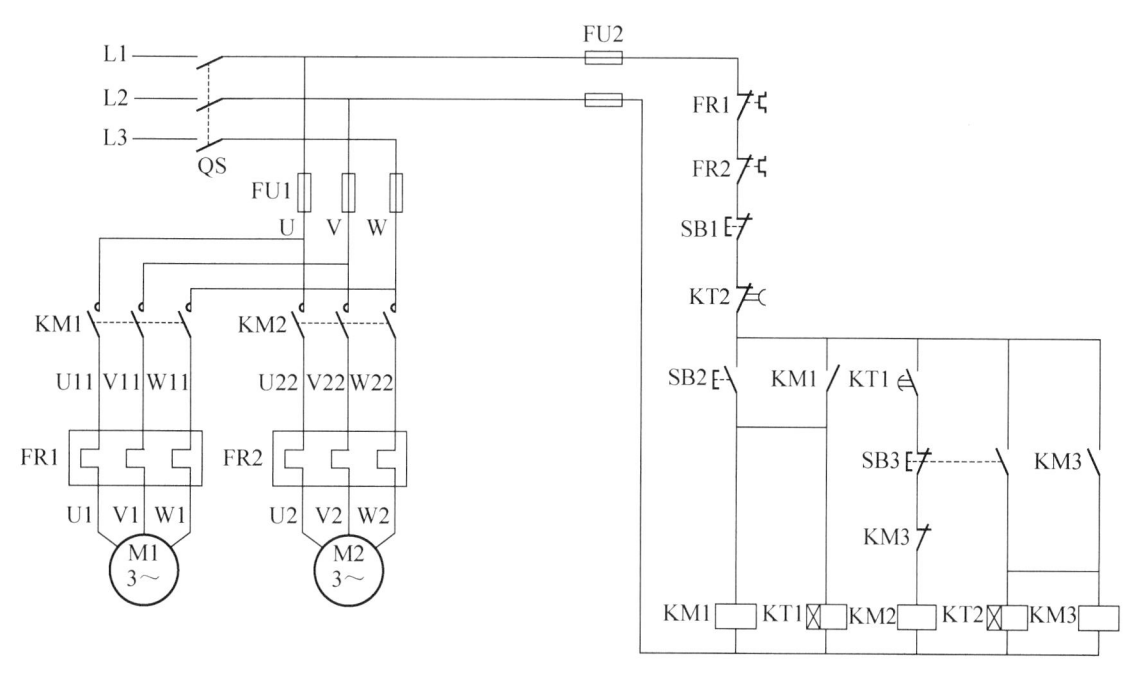

图 9.2.2　三相异步电动机顺序启动逆序停止控制电路（延时控制）

2. 电路的工作过程

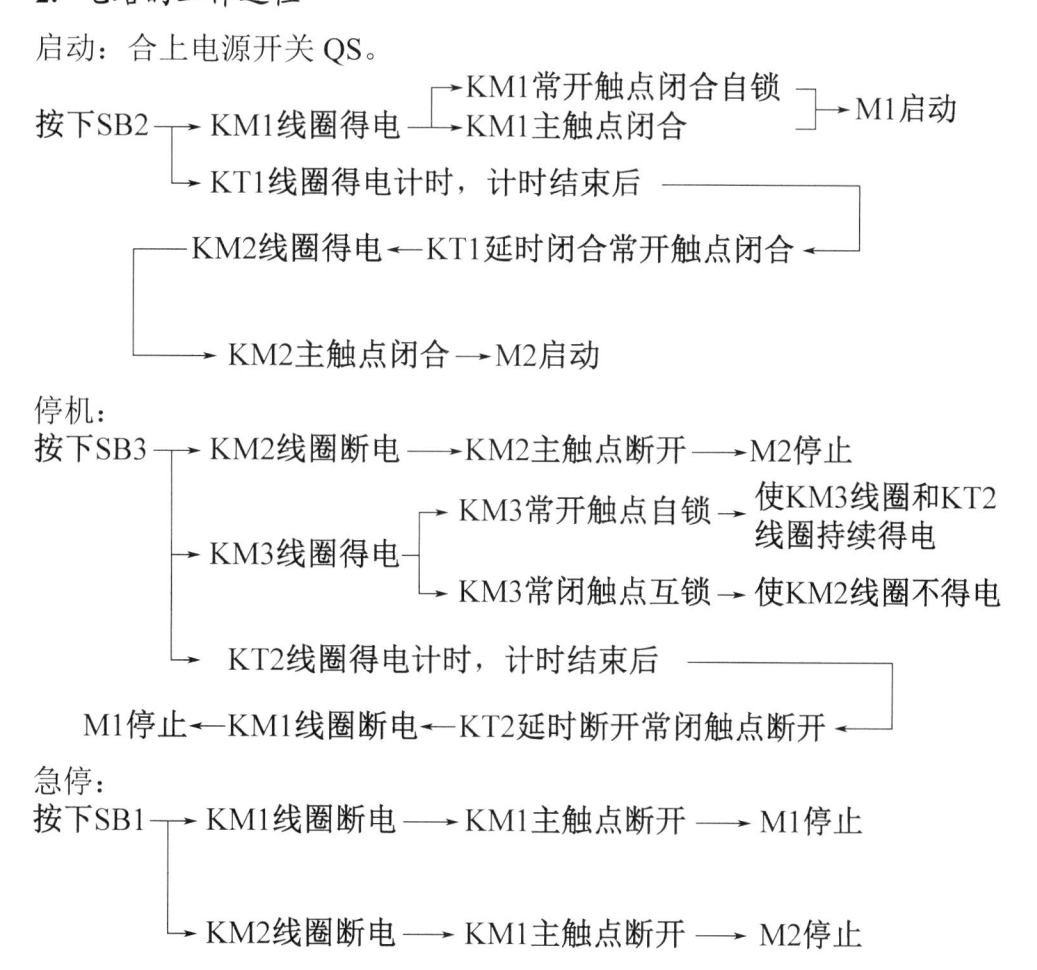

启动：合上电源开关 QS。

按下SB2 → KM1线圈得电 → KM1常开触点闭合自锁
　　　　　　　　　　　　 → KM1主触点闭合 → M1启动
　　　 → KT1线圈得电计时，计时结束后
　　　　　→ KM2线圈得电 ← KT1延时闭合常开触点闭合
　　　　　→ KM2主触点闭合 → M2启动

停机：
按下SB3 → KM2线圈断电 → KM2主触点断开 → M2停止
　　　 → KM3线圈得电 → KM3常开触点自锁 → 使KM3线圈和KT2线圈持续得电
　　　　　　　　　　　 → KM3常闭触点互锁 → 使KM2线圈不得电
　　　 → KT2线圈得电计时，计时结束后
M1停止 ← KM1线圈断电 ← KT2延时断开常闭触点断开

急停：
按下SB1 → KM1线圈断电 → KM1主触点断开 → M1停止
　　　 → KM2线圈断电 → KM1主触点断开 → M2停止

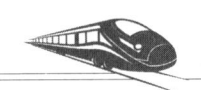

三、电路安装与调试

【内容和要求见工作手册 技能实训 9.2】

1. 检查电气元件

（1）图 9.2.3 所示为常见的电工电路安装实训板，在安装电路前，我们要在实训板上选取电路原理图中的电源开关 QS，熔断器 FU1、FU2，接触器 KM1、KM2、KM3，热继电器 FR1、FR2，时间继电器 KT1、KT2，按钮 SB1、SB2、SB3，并熟悉它们在电路板上的位置。

（2）根据顺序启动逆序停止的电气原理图，检查各电气元件型号、规格和数量，用万用表的电阻挡检测熔断器 FU1、FU2 的通断情况，以及接触器、热继电器、按钮等电气元件的常开、常闭触点的通断情况。

（3）对于 CKC 型时间继电器，根据侧面图（见表 9.1.1）知道⑥引脚和⑧引脚组成延时闭合常开触点，⑤引脚和⑧引脚组成延时断开常闭触点，安装时需注意它们在底座上的位置。

2. 电气元件安装

将检查合格的电气元件按图示位置固定在实训板上，也可根据自己的设计将各电气元件合理地布置在电路板上，如图 9.2.3、图 9.2.4 所示。

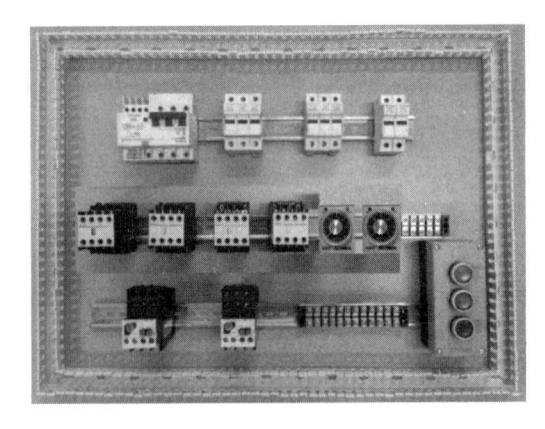

图 9.2.3 电工电路安装实训板 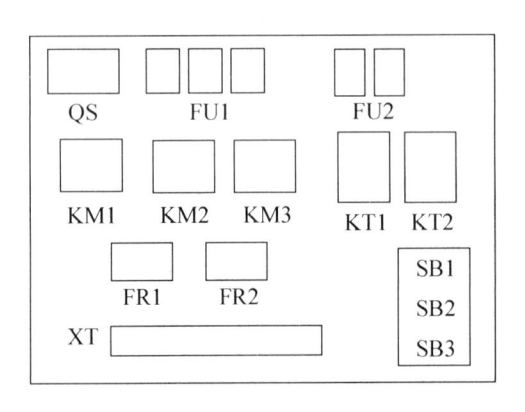　　　　图 9.2.4 控制电路面板分配图

3. 按图接线

1）控制电路的安装接线

根据电气原理图，先接控制电路后接主电路，按照从左向右、自上而下、先串联后并联的接线原则，从熔断器 FU2 的下端开始接线，最后接电源线。

首先，作为初学者，需将控制电路按从左到右、自上而下的顺序对接线进行编号，标出线号可帮助我们更清晰更准确地进行表述和实操，如图 9.2.5 所示。

其次，根据控制电路中各类线圈得电的结构，将控制电路分解成以下三部分。图中 1～

11 号线为第一部分，是 KM1 线圈和 KT1 线圈得电回路；12~16 号线构成 KM2 线圈得电回路；17~23 号线构成 KT2 和 KM3 线圈得电回路，如图 9.2.6（a）、(b)、(c) 所示。这样就把复杂的图 9.2.5 所示的控制电路分成三个简单的组合电路。

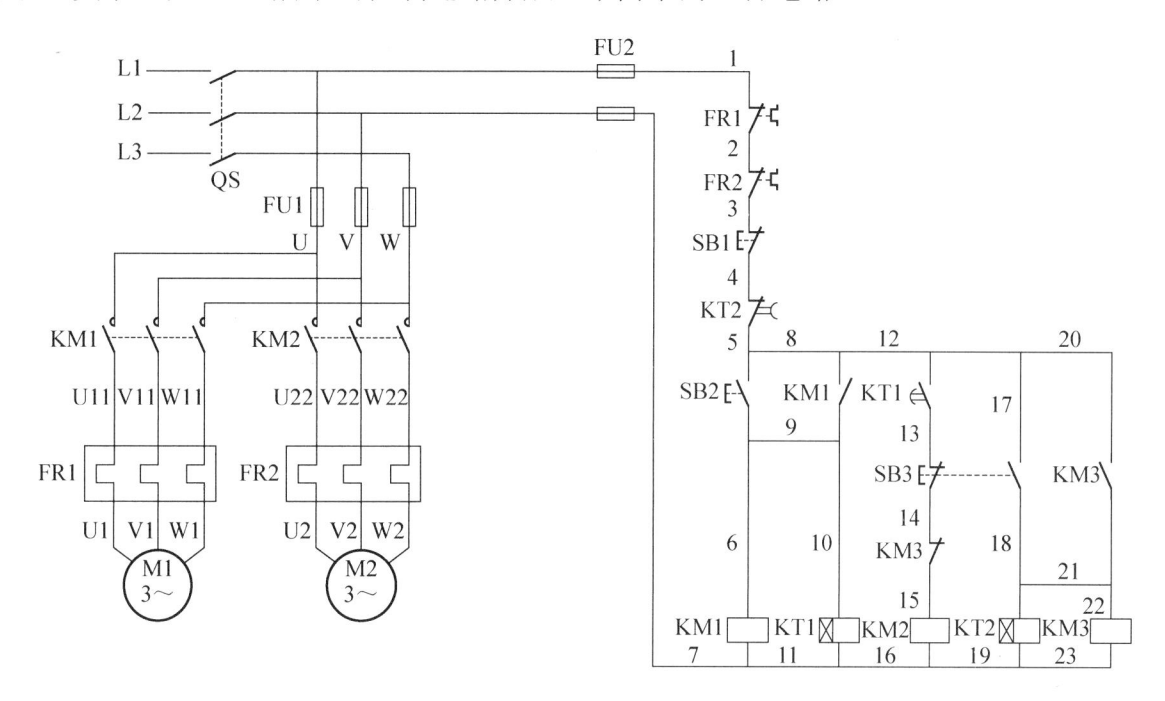

图 9.2.5　电动机顺序启动逆序停止控制电路的线号图

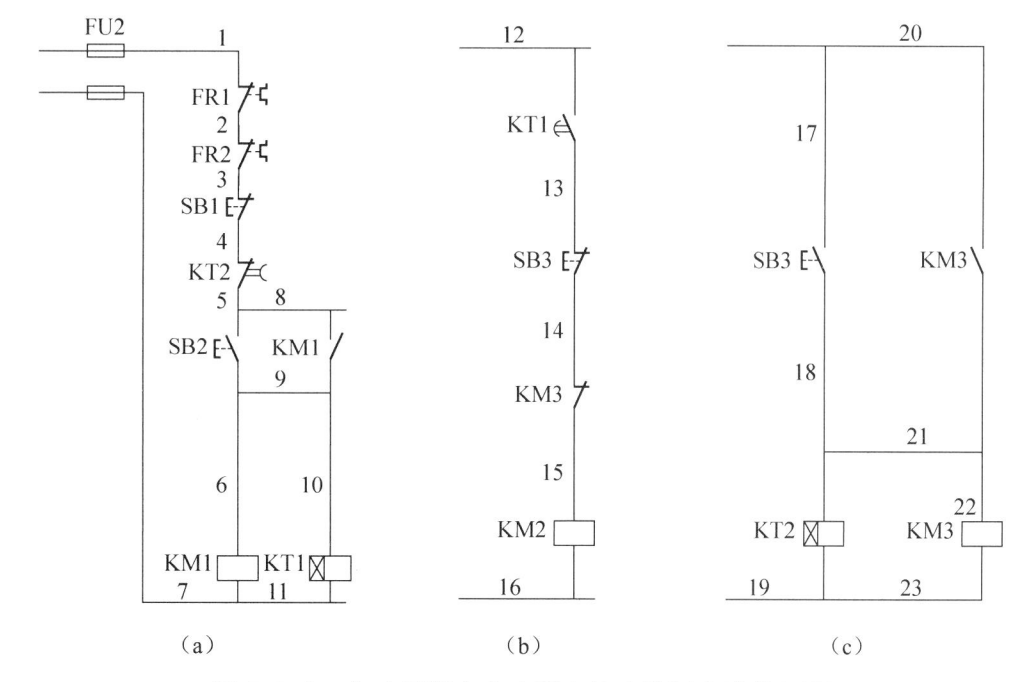

图 9.2.6　电动机顺序启动逆序停止控制电路分解图

其次，按照前面讲的从左向右、自上而下的接线原则依次接图 9.2.6（a）、(b)、(c) 三部分。每接完一部分电路，则对已完成的电路进行一次检测。分阶段进行电路检查，能有效减小故障排查难度，缩减故障排除时间。

接完上面 1～11 号线，即电动机 M1 转动控制电路完成后，用万用表电阻挡测量 FU2 输出端电阻 R_{1-7}。正常情况下，按下 SB2，R_{1-7} 的值应为接触器 KM1 线圈和 KT1 线圈的并联电阻（如果选 CJ20 型交流接触器，该电阻值应小于 1.5kΩ，下同）；同时按下 SB1、SB2，R_{1-7} 为无穷大；松开 SB1、SB2，用螺丝刀推下 KM1，R_{1-7}<1.5kΩ。若以上检测均正确，说明图 9.2.6（a）所示部分电路 1～11 号线安装正确。

用同样的方法安装 12～16 号线，用万用表电阻挡测量 12 号线和 16 号线间的电阻 R_{12-16}。观察电路图，正常情况下，由于 KT1 延时闭合常开触点通常处于断开状态，所以用万用表电阻挡测量 R_{12-16} 为无穷大；短接 KT1 的⑥引脚和⑧引脚让电路接通，测量 R_{12-16}=1.5kΩ；再按下 SB3，测量 R_{12-16} 为无穷大。如果以上三步检测正常，说明图 9.2.6（b）所示部分电路 12～16 号线安装正常。

最后，用同样的方法安装 17～23 号线，正常情况下，按下 SB3，R_{17-19} 的电阻值应为接触器 KM3 线圈和 KT2 线圈的并联电阻；测得 R_{17-19}<1.5kΩ；松开 SB3，测得 R_{17-19} 为无穷大；用螺丝刀推下 KM3，R_{17-19}<1.5kΩ，松开 KM3，测得 R_{17-19} 为无穷大。若以上检测均正确，说明图 9.2.6（c）所示部分电路 17～23 号线安装正常。

如果以上图 9.2.6（a）、（b）、（c）三部分电路安装均正确，说明控制电路安装基本正常。

2）主电路的安装接线

在确定控制电路安装正常后，开始接主电路，在主电路的安装接线过程中，要牢牢把握三根电源线 L1、L2、L3 依次与接触器主触点、热继电器主触点和电动机三相绕组 U1U2、V1V2、W1W2 的连接位置。按照从左向右、自上而下、先串联后并联的接线原则，从开关 QS 的下端开始接线，最后接电源线。在主电路接线过程中，要防止 L1、L2、L3 相间短路。

3）电路检查及故障分析

在确定整个电路安装基本无误后，即可通电试车。在通电试车过程中，如发现电路不能正常工作或出现振动、冒烟等异常现象，应立即切断电源，查找原因，待故障排除后再通电试车。排除故障的基本原则是：根据故障现象，结合原理图，缩小故障范围，用前面讲的电阻测量法或电压检查法找到故障点。将电路故障现象记录下来，同时将分析故障的思路、排除故障的方法和找到的故障原因记录下来。

四、拓展学习材料

精品与废品的距离只有 0.01 毫米，差别仅在能否全情投入——秦世俊

中国航空工业哈尔滨飞机工业集团数控铣工秦世俊是 2022 年大国工匠年度人物。秦世俊是个爱钻研的人，难得的节假日和业余时间都被他用来钻研数控技术。专业书籍啃了十几本，学习笔记堆起半米多高。一次，在加工某型飞机的关键零件时，由于法国专家对零

件加工精度和表面质量要求高且加工周期短，厂里面临困难。这时，秦世俊主动请缨，与法国专家反复研讨、交流和试验，最终确定了加工方法。法国专家是两人倒班跟踪生产，而他却是一人"全天候"作业。当一件件零件完美出炉时，挑剔的法国专家禁不住竖起了大拇指。

扭轴是某型飞机的关键件，由于精度要求高、加工难度大、时间节点紧，这个零件成了"烫手的山芋"，车间里一时没人敢接招。秦世俊再一次迎难而上。长长的轴体需要与机床平行装夹，一端固定住了，另一端就会产生倾斜。为解决零件的装夹问题，他研制出一套可分解的抱胎夹紧工装。为不耽误正常生产，他把试验安排在夜里 12 点以后，经常一干就是一个通宵。一次次试验，一次次失败，巨大的挫折感和压力笼罩在他的心头。直到经过 3 天 20 多次的改进，这套工装终于在轴体的中间位置形成了有效支撑，保证了加工精度，并将生产效率提高了 4 倍。

秦世俊常说："精品与废品的距离只有 0.01 毫米，成功与失败的差别仅在能否全情投入。"精益求精的"工匠精神"已成为他的工作习惯。

（来源：东北网）

点评：失之毫厘，差之千里，在 2022 年大国工匠年度人物秦世俊身上，这不是一句空话。对电工从业人员来说，更应该在耐心细致上下功夫，有时往往一次小小的疏忽，会留下巨大的安全隐患，甚至要付出生命的代价。

思考与练习

1. 简述三相异步电动机顺序启动控制电路的工作过程。
2. 什么是顺序启动？
3. 哪几种方式能实现电动机的顺序启动逆序停止控制？
4. 试简要说明时间继电器的工作原理。
5. 写出采用 CKC 型时间继电器的电动机的顺序启动逆序停止控制电路的工作原理。

项目 10

三相异步电动机星三角降压启动、能耗制动控制电路安装与调试

项目导学

读者在前面的学习中已经知道，现代的生产机械一般由电动机拖动，通过控制电路来实现不同的运动，但大功率电动机在全压启动时，启动电流一般为额定电流的 4~7 倍，而且电动机功率较大时将导致电源变压器的输出电压下降，因此，对于大功率电动机，在实际工作过程中采用降压启动的方法。

常用的降压启动方法有定子绕组串联电阻降压启动、自耦变压器降压启动、星三角降压启动和延边三角形降压启动等，这里以常见的星三角降压启动为例，来介绍三相异步电动机星三角降压启动控制电路的安装与调试。

三相异步电动机降压启动控制广泛应用于轨道交通、航空航天、电力、通信、医疗、交通等领域，比如前面学习的轨道交通隧道风机因功率大，就采用降压启动的方法。

知识导图

三相异步电动机星三角降压启动、能耗制动控制电路安装与调试
- 三相异步电动机星三角降压启动控制电路安装与调试
  - 三相异步电动机的星形接法和三角形接法
  - 电路的构成和工作过程
  - 技能实训　电路安装与调试
- 三相异步电动机双向启动能耗制动控制电路安装
  - 电路原理图
  - 电路工作过程
  - 技能实训　电路安装

学习目标

知识目标： 1. 掌握三相异步电动机星三角降压启动控制电路的构成和工作过程。
　　　　　　 2. 掌握三相异步电动机双向启动、能耗制动控制电路的构成和工作过程。

技能目标： 1. 能根据原理图完成三相异步电动机星三角降压启动控制电路的安装。
　　　　　　 2. 能根据原理图完成三相异步电动机双向启动能耗制动控制电路的安装。
　　　　　　 3. 能完成星三角降压启动控制电路、能耗制动控制电路常见故障的排除。

素养目标： 培养学生处理复杂问题、分析问题的能力，培养学生的团队合作精神。

情景导入

三相异步电动机直接启动遇到的问题及解决的方法

异步电动机在全压启动时瞬间电流大，为额定电流的 4~7 倍，当其容量较大时，将形成对电网的严重冲击；在电力变压器容量不够大，而电动机功率较大时将导致电源变压器的输出电压下降，影响供电系统正常运行。在实际工作中，当三相异步电动机额定功率大于 11kW 时，一般采用降压启动。常用的降压启动方法有定子绕组串联电阻降压启动、自耦变压器降压启动、星三角降压启动和延边三角形降压启动等。

当然，在现代工业生产过程中，往往要求电动机能够迅速停车或者机械设备能够准确定位，因此制动的方法显得尤为重要。所谓"制动"，是指在切断电源以后，利用电气原理或机械装置使电动机迅速停转。常见的制动方法有电气制动和机械制动。

这里以常见的星三角降压启动和半波整流能耗制动为例，介绍三相异步电动机降压启动、能耗制动控制电路的安装与故障分析。

任务 10.1　三相异步电动机星三角降压启动控制电路安装与调试

一、技术准备

1. 三相异步电动机的星形接法与三角形接法

前面学习了三相异步电动机，图 10.1.1 为三相异步电动机定子绕组的连接图，如图 10.1.1（a）所示，当三相绕组的尾端 U2、V2、W2 连接到一起，首端 U1、V1、W1 分

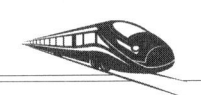

别接三相电源时,电动机形成星形接法,如图 10.1.1(a)所示;当三相绕组中 U1W2、V1U2、W1V2 分别连接到一起,然后分别接三相电源时,电动机形成三角形接法,如图 10.1.1(b)所示。

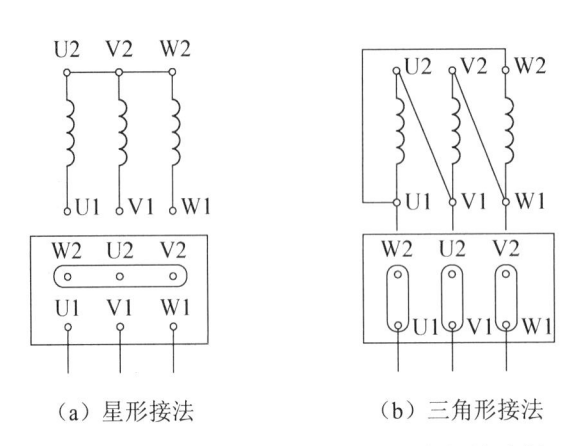

(a)星形接法　　(b)三角形接法

图 10.1.1　三相异步电动机定子绕组的连接

2. 时间继电器

这里以数显时间继电器 JS14S 为例来介绍时间继电器的工作原理和使用方法。图 10.1.2 为数显时间继电器 JS14S 的结构图,其中(a)、(b)、(c)图分别为 JS14S 数显时间继电器的正面图、侧面图和底面引脚图。

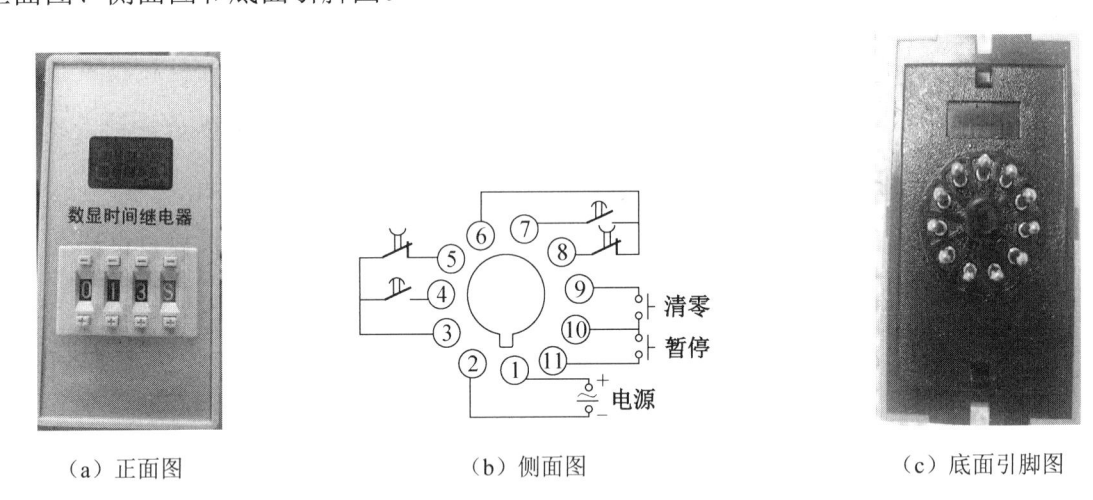

(a)正面图　　(b)侧面图　　(c)底面引脚图

图 10.1.2　数显时间继电器 JS14S 的结构图

1)时间继电器的工作原理

通过前面的学习,我们知道时间继电器是利用电磁原理或机械动作原理实现触点延时接通或断开的自动控制电器。它是从得到输入信号(线圈通电或断电)起,经过一定的延时后才动作的继电器,适用于定时控制。这里以 JS14S 数显时间继电器为例来介绍时间继电器的工作原理。图 10.1.2(a)中,上面为数码管时间显示区,下面为时间设置区,图 10.1.2(a)中显示的是定时时间"13S",按上下按键可以改变设定时间,图 10.1.2(b)中标出了时间继电器各引脚的功能。如①、②脚表示时间继电器线圈,接380V 交流电源;

③、④脚表示时间继电器的延时常开触点；⑥、⑧脚表示时间继电器的延时常闭触点。当时间继电器线圈①、②脚得电后，延迟一段时间，时间继电器延时常开触点③、④闭合，时间继电器延时常闭触点⑥、⑧断开，从而达到延时的目的。图 10.1.2（c）是时间继电器的底面引脚图，一共 11 个引脚，各引脚功能如图 10.1.2（b）所示。

2）时间继电器的底座

如图 10.1.3 所示，以逆时针方向排列，从下方最左边开始，依次为 10,11,1,2,…,9 引脚（见图 10.1.3 标注），使用时将时间继电器插入底座即可。

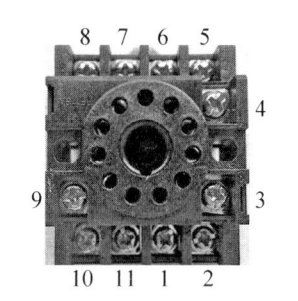

图 10.1.3　时间继电器底座

其他元器件因前面已学过，这里不再赘述，请读者自行查看。

二、三相异步电动机星三角降压启动控制电路的构成和工作过程

（一）电路的构成

图 10.1.4 所示为时间继电器控制的三相异步电动机星三角降压启动控制电路。

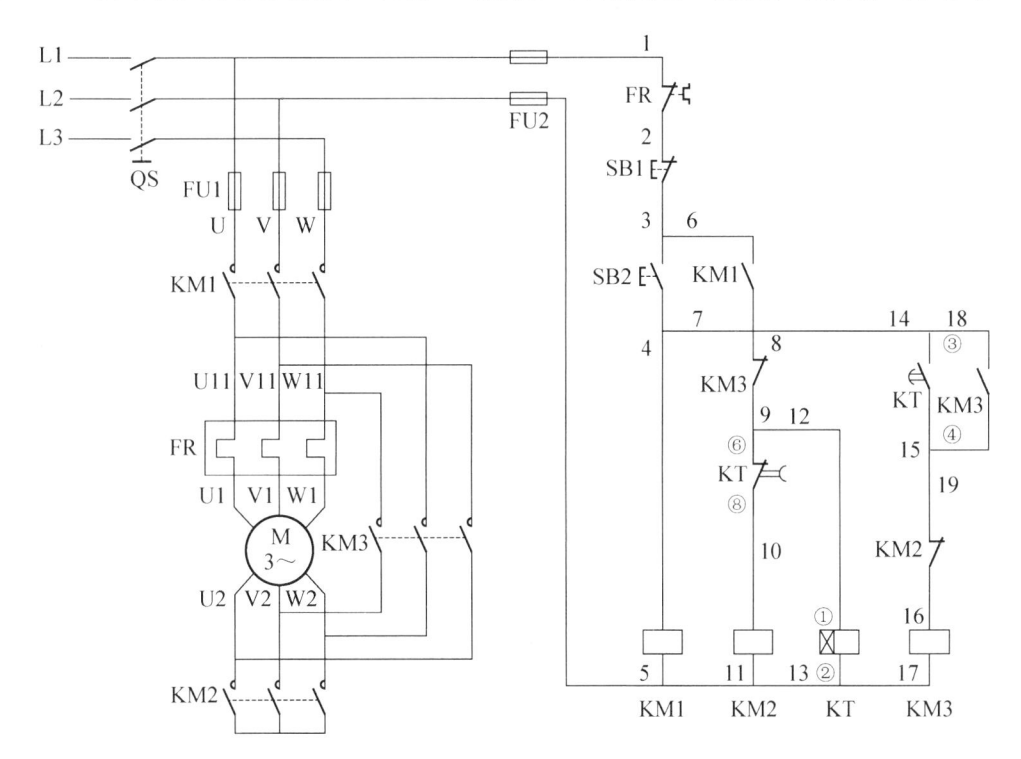

图 10.1.4　时间继电器控制的三相异步电动机星三角降压启动控制电路

星三角降压启动控制电路主要包括以下三部分：

（1）电源电路：包括相线 L1、L2、L3 和电源开关 QS。

（2）主电路：包括熔断器 FU1、接触器 KM1、KM2、KM3 主触点、热继电器 FR 主触点、三相异步电动机 M。

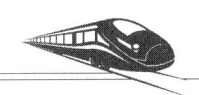

（3）控制电路：包括熔断器 FU2、热继电器 FR 常闭辅助触点，控制按钮 SB1、SB2，接触器 KM1、KM2、KM3 线圈，接触器 KM1、KM3 常开辅助触点及 KM2、KM3 常闭辅助触点，时间继电器 KT 线圈、延时闭合触点和延时断开触点等。

（二）三相异步电动机星三角降压启动控制电路工作过程

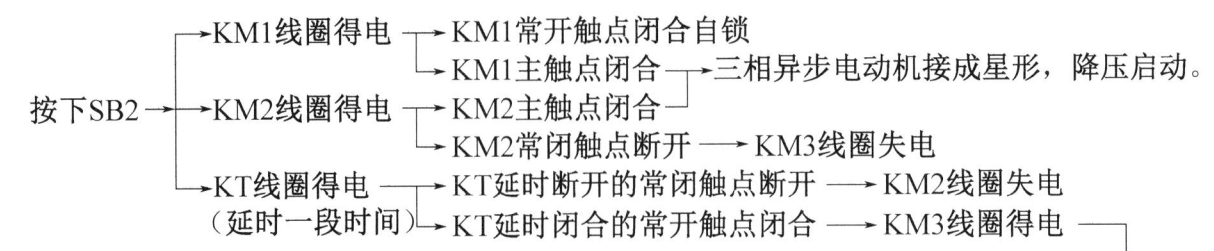

按下SB2 → KM1线圈得电 → KM1常开触点闭合自锁
　　　　　　　　　　　→ KM1主触点闭合 → 三相异步电动机接成星形，降压启动。
　　　　→ KM2线圈得电 → KM2主触点闭合
　　　　　　　　　　　→ KM2常闭触点断开 → KM3线圈失电
　　　　→ KT线圈得电 → KT延时断开的常闭触点断开 → KM2线圈失电
　　　　（延时一段时间）→ KT延时闭合的常开触点闭合 → KM3线圈得电

→ KM3常开触点闭合自锁
→ KM3主触点闭合（KM1主触点前面已闭合）→ 三相异步电动机接成三角形，全压运行。
→ KM3常闭触点断开 → KT线圈断电

按下SB1 → KM1线圈失电 → 三相异步电动机停止运行
　　　　→ KM3线圈失电

（三）三相异步电动机星三角降压启动控制电路安装与调试

【内容和要求见工作手册 技能实训 10.1】

1. 检查电气元件

（1）图 10.1.5 所示为常见的电工线路安装实训板，在安装电路前，要在实训板上选取电路原理图中的电源开关 QS，熔断器 FU1、FU2，接触器 KM1、KM2、KM3，热继电器 FR，时间继电器 KT，按钮 SB1、SB2。

（2）根据星三角降压启动的电路原理图检查各电气元件型号、规格和数量，用万用表电阻挡检测熔断器 FU1、FU2 的通断情况，以及接触器、热继电器、按钮等电气元件的常开、常闭触点的通断情况。

（3）对于数显时间继电器 JS14S，根据侧面原理图知道⑥、⑧脚为延时常闭触点，③、④脚为延时常开触点，安装时要注意它们在底座上的位置。

（4）熟悉三相异步电动机的电路结构，如图 10.1.6 所示，（a）图为绕组接成星形接法的接线图，（b）图为绕组接成三角形接法的接线图。

2. 电气元件安装

将检查合格的电气元件按图示位置固定在实训板上，也可根据自己的设计将各元件合理地布置在实训板上，如图 10.1.5、图 10.1.7 所示。

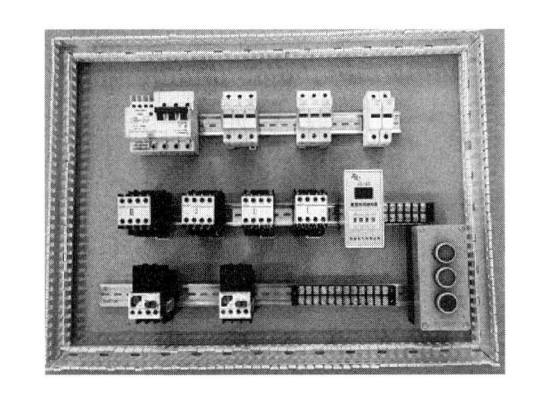

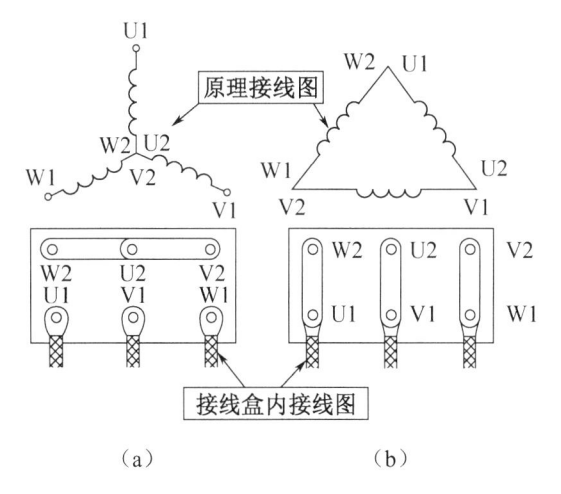

图 10.1.5　电工线路安装实训板　　　图 10.1.6　三相异步电动机绕组接线原理图

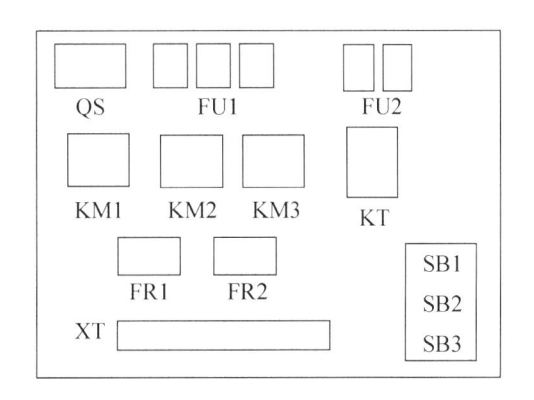

图 10.1.7　控制线路面板分配图

3. 电路连接

（1）控制电路的安装接线。

根据电气原理图，先接控制电路后接主电路，按照从左向右、自上而下、先串联后并联的接线原则，从熔断器 FU2 的下端开始接线，最后接电源线。

对于初学者，可能第一次看图 10.1.4 比较复杂，这里以控制部分原理图为例来介绍如何识读比较复杂的电路图。

首先，读者要有这样一个概念，任何复杂的原理图都是由若干个简单的原理图组合而成的。把图 10.1.4 中用到的每一根线标出线号 1，2，3，…，19，如图 10.1.8 所示。其次，把控制电路分解成以下三部分。图中 1~7 号线构成原来所学的电动机正转控制电路；8~13 号线构成接触器 KM2 和时间继电器 KT 控制电路；14~19 号线构成 KM3 控制电路，如图 10.1.8（a）、(b)、(c) 所示。这样就把复杂的图 10.1.4 所示控制电路分成三个简单的电路。

其次，按照前面讲的从左向右、自上而下、先串联后并联的接线原则依次接图 10.1.8 (a)、(b)、(c) 所示三部分，每接完一部分，检测一次电路安装是否正确，因为从 6~7 根线中找出一个故障点和从 19 根线中找出一个故障点，难易程度是不一样的，初学者一定不要怕麻烦，熟悉以后，就可以不按照上面所述的复杂程序操作了。

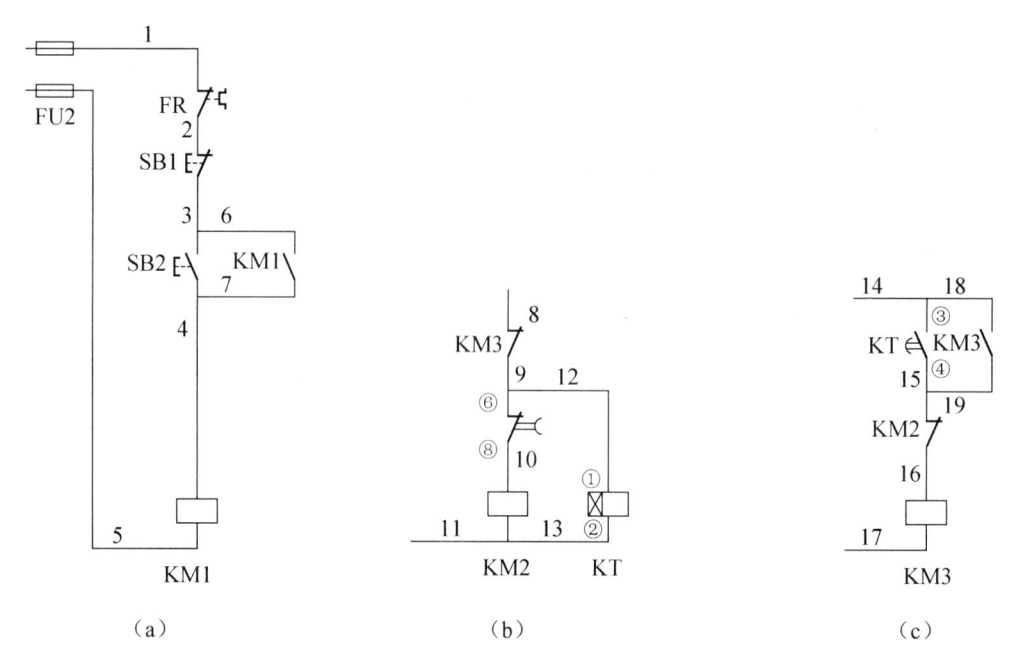

图 10.1.8　三相异步电动机星三角降压启动控制电路分解图

接完 1～7 号线，即电动机正转控制电路后，用万用表电阻挡测量 FU2 输出端电阻 R_{1-5}，正常情况下，按下 SB2，FU2 输出端电阻应为接触器线圈电阻（如果选 CJ20 型交流接触器，电阻值应为 1.5kΩ，下同）；同时按下 SB1、SB2，R_{1-5} 为无穷大；松开 SB1、SB2，用螺丝刀推下 KM1，R_{1-5}=1.5kΩ。若以上检测均正确，说明图 10.1.8（a）所示部分电路 1～7 号线安装正确。

用同样的方法安装 8～13 号线，首先将 8、9、10、11 号线串联，然后把与时间继电器电源端①、②脚相连的 12 号线、13 号线分别并入 9 号线和 11 号线，这 6 根线接完后，同样用万用表电阻挡测量 8 号线和 11 号线间的电阻 R_{8-11}，正常情况下，插入时间继电器 KT，R_{8-11}=1.5kΩ；拔出时间继电器 KT，R_{8-11} 为无穷大。如果以上两步检测正常，说明 8～13 号线安装正常。

最后，用同样的方法安装 14～19 号线，首先将 14、15、16、17 号线串联，再把与接触器 KM3 常开辅助触点相连的 18、19 号线并入 14、15 号线两端，用万用表电阻挡测量 14 号线和 17 号线间的电阻 R_{14-17}，正常情况下，短接 14、15 号线，R_{14-17}=1.5kΩ；推下 KM3，R_{14-17}=1.5kΩ。如果以上两步检测正常，说明 14～17 号线安装正常。

如果图 10.1.8（a）、（b）、（c）三部分安装均正常，说明控制电路安装基本正常，依次把 8、11 号线并入 7、5 号线；14、17 号线并入 7、5 号线，控制电路部分基本安装完毕。

（2）主电路的安装接线。

在确定控制电路安装正常后，开始接主电路，在主电路的安装接线过程中，要牢牢把握三根电源线 L1、L2、L3 依次与接触器主触点、热继电器主触点和电动机三相绕组 U1U2、V1V2、W1W2 的连接位置。按照从左向右、自上而下、先串联后并联的接线原则，从开关 QS 的下端开始接线，最后接电源线。在主电路接线过程中，要防止 L1、L2、L3 相间短路。

4. 电路检查及故障分析

在确定整个电路安装基本无误后，通电试车。在通电试车过程中，如发现电路不能正常工作或出现振动、冒烟等异常现象，应立即切断电源，查找原因，故障排除后再通电试车。需要特别说明的是，在电路通电试车过程中出现电路故障是很正常的，读者要有足够的耐心去排除故障，这也是将来从业的职责所在。排除故障的基本原则是：根据故障现象，结合原理图，缩小故障范围，用前面讲的电阻测量法或电压检查法找到故障点。将电路故障现象记录下来，同时将分析故障的思路、排除故障的方法和找到的故障原因记录下来。

任务 10.2　三相异步电动机双向启动能耗制动控制电路安装

一、技术准备

1. 制动

所谓"制动"，是指在切断电源以后，利用电气原理或机械装置使电动机迅速停转的方法。常见的制动方法有机械制动和电气制动。三相异步电动机的制动常见的有电气制动和机械制动两种类型，其中电气制动又包括能耗制动和反接制动。

（1）机械制动。

机械制动包括电磁抱闸制动和电磁离合器制动，电磁抱闸制动又有断电制动和通电制动两种类型。在电梯、起重机、卷扬机等升降机械上，通常采用断电制动。其优点是能够准确定位，同时可防止电动机突然断电或线路出现故障时重物自行坠落。电磁抱闸如图 10.2.1（a）所示。图 10.2.1（b）所示的电动葫芦，就是采用断电制动的典型例子。

（2）电气制动。

电气制动是使电动机产生一个与原来转子的转动方向相反的制动转矩来使电动机迅速停车的。电力制动常用的方法有：反接制动、能耗制动、电容制动和再生发电制动等。反接制动的优点是制动力强、制动迅速；缺点是制动准确性差，制动过程中冲击力强、易损坏传动零件、制动能量消耗较大。因此，反接制动一般用于要求制动迅速、系统惯性较大、不经常启动与制动的场合。能耗制动的优点：制动力较强，能耗少，制动较平稳，对电网

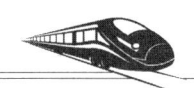

冲击小。因此，在自动控制技术中经常采用能耗制动。

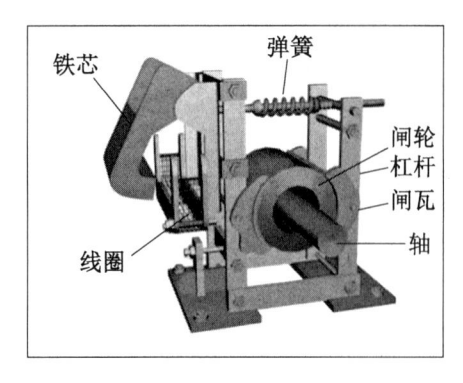

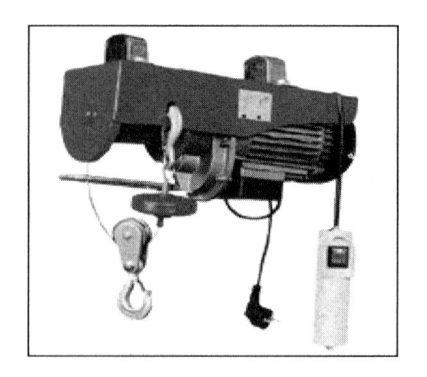

（a）电磁抱闸　　　　　　　　（b）电动葫芦

图 10.2.1　机械制动

（3）能耗制动。

能耗制动是在断开三相交流电源的同时，立即在定子绕组的任意两相中接通直流电，在转速接近零时再断开直流电。这种制动方法实质上是把转子原来"储存"的机械能，转变成电能，又消耗在转子上，因而叫作"能耗制动"，如图 10.2.2 所示，这里以三相电动机双向启动单相半波整流能耗制动电路为例，来说明能耗制动的工作原理。

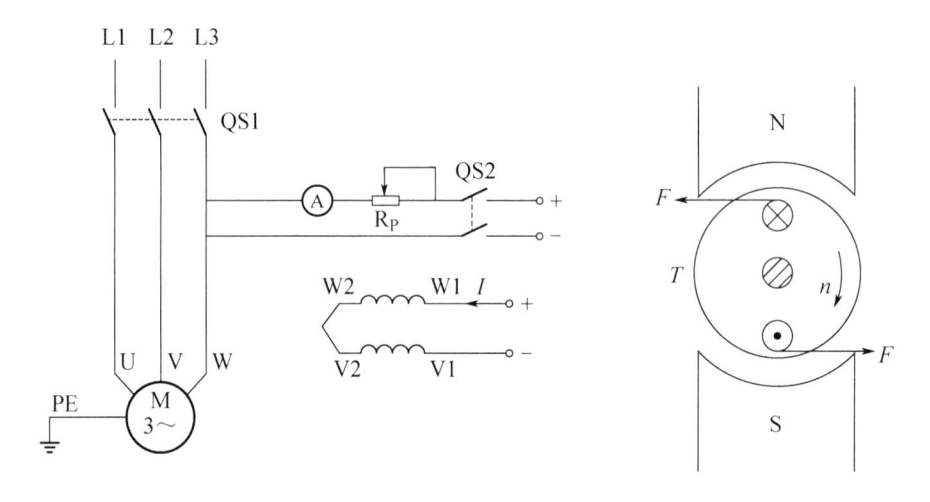

图 10.2.2　能耗制动的工作原理

2. 复合按钮

我们知道，按钮由常开触点和常闭触点组成，当按合常开触点时常闭触点断开，当断开常闭触点时常开触点闭合。它们之间属于互锁关系。图 10.2.3 所示分别为常开按钮、常闭按钮和复合按钮，复合按钮包括一组常闭触点和一组常开触点。

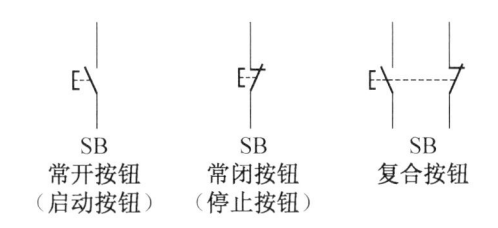

图 10.2.3 三种常见按钮的电路符号

二、三相异步电动机正转、反转、停车时能耗制动控制电路

1. 电路原理图

在三相异步电动机能耗制动控制电路中，对 10kW 以下的小容量电动机的能耗制动可以采用无变压器单相半波整流电路，图 10.2.4 所示为三相异步电动机正转、反转、停车时能耗制动控制电路原理图。这种采用单相半波整流器作为直流电源的控制电路，所用附加设备较少，电路简单、成本低，常用于 10kW 以下小容量电动机，且对制动要求不高的场合。比如一些小型的升降设备常采用这种控制电路，在这种控制电路中，当按下停止按钮时，设备能够及时停止，保证准确定位。

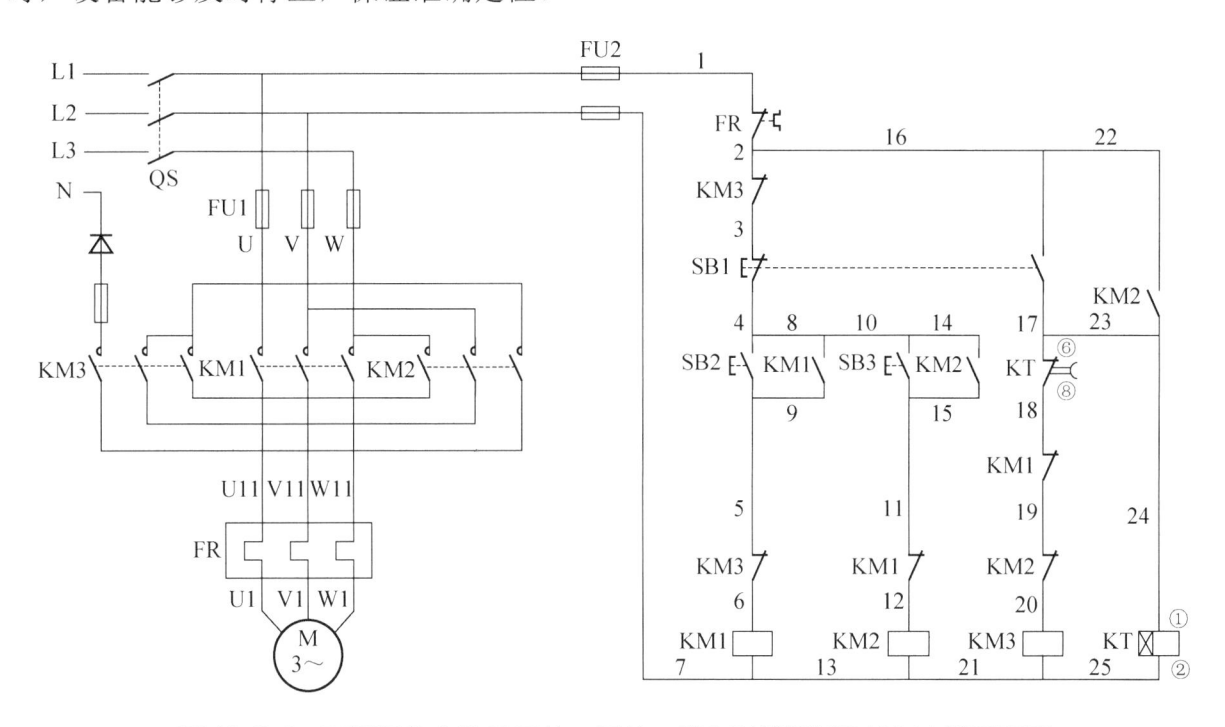

图 10.2.4 三相异步电动机正转、反转、停车时能耗制动控制电路原理图

2. 电路工作过程

合上电源开关 QS。

（1）正转。启动运转：

按下SB2→KM1线圈得电→┬─KM1自锁触点闭合自锁
　　　　　　　　　　　├─KM1主触点闭合────→电动机M正转运行
　　　　　　　　　　　└─KM1联锁触点分断对KM2联锁

能耗制动停止：

按下SB1 →
- SB1常闭触点先分断 → KM1线圈失电 →
  - KM1自锁触点分断
  - KM1主触点分断 → 电动机M暂时失电
  - KM1联锁触点复位
- SB1常开触点后闭合 →

- KM3线圈得电 →
  - KM3联锁触点分断对KM1联锁
  - KM3主触点闭合 → 电动机M接入直流电能耗制动
  - KM3自锁触点闭合自锁
- KT线圈得电 →（KT延迟一段时间）
  - KT常闭触点延时后分断 → KM3线圈失电 →

- KM3自锁触点分断 → KT线圈失电 → KT触点瞬时复位
- KM3主触点分断 → 电动机M被切断直流电源并停转，正转能耗制动结束
- KM3联锁触点复位

（2）反转。启动：

按下SB3 → KM2线圈得电 →
- KM2自锁触点闭合自锁
- KM2主触点闭合 → 电动机M反转启动运转
- KM2联锁触点分断对KM1联锁

能耗制动停止：

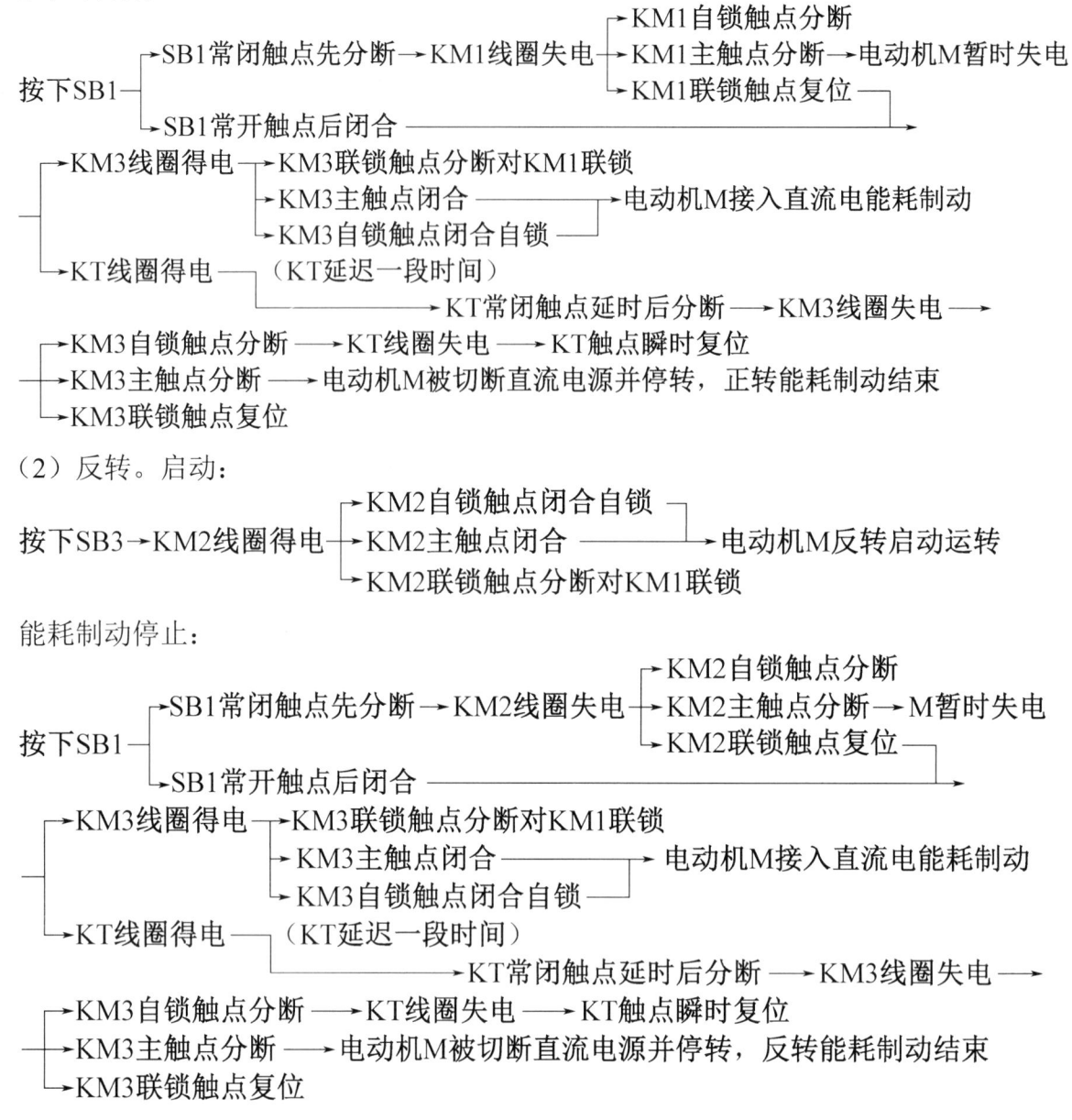

按下SB1 →
- SB1常闭触点先分断 → KM2线圈失电 →
  - KM2自锁触点分断
  - KM2主触点分断 → M暂时失电
  - KM2联锁触点复位
- SB1常开触点后闭合 →

- KM3线圈得电 →
  - KM3联锁触点分断对KM1联锁
  - KM3主触点闭合 → 电动机M接入直流电能耗制动
  - KM3自锁触点闭合自锁
- KT线圈得电 →（KT延迟一段时间）
  - KT常闭触点延时后分断 → KM3线圈失电 →

- KM3自锁触点分断 → KT线圈失电 → KT触点瞬时复位
- KM3主触点分断 → 电动机M被切断直流电源并停转，反转能耗制动结束
- KM3联锁触点复位

3. 电路安装

【内容和要求见工作手册 技能实训10.2】

（1）控制电路的安装接线。

根据电气原理图，同样按照先控制电路后主电路、从左向右、自上而下、先串联后并联的接线原则，从熔断器FU2的下端开始接线，最后接电源线。

对于初学者，可能第一次看图10.2.4比较复杂，这里再次以控制部分原理图为例，来介绍如何分析比较复杂的电路图。

首先，控制电路由前面学过的电动机正反转控制电路[见图10.2.5（a）]和能耗制动控制电路[见图10.2.5（b）]两部分组成，对于1号线到15号线，除中间串联了一个KM3的常闭触点外，其他与电动机正反转控制电路一样。按照先串联后并联的原则，先接1号

线至 15 号线，使之成为一个完整的电动机正反转控制电路，按照前面讲过的测量方法，检测 FU2 输出端 $R_{1\text{-}7}$，观察是否正常，如表 10.2.1 所示。

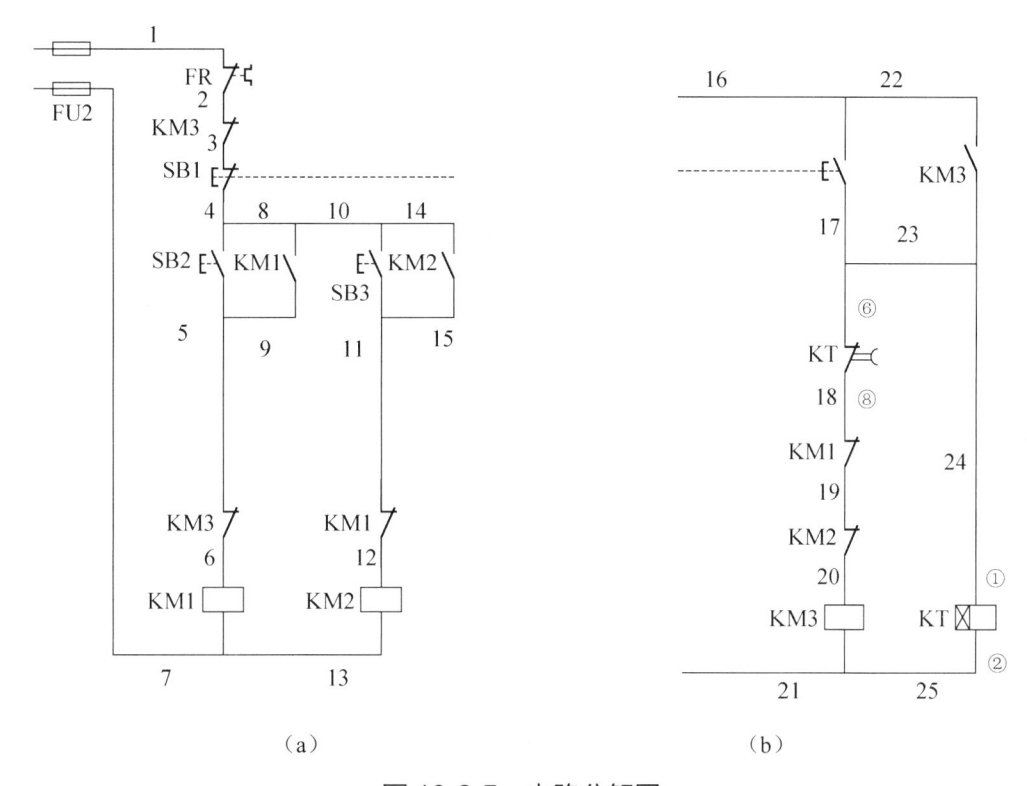

图 10.2.5 电路分解图

表 10.2.1 用万用表对正反转控制电路进行检测

序号	检测对象	万用表挡位	操作步骤	测量值	判断依据
1	$R_{1\text{-}7}$	R×100	按下 SB2	$R_{1\text{-}7}$ 为 1500Ω 左右	1～7 号线连接正常
2	$R_{1\text{-}7}$	R×100	推下 KM1	$R_{1\text{-}7}$ 为 1500Ω 左右	8～9 号线连接正常
3	$R_{1\text{-}7}$	R×100	按下 SB3	$R_{1\text{-}7}$ 为 1500Ω 左右	10～13 号线连接正常
4	$R_{1\text{-}7}$	R×100	推下 KM2	$R_{1\text{-}7}$ 为 1500Ω 左右	14～15 号线连接正常

正常后，再接 16 号线至 21 号线。最后把 KM3 常开辅助触点并联在 SB1 常开辅助触点两端（22 号线和 23 号线）；以及把时间继电器 KT 电源接在 KM3 常开辅助触点输出和 KM3 线圈输出两端（24 号线和 25 号线）。这样就把比较复杂的图 10.2.4 所示控制电路分解成两个简单的电路。

最后，再来测量能耗制动部分是否正常，如表 10.2.2 所示。

表 10.2.2 用万用表对能耗制动控制电路进行检测

序号	检测对象	万用表挡位	操作步骤	测量值	判断依据
1	$R_{1\text{-}7}$	R×100	插入时间继电器，按下 SB1	$R_{1\text{-}7}$ 为 1500Ω 左右	16～21 号线连接正常
2	$R_{1\text{-}7}$	R×100	插入时间继电器，推下 KM2	$R_{1\text{-}7}$ 为 1500Ω 左右	22～23 号线连接正常
3	$R_{1\text{-}7}$	R×100	拔出时间继电器	$R_{1\text{-}7}$ 为无穷大	24～25 号线连接正常

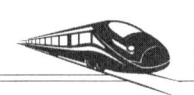

若控制电路安装完毕后，检测结果与上述相符，表明控制电路安装正确。

（2）主电路的安装。

在确定控制电路安装正确后，开始接主电路，在主电路的安装接线过程中，要牢牢把握三根电源线 L1、L2、L3 依次与交流接触器主触点、热继电器主触点和电动机三相绕组 U1U2、V1V2、W1W2 的连接位置。同样按照从左向右、自上而下、先串联后并联的接线原则，从开关 QS 的下端开始接线，最后接电源线。在主电路的接线过程中，要特别注意防止 L1、L2、L3 相间短路。

三、拓展学习材料

匠心·匠星｜他为地铁列车"治未病"

辛磊，是广州地铁集团有限公司电子维修专家。工作中他不仅是故障排除者，还在为列车"治病"的过程中摸索更快捷、更节省的维修方法，他研发的装置获得国家专利，带领团队打破技术壁垒，节约成本超 3000 万元。如今，辛磊更多研究"治未病"、解决"疑难急症"，令广州地铁三号线 KU 模块故障率下降将近一半，精准"诊治"从未出现过的进口列车故障。

辛磊于 2011 年毕业于郑州铁路职业技术学院。2012 年，辛磊进入广州地铁集团有限公司。2016 年，辛磊出任地铁车辆车工班班长。他发现，员工在车辆电路图等方面缺乏系统学习，需要补课。他觉得，现在不仅自己要做好带头人，还要让整支队伍一起提速，他常对班组员工说"人生的重要意义就在于不断自我完善"，以提高大家学习、工作和思考问题的主动性。2018 年，辛磊带领班组开展全线网列车牵引逆变模块维修，有针对性地改善模块散热，有效延长模块使用寿命。面对模块备件紧缺、运维成本高的难题，辛磊牵头开展自主改造及国产化研究，打破国外技术壁垒，获得国家实用新型专利。仅在 2019 年度，辛磊带领班组维修部件原值就高达 1.77 亿元，获评"集团模范班组"。有一次试车线调试时，一列进口列车忽然全车失去动力，经过故障排查，发现列车的两个供电模块同时故障。如果不能及时解决，列车无法运行，将严重影响正常生产。辛磊结合故障现象和故障机理分析，推断是电压传感器异常导致的，在现场更换了电压传感器，解决了故障。"我的成长离不开广州地铁良好的师徒带教培训制度，希望自己培养更多技术人才，服务地铁运营，传承工匠精神。"辛磊说。2021 年，他被总部授予"运营质量特别突出贡献奖"。

（节选自《广州日报》）

点评：随着科学技术的发展和不断进步，社会分工越来越细，各种仪器设备也不断向模块化和微型化方向发展，辛磊能够在毕业后短短的十年时间内，带领维修团队攻克一个个技术难题，获得发明专利，离不开他自己的刻苦钻研，率先垂范，也离不开团队的共同努力，他所在的班组获评广州地铁"集团模范班组"，当之无愧。

思考与练习

1. 试简要说明电动机星三角降压启动的控制原理。
2. 时间继电器的用途有哪些？
3. 电动机启动完毕，时间继电器是否还有必要参与运行？应怎样断开它？
4. 电动机的制动方式有哪几种？
5. 试简要说明能耗制动的控制原理。
6. 采用单相半波整流电路进行三相电动机能耗制动的原理是怎样的？这种控制电路适用于哪种场合？

反侵权盗版声明

电子工业出版社依法对本作品享有专有出版权。任何未经权利人书面许可，复制、销售或通过信息网络传播本作品的行为；歪曲、篡改、剽窃本作品的行为，均违反《中华人民共和国著作权法》，其行为人应承担相应的民事责任和行政责任，构成犯罪的，将被依法追究刑事责任。

为了维护市场秩序，保护权利人的合法权益，我社将依法查处和打击侵权盗版的单位和个人。欢迎社会各界人士积极举报侵权盗版行为，本社将奖励举报有功人员，并保证举报人的信息不被泄露。

举报电话：（010）88254396；（010）88258888

传　　真：（010）88254397

E-mail：　dbqq@phei.com.cn

通信地址：北京市万寿路 173 信箱

　　　　　电子工业出版社总编办公室

邮　　编：100036

城市轨道交通
电工基本技能与实训
（工作手册）

陈美平 ◎ 主 编

李 渝　黄陈华　刘建军 ◎ 副主编

目 录

技能实训 1　收集近 10 年来中国城市轨道交通建设的数据，
　　　　　　汇报中国城市轨道交通发展情况 ································· 1

技能实训 2　触电急救人工呼吸法和胸外心脏按压法技能训练 ···················· 3

技能实训 3　基本工具的使用——导线的连接 ···································· 6

技能实训 4　常用低压电器的识别与检测 ··· 9

技能实训 5　双控开关控制照明电路的安装 ····································· 13

技能实训 6　判断三相交流异步电动机三相绕组的首尾端 ······················· 17

技能实训 7　三相异步电动机点动和连续运行控制电路安装与调试 ············· 20
　　技能实训 7.1　三相异步电动机点动控制电路安装与调试 ················ 20
　　技能实训 7.2　三相异步电动机连续运行控制电路安装与调试 ············ 24
　　技能实训 7.3　三相异步电动机点动与连续运行控制电路安装与调试 ······ 28

技能实训 8　三相异步电动机正反转控制电路安装与调试 ······················· 32
　　技能实训 8.1　接触器联锁的正反转控制电路安装与调试 ················ 32
　　技能实训 8.2　按钮联锁的正反转控制电路安装与调试 ·················· 37
　　技能实训 8.3　双重联锁的正反转控制电路安装与调试 ·················· 42

技能实训 9　三相异步电动机顺序启动逆序停止控制电路安装与调试 ············ 47
　　技能实训 9.1　三相异步电动机顺序启动控制电路安装与调试 ············ 47
　　技能实训 9.2　三相异步电动机顺序启动逆序停止控制电路安装与调试 ···· 51

技能实训 10　三相异步电动机星三角降压启动、能耗制动控制电路安装与调试 ······ 57
　　技能实训 10.1　三相异步电动机星三角降压启动控制电路安装与调试 ······ 57
　　技能实训 10.2　三相异步电动机正转、反转、停车时能耗制动控制电路安装 ····· 63

技能实训 1

收集近 10 年来中国城市轨道交通建设的数据，汇报中国城市轨道交通发展情况

一、实训目的

（1）了解我国近 10 年来城市轨道交通建设方面取得的伟大成就。
（2）训练同学们能说会做等方面的综合能力。

二、实训器材

图书馆、互联网、机房、轨道交通相关实训设备。

三、实训内容与步骤

收集近 10 年来中国城市轨道交通建设的数据，汇报中国城市轨道交通发展情况。
（1）可以 3～5 个同学组成小组，分工合作，完成内容收集整理，用 PPT 形式汇报。
（2）汇报内容呈现方面不限，可以从开通城市、通行里程、建设增速、投资规模、技术创新等方面进行阐述，样例如表 1.1 所示。

表 1.1 中国城市轨道交通建设成果汇报样表

汇报名称_____ 汇报日期_____
班　级_____ 姓　名_____ 学　号_____ 组　别_____

开通城市	通行里程	建设增速	城市轨道交通种类	投资规模	社会影响	技术创新	…
北京							
上海							
广州							
深圳							
…							

四、实训评价

填写实训评价表。

实训评价表

实训项目_____　　　　实训日期_____
班　级_____　姓　名_____　学　号_____　组　别_____

实训过程评价（50分）					实训结果评价（50分）					
		配分(分)	自评	互评	师评			配分(分)	自评	互评	师评
个人	完成任务的态度	10				个人	图文表达能力	10			
	完成任务的能力	10					口头表达能力	10			
	探究意识	10					汇报内容质量	20			
小组	合作意识	10				小组	完成情况	10			
	实训纪律	10					特别加分				
实训总分						教师签名					

技能实训 2

触电急救人工呼吸法和胸外心脏按压法技能训练

一、实训目的

训练人工呼吸急救法和胸外心脏按压急救法,掌握操作要领。

二、实训器材

心肺复苏模拟人及相关器材,如图 2.1 所示。

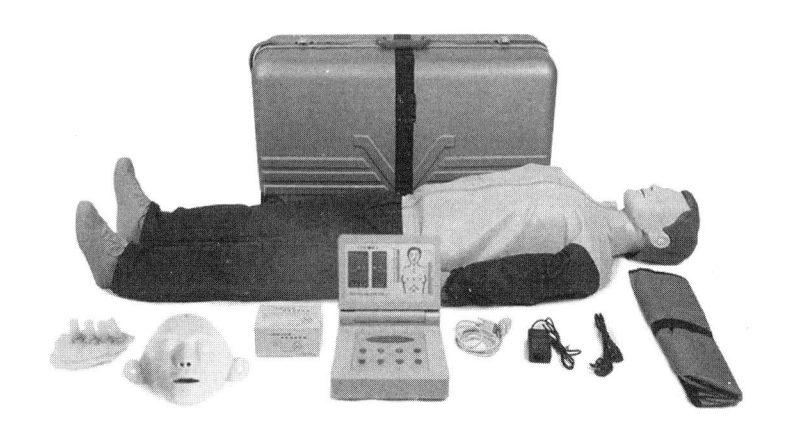

图 2.1 心肺复苏模拟人及相关器材

三、实训内容与步骤

1. 实训内容

在心肺复苏模拟人上进行人工呼吸法和胸外心脏按压法的训练和考核。

2. 实训步骤

(1)用心肺复苏模拟人及相关器材完成胸外心脏按压法、人工呼吸法训练。

(2)根据实时电子指示信息,纠正自己的操作。

本实训器材附属的电子监测设备电子指示灯可以实时显示气道开放和按压部位、人工呼吸和胸外按压的正确次数和错误次数、按压深度、心肺复苏中的吹气速度、吹气量等信息,方便训练和考核。

四、做中学

1. 人工呼吸

人工呼吸是指用人为的方法，利用肺内压与大气压之间压力差的原理，使呼吸骤停者获得被动式呼吸，获得氧气，排出二氧化碳，维持最基本的生命。常用的人工呼吸法有两种，即口对口呼吸和口对鼻呼吸。

（1）口对口呼吸。

此法操作简便、容易掌握，而且气体的交换量大，接近或等于正常人呼吸的气体量，对大人、小孩的效果都很好。

① 触电者取仰卧位，即胸腹朝天。

② 救护者站在其头部的一侧，自己深吸一口气，对着触电者的口（两嘴要对紧，不要漏气）将气吹入，一般以吹进气后，触电者的胸廓稍微隆起为最合适，每分钟进行14～16次。

（2）口对鼻呼吸。

当触电者有口腔外伤或其他原因导致口腔不能打开时，可采用口对鼻呼吸法。

① 救护者使触电者呈头后仰的气道开放状态，并用手托住患者下颌，使其口唇紧闭。

② 救护者深吸一口气，用力向触电者鼻孔内吹气，直到胸部抬起，吹气后使触电者口部张开，让气体呼出。

③ 在吹气过程中，观察触电者胸部起伏情况，若吹气有效，则可见到触电者的胸部随吹气而起伏，并能感觉到气流呼出。注意避免过度通气和漏气。

2. 胸外心脏按压操作方法

胸外心脏按压是对心脏骤停触电者进行急救的首要措施，是心肺复苏术中的第一个抢救步骤，主要通过垂直快速地按压胸前的胸骨下半部分，令胸廓快速地收缩，从而使胸廓内压力增加，推动血液循环，以缓解触电者症状，挽救触电者生命。

（1）按压前准备。

发现触电者倒地，准备实施胸外心脏按压前，应先确保周围环境安全，然后大声呼唤触电者，如触电者无意识，需及时拨打120急救电话，再进行救治。

（2）调整体位。

检查发现触电者无呼吸心跳，首先将触电者移至平地，将触电者身体摆直，两手放于身体两侧，去枕仰卧于硬质地面上，确定触电者口腔没有异物和牙套，将触电者头偏向一侧。其次，救护者应紧靠触电者胸部一侧，一般采用跪姿体位。然后解开触电者衣服，充分暴露触电者前胸。

（3）按压操作。

正确的按压部位在两乳头连线的中点上，救护者首先将右手的掌根放在按压点上，然后将左手掌根重叠放于右手手背上，使手指翘起脱离胸壁，也可两手手指交叉。救护者的手臂与胸骨保持垂直、肘关节伸直，借助身体体重，通过双臂和手掌垂直用力向下按压，下压深度为5～6厘米，按压频率为120次/分钟，按压与放松时间大致相等。

3. 注意事项

一般情况下，进行30次按压操作后应进行2次人工呼吸，循环往复，直至救援到来。如果有多名救护者，应每2分钟轮换按压，每次更换时间控制在5秒内。

五、实训评价

实训评价表

实训项目_____ 实训日期_____

班 级_____ 姓 名_____ 学 号_____ 组 别_____

类别	测试项目	动作要求、操作规范和效果	评定分值		
			自评	互评	师评
人工呼吸法（45分）	对触电者宽衣解带的操作				
	触电者身体趴着时，需要转身的操作				
	检查触电者有无呼吸的操作				
	清除口腔异物与使气道畅通的操作				
	判定触电者有无呼吸的操作				
	对触电者人工呼吸的操作				
	触电者苏醒后的操作				
胸外心脏按压法（40分）	检查触电者心跳				
	对触电者心脏的定位				
	按压前的蹲位与手部姿势				
	按压触电者的力度与对触电者按压的频率检查				
	救护者是否检查触电者胸部有无起伏				
	触电者苏醒后的操作				
实训总结（15分）					
	备注		总分		

技能实训 3

基本工具的使用——导线的连接

一、实训目的

(1) 掌握导线绝缘层的剖削方法。
(2) 掌握单股导线的直接连接和 T 形连接。
(3) 掌握多股导线的直接连接和 T 形连接。

二、实训器材

绝缘胶布、钢丝钳、剥线钳、斜口钳、电工刀、螺丝刀、单股铜导线、七股铜导线等。

三、实训内容与步骤

(一) 单股线的连接

(1) 单股线的直接连接。

① 绝缘层剥离。

② 两根线头交叉。

③ 将两线头互相绞缠。

④ 扳直两线头，使之与轴线垂直。

⑤ 将两线头在芯线上密绕 6 圈。剪除多余导线，钳平末端。

(2) 单股线的 T 形连接。

① 将分支导线线头垂直搭接在主干导线的金属部分。

② 按照顺时针方向缠绕分支导线，绕 6~8 圈。

③ 用钢丝钳减去多余导线，钳平末端。

(二) 多股线的连接

(1) 多股线的直接连接。

① 将两根剥离绝缘层的导线芯拉直，导线芯长度的 1/3 绞紧，剩余的 2/3 导线芯呈伞骨状散开。

② 将两根做好的伞骨状线头隔股对叉。

③ 将两边的伞骨状导线捋平，和导线同轴。

④ 把一段的七股线芯按照 2、2、3 分成三组，将第一组芯线扳至和线轴成 90°，缠绕两圈。

⑤ 绕制完成后将剩余的芯线扳至和线轴同轴。

⑥ 按照上述方法，将剩余的两组芯线进行紧绕。

⑦ 最后一组芯线扳起后要压住前一组芯线的干部，紧密绕制 3 圈，把多余的芯线端部剪去并修正。

⑧ 将另一侧的导线按上述方法进行加工即可。

（2）多股线的 T 形连接。

① 把分支导线线头距根部 1/8 处进一步绞紧后，将剩余 7/8 线头按照 4、3 分成两组。剖削干线中间绝缘层后，用螺丝刀将干线芯线中间插开一条缝隙。

② 将分成两组的分支导线的其中一组插入干线的缝隙中。

③ 钳紧干线两端根部，将插入的分支芯线在干线上按照顺时针垂直密绕 3～5 圈，剪去多余线头，不留毛刺。

④ 另一组芯线按照上一步方法紧密绕制。

（三）绝缘的恢复

为了方便检查接线情况，只做单股导线的直接接法绝缘恢复。

（四）导线连接实训

项目	要求	单股直接	单股T接	多股直接	多股T接
绝缘层处理（20分）	端口整齐，不伤导线				
导线捋直（10分）	导线无弯曲长度符合要求				
导线绞紧（20分）	导线绞紧，导线无损伤				
导线绕制（30分）	导线绕制合乎规定，美观大方				
线头处理（20分）	导线剪切口平滑，无毛刺				
得分					

四、实训评价

1. 填写实训评价表

实训评价表

实训项目_____ 实训日期_____

班　级_____ 姓　名_____ 学　号_____ 组　别_____

实训过程评价（50分）		配分（分）	自评	互评	师评	实训结果评价（50分）		配分（分）	自评	互评	师评
个人	技术能力	10				个人	操作技能	15			
	学习态度	10					仪表使用	15			
	安全文明生产	10					实训报告	10			
小组	团结互助	10				小组	完成情况	10			
	实训纪律	10					特别加分				
实训总分						教师签名					

2. 完成实训心得体会（反思小结）

在实训过程中遇到了什么问题？如何解决的	
写下实训心得体会	

技能实训 4

常用低压电器的识别与检测

一、实训目的

（1）了解常用低压电器的类型及作用。
（2）掌握常用低压电器的图形符号和文字符号。
（3）掌握交流接触器、热继电器等低压电器的接线方式。

二、实训器材

万用表、熔断器、按钮、行程开关、交流接触器、热继电器各两个。

三、实训内容与步骤

1. 熔断器的识别与检测

（1）仔细观察各种不同类型、规格的熔断器的外形，了解其结构特点。
（2）用万用表检测各熔断器的好坏，并将检测结果填入表 4.1 中。

表 4.1 熔断器的检测

序号	熔断器名称	万用表挡位	测量的阻值	检测结果
1				
2				
3				
4				

2. 按钮的识别与检测

（1）仔细观察各种不同类型的按钮。

拆开按钮，观察按钮的内部结构，按下和松开按钮时触点的动作情况，以及接线端口的接线方法。注意拆卸顺序，做好笔记，以便回装。

（2）用万用表检测各种按钮的好坏，并将检测结果填入表 4.2 中。

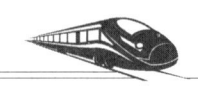

表 4.2　按钮的检测

序号	按钮名称	万用表挡位	松开按钮时测量的阻值	按下按钮时测量的阻值	按钮类型	检测结果	画出触点符号
1							
2							
3							
4							

3. 行程开关的识别与检测

（1）仔细观察各种不同类型的行程开关。

拆开行程开关后面的盖板，观察行程开关的内部结构，按下和松开推杆时触点的动作情况，以及接线端口的接线方法。注意拆卸顺序，做好笔记，以便回装。

（2）用万用表检测各种行程开关的好坏，并将检测结果填入表 4.3 中。

表 4.3　行程开关的检测

测试点	行程开关型号	万用表挡位	松开推杆时测量的阻值	按下推杆时测量的阻值	触点类型	检测结果	画出触点的符号
第一对触点							
第二对触点							

4. 热继电器的识别与检测

（1）仔细观察各种不同类型的热继电器。

拆开热继电器，观察热继电器的内部结构，主触点上的电热丝，按下和松开"reset"按钮时辅助触点的动作情况，以及接线端口的接线方法。注意拆卸顺序，做好笔记，以便回装。

（2）用万用表检测各种热继电器主触点的好坏，并将检测结果和主触点符号填入表 4.4 中。

表 4.4　热继电器主触点的检测

测试点	万用表挡位	测量的阻值	主触点类型	检测结果	主触点符号
第一对主触点					
第二对主触点					
第三对主触点					

（3）用万用表检测热继电器辅助触点的好坏，并将检测结果和辅助触点符号填入表 4.5 中。

表 4.5 热继电器辅助触点的检测

测试点	万用表挡位	松开测试按钮时测量的阻值	按下测试按钮时测量的阻值	辅助触点类型	检测结果	辅助触点符号
第一对辅助触点						
第二对辅助触点						

5. 交流接触器的识别与检测

（1）仔细观察各种不同类型的交流接触器。

拆开交流接触器，观察交流接触器的内部结构，按下和松开连杆时主触点、辅助触点的动作情况，以及交流接触器接线方法。注意拆卸顺序，做好笔记，以便回装。

（2）用万用表检测交流接触器主触点的好坏，并将检测结果和主触点符号填入表 4.6 中。

表 4.6 交流接触器主触点的检测

测试点	万用表挡位	松开连杆时测量的阻值	按下连杆时测量的阻值	主触点类型	检测结果	主触点符号
第一对主触点						
第二对主触点						
第三对主触点						

（3）用万用表检测交流辅助触点的好坏，并把检测结果和辅助触点符号填入表 4.7 中。

表 4.7 交流接触器辅助触点的检测

测试点	万用表挡位	松开连杆时测量的阻值	按下连杆时测量的阻值	辅助触点类型（常开或常闭）	检测结果	辅助触点符号
第一对辅助触点						
第二对辅助触点						
第三对辅助触点						
第四对辅助触点						

（4）用万用表检测交流接触器线圈的好坏，并把检测结果和符号填入表 4.8 中。

表 4.8 交流接触器线圈的测量

测试点	万用表挡位	测量的阻值	检测结果	交流接触器线圈符号

四、实训评价

1. 填写实训评价表

实训评价表

实训项目_____   实训日期_____

班　　级_____　姓　　名_____　学　　号_____　组　　别_____

实训过程评价（50分）					实训结果评价（50分）				
		配分（分）	自评	互评	师评		配分（分）	自评	互评	师评
个人	技术能力	10				个人	操作技能	15			
	学习态度	10					仪表使用	15			
	安全文明生产	10					实训报告	10			
小组	团结互助	10				小组	完成情况	10			
	实训纪律	10					特别加分				
实训总分						教师签名				

2. 完成实训心得体会（反思小结）

在实训过程中遇到了什么问题？如何解决的	
写下实训心得体会	

技能实训 5

双控开关控制照明电路的安装

一、实训目的

（1）掌握双控开关控制照明电路的安装方法，完成该电路的安装与运行调试。
（2）掌握双控开关控制照明电路的故障检测与故障排除方法。

二、实训器材

实训需要用到实训板、电气元件、万用表、剥线钳、螺丝刀等材料和工具，请完成下表的填写。

序号	名称	规格、型号	数量	检测结果（性能良好打"√"）
1	单相电度表			
2	漏电开关			
3	熔断器			
4	双控开关			
5	照明灯			
6	导线			

三、实训内容与步骤

1. 实训内容

参考图 5.2.2，完成该图所示电路的安装与运行调试。电路的功能如下：

① 开关 S1 接通，灯亮；开关 S1 断开，灯灭。
② 开关 S2 接通，灯亮；开关 S2 断开，灯灭。
③ 开关 S1 接通，灯亮；开关 S2 接通，灯灭。
④ 开关 S2 接通，灯亮；开关 S1 接通，灯灭。

2. 实训步骤

（1）请在下图中填入电气元件的名称。

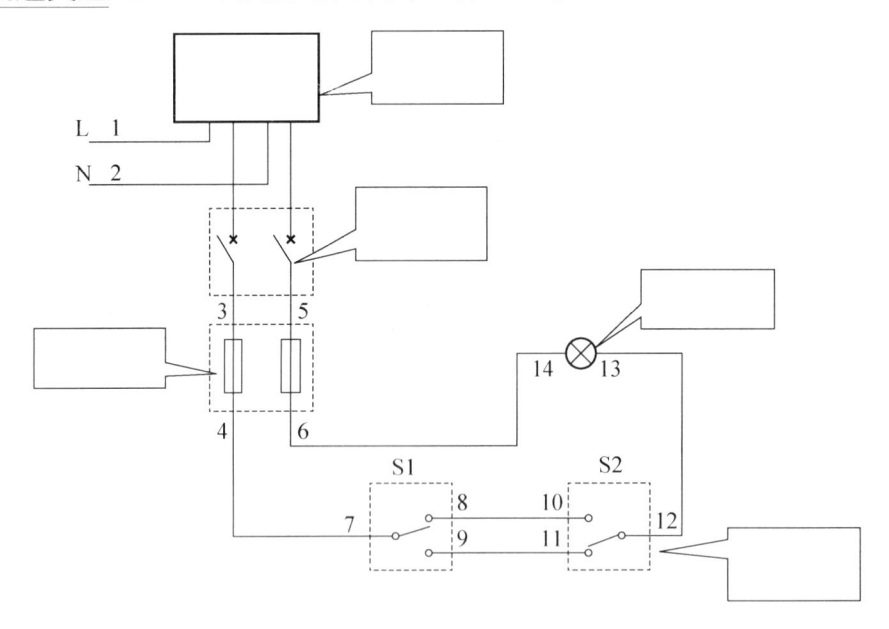

（2）在电气元件实物图上完成连线（模拟连线）。

（3）电路安装前，要对器件进行检测，判断是否存在故障，器件检测做法参照表5.1。

表5.1 用万用表对熔断器FU进行检测，判断是否存在故障

检测对象	万用表挡位	测量值	是否存在故障	判断依据	评分
熔断器，3-4电阻					
熔断器，5-6电阻					

① 熔断器的检测，将检测结果填入表5.1中。

② 双控开关的检测，将检测结果填入表 5.2 中。

表 5.2　用万用表对双控开关进行检测，判断双控开关的工作状态

检测对象	万用表挡位	测量值	双控开关的工作状态	判断依据	评分
7-8 电阻					
7-9 电阻					
8-9 电阻					
10-11 电阻					
10-12 电阻					
11-12 电阻					

（4）在实训板上完成电路安装。

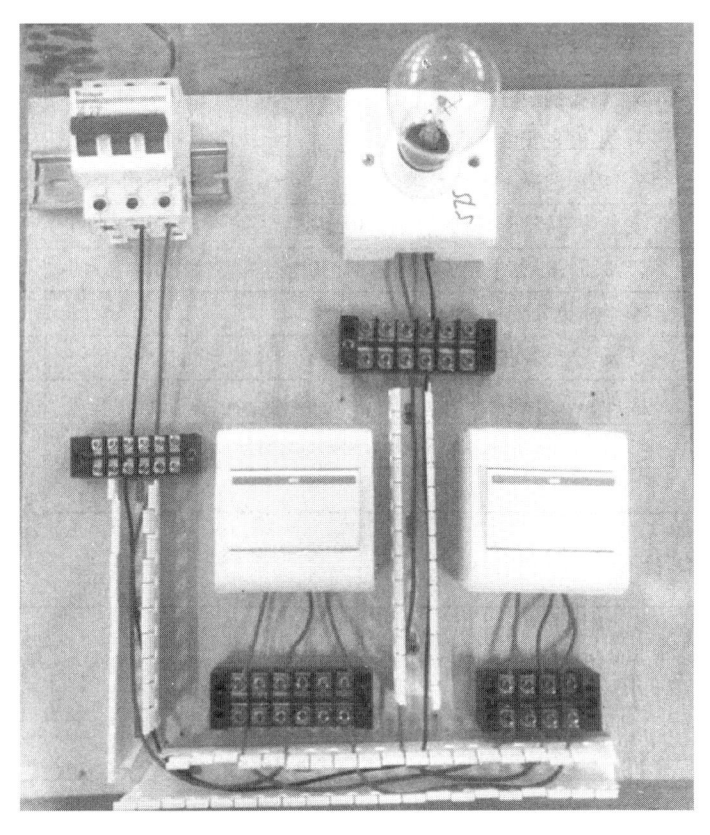

（5）电路安装完成后，要进行检测，确认没有短路后，才能通电测试电路的功能。完成电路检测并填写表 5.3。

表 5.3　电路检测结果

检测对象	万用表挡位	测量值	是否存在故障	判断依据	评分
1-2 电阻					
1-7 电阻					
1-12 电阻					
1-13 电阻					
2-14 电阻					

四、实训评价

1. 填写实训评价表

实训评价表

实训项目_____　　实训日期_____

班　级_____　姓　名_____　学　号_____　组　别_____

项目	配分(分)	评分标准		自评	互评	师评
安装设计	10	绘制电路图不正确	扣10分			
线路的安装	30	1. 元件布置不合理	扣5分			
		2. 灯座、开关、插座等安装松动	每处扣5分			
		3. 电气元件损坏	每只扣10分			
		4. 相线未进开关	扣10分			
		5. 导线安装不符合要求	每根扣2分			
		6. 线芯剖削时损伤	每处扣2分			
		7. 电能表安装不符合要求	扣10分			
		8. 熔体选择不符合要求	扣5分			
通电试验	30	安装线路错误,造成短路、断路故障,每通电1次扣10分				
实训报告	10	没按照报告要求完成、内容不正确	扣10分			
团结协作精神	10	小组成员分工不明确、不能积极参与	扣10分			
安全文明生产	10	违反安全文明生产规程	扣5~10分			
定额时间:1小时		每超时5分钟,扣5分				
备注	除定额时间外,各项目的最高扣分不应超过配分		成绩			
开始时间		结束时间		实际时间		

2. 完成实训心得体会(反思小结)

实训的要点(步骤)有哪些	
在实训过程中遇到了什么问题?如何解决的	
写下实训心得体会	

技能实训 6

判断三相交流异步电动机三相绕组的首尾端

一、实训目的

（1）了解三相交流异步电动机的基本结构。

（2）掌握三相交流异步电动机三相绕组首尾端的判断方法。

（3）了解三相交流异步电动机的星形与三角形接法。

二、实训器材

把实训所需要的器材填入下表。

序号	名称	规格、型号	数量	说明
1	三相交流异步电动机		1台	
2	电池		1个	
3	导线			
4	指针式万用表			
5	标签纸和笔			

三、实训内容与步骤

1. 标号

请将电动机的六根引线标注 1、2、3、4、5、6 序号。

2. 同相绕组的判别

将万用表打在 R×10Ω 挡位并进行欧姆调零，将判别的情况记录在表 6.1 中。

（1）用万用表的一支表笔接六根引线中的一根且不脱离，然后用万用表的另外一支表笔分别接剩下的五根引线进行测量，如果某一根引线在连接上时，阻值变得很小，则说明这两根引线为同相绕组的两根引线。

（2）用万用表的一支表笔接剩余四根引线中的一根且不脱离，然后用万用表的另外一支表笔分别接剩下的三根引线进行测量，如果某一根引线在连接上时，阻值变得很小，则说明这两根引线为同相绕组的两根引线。

（3）用万用表检测剩余的两根引线的阻值，正常情况下，剩余的两根引线阻值很小则属于同相绕组。

表 6.1　同相绕组判别表

第一次与万用表表笔相接且不脱离的引线编号	第一次与万用表表笔相接，指针指零的引线编号	第二次与万用表表笔相接且不脱离的引线编号	第二次与万用表表笔相接，指针指零的引线编号	属于 U 相绕组的引线端子编号	属于 V 相绕组的引线端子编号	属于 W 相绕组的引线端子编号

3. 三相绕组首尾端的判断

将万用表打在直流电流 50μA 挡上，利用前面所学知识快速进行三相绕组首尾端的判断，也就是用"正正黑"和"反正红"的方法进行判断，并将判断结果记录在表 6.2 中。

表 6.2　三相绕组首尾端判断表

测量次数	假定为首端的端子编号	与电池正极连接的端子编号	与万用表红表笔连接的端子编号	与万用表黑表笔连接的端子编号	接通瞬间指针的偏转方向	同为首端的端子编号	三相绕组的首端编号
1							
2							

注：两次测量时，接电池的绕组是同一绕组。

4. 首尾端判断是否正确的检验方法

将万用表打在直流电流 50μA 挡上，并将判断结果记录在表 6.3 中。

表 6.3　首尾端判断正确表

三相绕组的首端接在一起，接万用表的红表笔	转动电动机转轴	指针几乎不抖动	首尾端判断_____
三相绕组的尾端接在一起，接万用表的黑表笔		指针抖动厉害	首尾端判断_____

四、实训评价

1. 填写实训评价表

实训评价表

实训项目_____　　　　实训日期_____

班　级_____　姓　名_____　学　号_____　组　别_____

实训过程评价（50分）					实训结果评价（50分）				
		配分（分）	自评	互评	师评		配分（分）	自评	互评	师评
个人	技术能力	10				个人	操作技能	15			
	学习态度	10					仪表使用	15			
	安全文明生产	10					实训报告	10			
小组	团结互助	10				小组	完成情况	10			
	实训纪律	10					特别加分				
实训总分						教师签名				

2. 完成实训心得体会（反思小结）

在实训过程中遇到了什么问题？如何解决的	
写下实训心得体会	

技能实训 7

三相异步电动机点动和连续运行控制电路安装与调试

技能实训 7.1 三相异步电动机点动控制电路安装与调试

一、实训目的

（1）能够正确安装和检修三相异步电动机点动控制电路。
（2）熟悉电动机控制电路安装步骤和工艺要求。
（3）培养规范、安全操作的习惯。

二、实训器材

本实训需要用到实训板、电气元件、万用表、剥线钳、螺丝刀等材料和工具，请在下表中列出。

序号	名称	规格、型号	数量	说明

三、实训内容与步骤

1. 实训内容

三相异步电动机点动控制电路安装与调试，参照图 7.1.2 完成。对该电路调试如下功能：

（1）按下启动按钮 SB，电动机运行。

（2）松开启动按钮 SB，电动机停止。

2. 实训步骤

（1）请在下图中填入电气元件的名称。

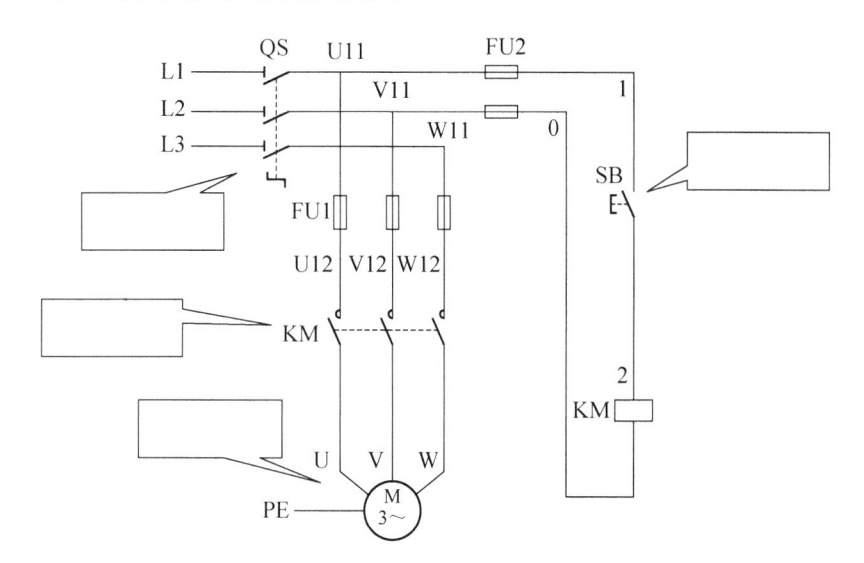

（2）在电气元件实物图上完成连线（模拟连线）。

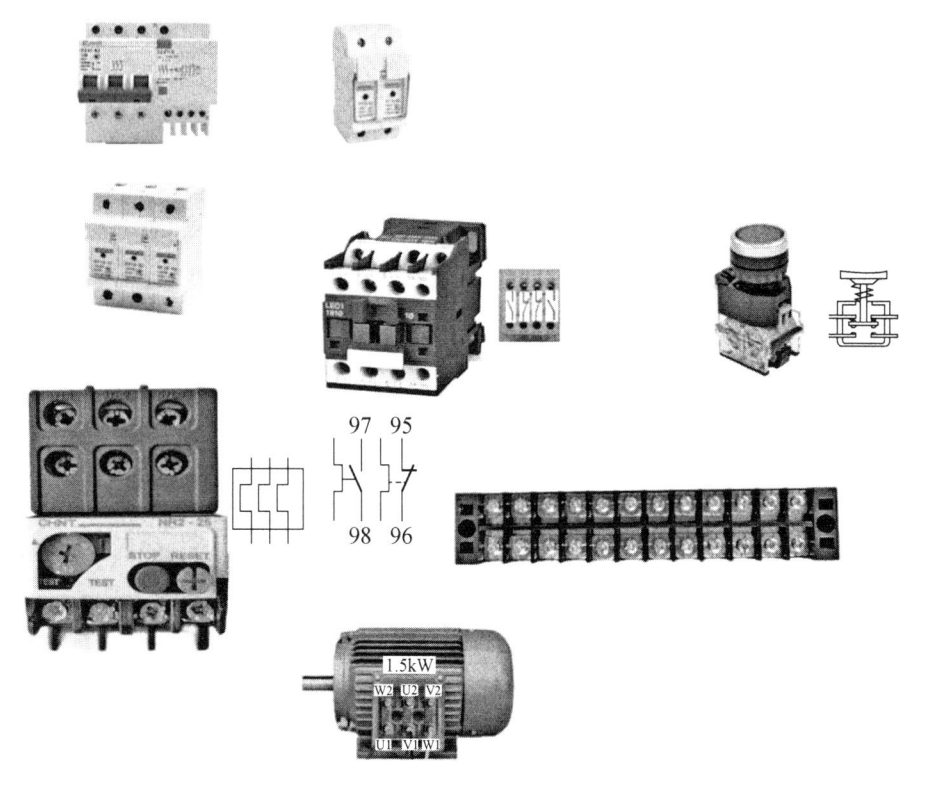

（3）电路安装前要对器件进行检测，判断是否存在故障，器件检测做法参照下表。

用万用表对按钮 SB 进行检测，判断是否存在故障。

检测对象	万用表挡位	测量值（Ω）	是否有故障	判断的依据	评分
松开时，1-2 电阻					
按下时，1-2 电阻					

用万用表对熔断器 FU 进行检测，判断是否存在故障。

检测对象	万用表挡位	测量值（Ω）	是否有故障	判断的依据	评分
熔断器，3-4 电阻					
熔断器，5-6 电阻					
熔断器，7-8 电阻					

（4）在实训板完成电路安装。

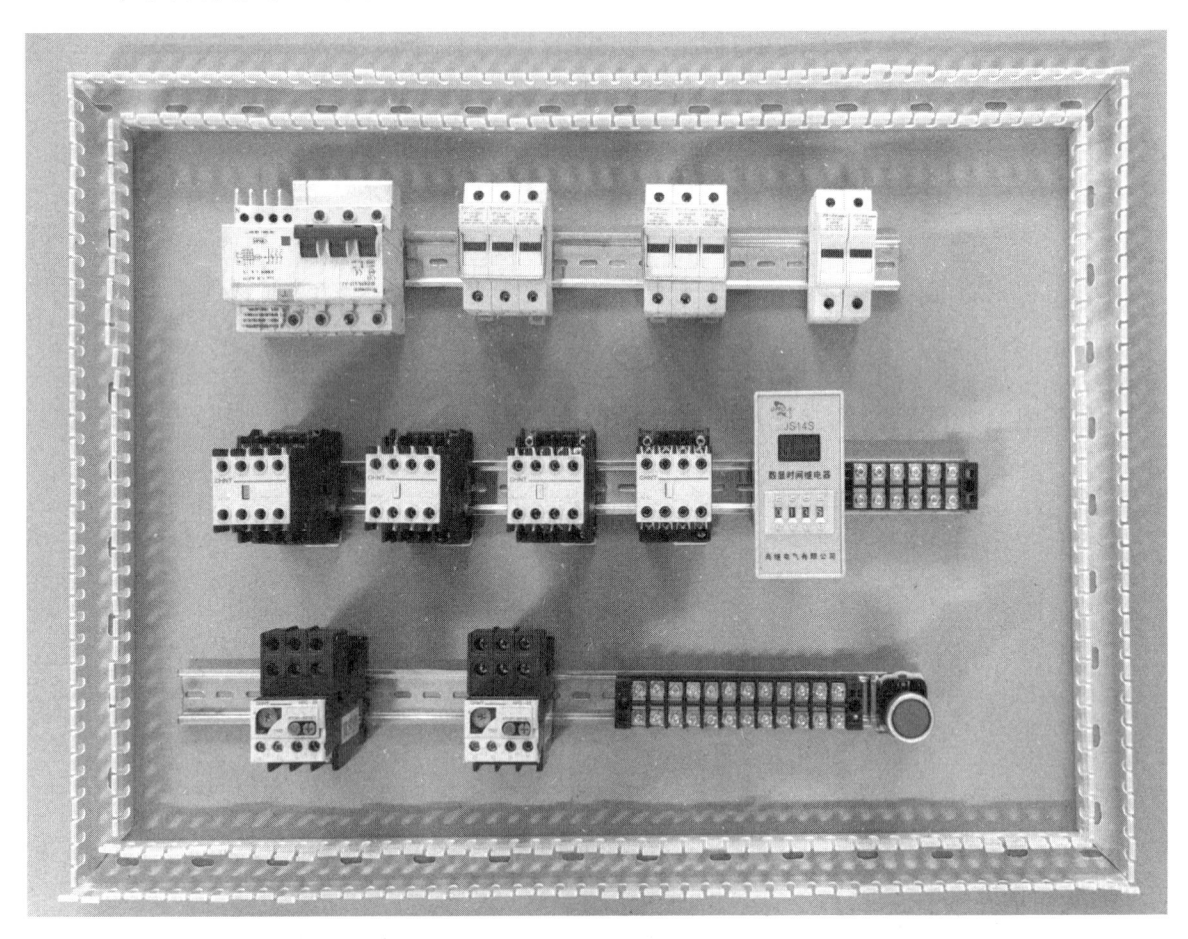

（5）电路安装完成后，要进行检测，确认没有故障后，才能通电测试电路功能。

用万用表对控制电路和主电路进行检测，判断是否存在故障。

检测对象	万用表挡位	操作	测量值（Ω）	是否正常	评分
控制电路，0-1 电阻		按下 SB			
主电路，5-6 电阻		推下 KM			
主电路，5-8 电阻		推下 KM			
主电路，6-8 电阻		推下 KM			

四、实训评价

1. 填写实训评价表

实训评价表

实训项目_____　　实训日期_____

班　级_____　姓　名_____　学　号_____　组　别_____

任务环节	配分（分）	评价标准	自评	组评	师评
器件选择	5	电气元件类型、规格、数量。少选或错选一个扣2分			
装前检查	5	电气元件质量检测，包括外观、规格、技术参数是否符合要求，漏检或错检每处扣1分			
安装布线	35	电器安装位置是否合理和符合工艺要求（10分）；布线正确、整齐、美观（15分）；接点无松动、露铜不过长（10分）			
检测分析	15	思路清晰、故障范围判断准确，能够排除故障			
完成时间	5	在规定时间内完成			
通电试车	15	试车是否成功、是否烧坏熔断器			
安全生产	10	符合安全文明生产规程、6S管理规范			
反思小结	10	实训的要点和反思			
小计					
实训总分					

2. 完成实训心得体会（反思小结）

实训完成的要点（步骤）有哪些	
在实训过程中遇到了什么问题？如何解决的	
写下实训心得体会	

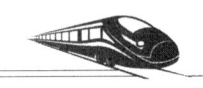

技能实训 7.2　三相异步电动机连续运行控制电路安装与调试

一、实训目的

（1）能够正确安装和检修三相异步电动机连续运行控制电路。

（2）熟悉电动机控制电路基本安装步骤和工艺要求。

二、实训器材

本实训需要用到实训板、电气元件、万用表、剥线钳、螺丝刀等材料和工具，请在下表中列出。

序号	名称	规格、型号	数量	说明

三、实训内容与步骤

1. 实训内容

三相异步电动机连续运行控制电路安装与检查。参照图 7.2.1 完成三相异步电动机连续运行控制电路的安装，并调试如下功能：

（1）按下启动按钮 SB1，电动机运行。

（2）按下停止按钮 SB2，电动机停止。

2. 实训步骤

（1）请在下图中填入电气元件的名称。

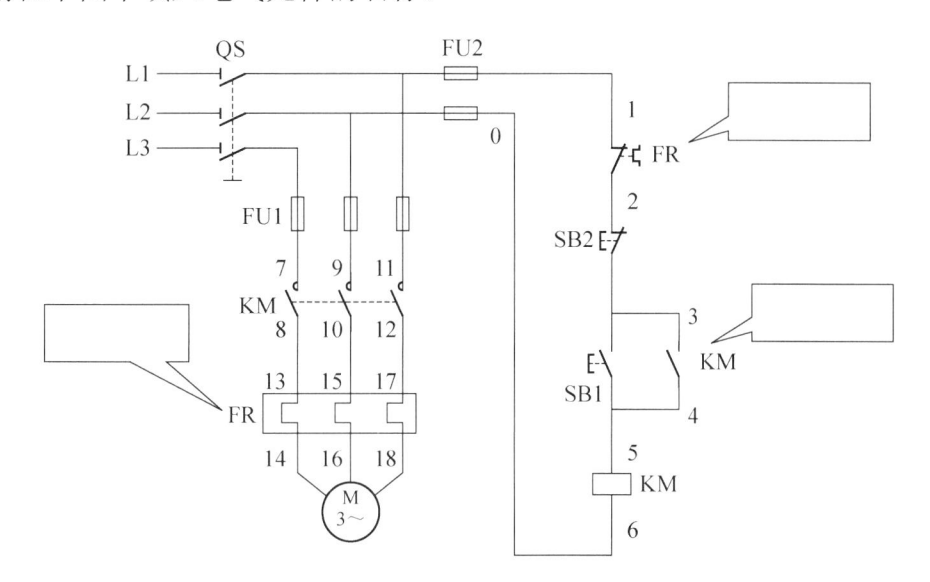

（2）在电气元件实物图上完成连线（模拟连线）。

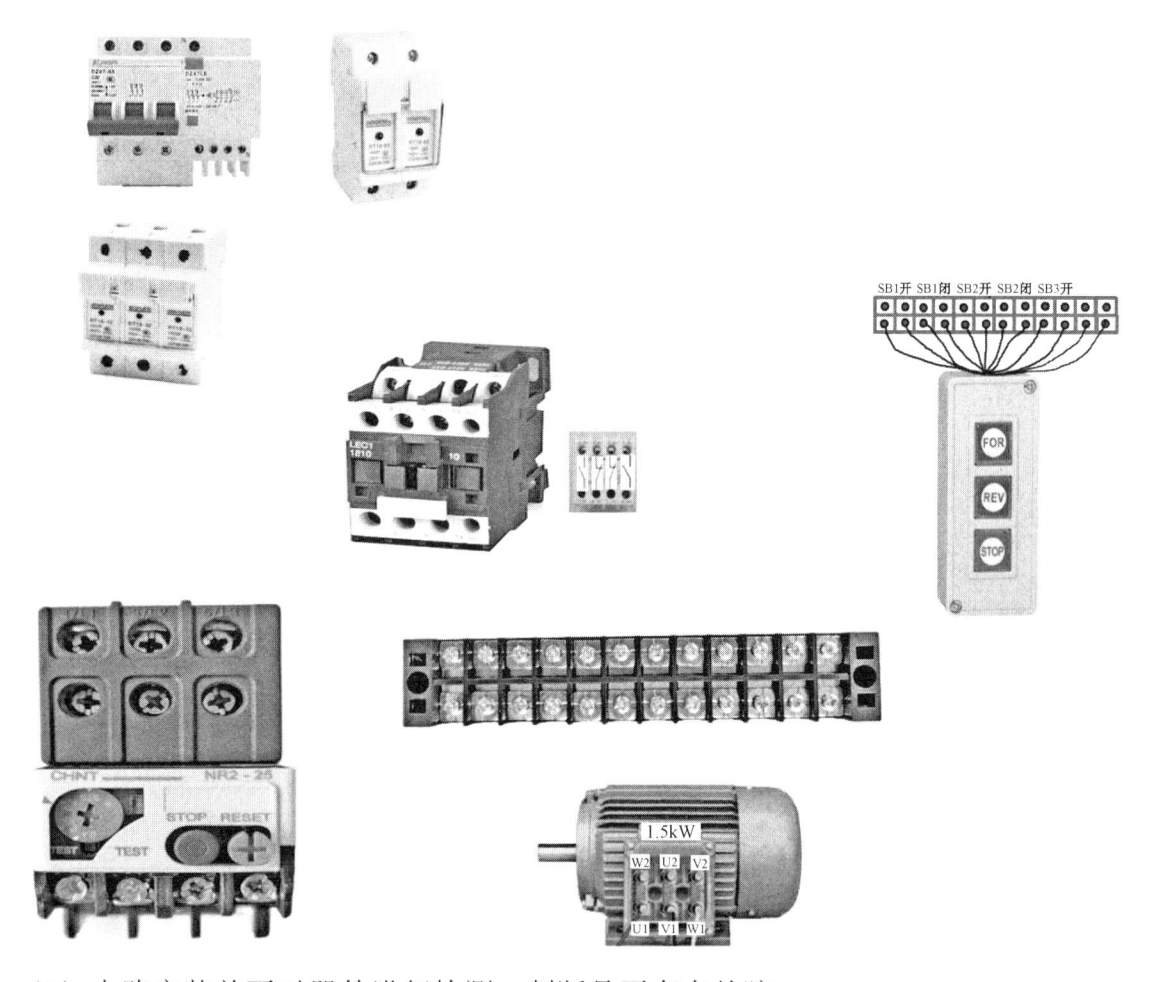

（3）电路安装前要对器件进行检测，判断是否存在故障。

用万用表对热继电器 FR 进行检测，判断是否存在故障。

检测对象	万用表挡位	测量值（Ω）	是否有故障	判断的依据	评分
测量 13-14 电阻					
测量 15-16 电阻					
测量 17-18 电阻					
测量 1-2 电阻					

用万用表对交流接触器 KM 进行检测，判断是否存在故障。

检测对象	万用表挡位	测量值（Ω）	是否有故障	判断的依据	评分
测量 3-4 电阻					
测量 7-8 电阻					
测量 9-10 电阻					
测量 11-12 电阻					

（4）在实训板上完成电路安装。

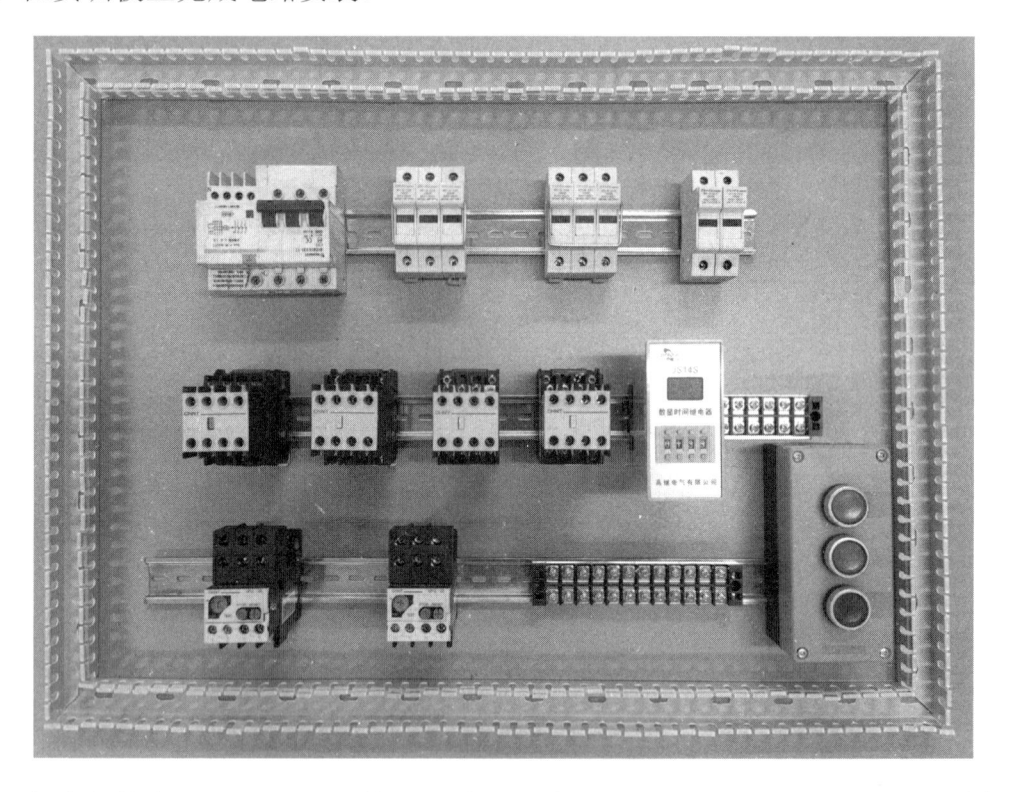

（5）电路安装完成后，要进行检测，确认没有故障后，才能通电测试电路功能。

用万用表对控制电路和主电路进行检测。

检测对象	万用表挡位	操作	测量值	是否正常	评分
控制电路，0-1 电阻		按下 SB1			
主电路，7-9 电阻		推下 KM			
主电路，7-11 电阻		推下 KM			
主电路，9-11 电阻		推下 KM			

四、实训评价

1. 填写实训评价表

实训评价表

实训项目_____ 实训日期_____
班 级_____ 姓 名_____ 学 号_____ 组 别_____

任务环节	配分（分）	评价标准	自评	互评	师评
器件选择	5	电气元件的类型、规格、数量。少选或错选一个扣2分			
装前检查	5	电气元件质量检测，包括外观、规格、技术参数是否符合要求，漏检或错检每处扣1分			
安装布线	35	电器安装位置是否合理和符合工艺要求（10分）；布线正确、整齐、美观（15分）；接点无松动、露铜不过长（10分）			
检测分析	15	思路清晰、故障范围判断准确，能够排除故障			
完成时间	5	在规定时间内完成			
通电试车	15	试车是否成功、是否烧坏熔断器			
安全生产	10	符合安全文明生产规程、6S管理规范			
反思小结	10	实训的要点和反思			
小计					
实训总分					

2. 完成实训心得体会（反思小结）

实训完成的要点（步骤）有哪些	
在实训过程中遇到了什么问题？如何解决的	
写下实训心得体会	

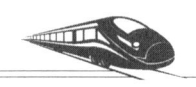

技能实训 7.3　三相异步电动机点动与连续运行控制电路安装与调试

一、实训目的

（1）能够正确安装和检修三相异步电动机点动与连续运行控制电路。
（2）熟悉电动机控制电路基本安装步骤和工艺要求。
（3）培养规范、安全操作的习惯。

二、实训器材

本实训需要用到实训板、电气元件、万用表、剥线钳、螺丝刀等材料和工具，请在下表中列出。

序号	名称	规格、型号	数量	说明

三、实训内容与步骤

1. 实训内容

三相异步电动机点动与连续运行控制电路安装与调试。参考图 7.3.1 完成三相异步电动机点动与连续运行控制电路的安装，并调试如下功能：

（1）按下启动按钮 SB1，电动机连续运行。
（2）按下复合按钮 SB2，电动机点动运行。
（3）按下停止按钮 SB3，电动机停止运行。

2. 实训步骤

（1）请在下图中填入电气元件的名称。

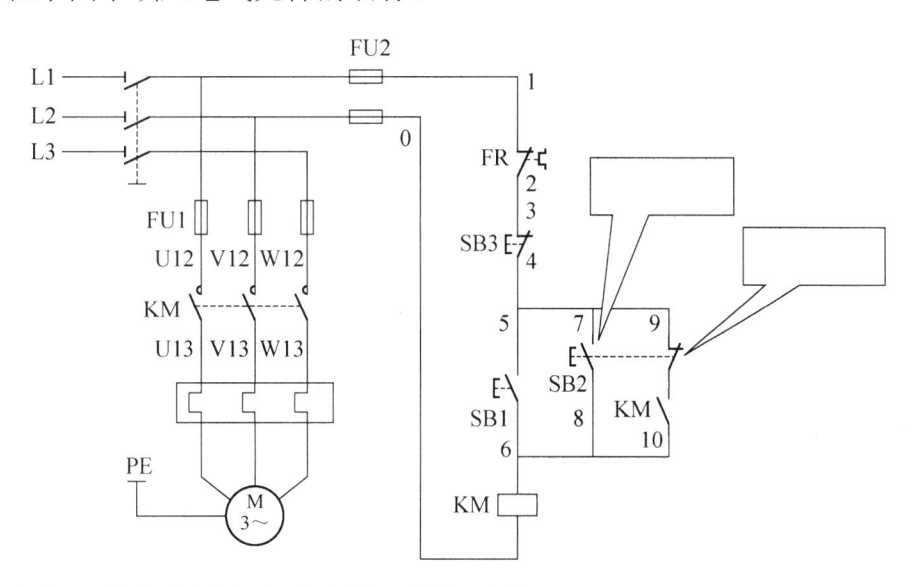

（2）在电气元件实物图上完成连线（模拟连线）。

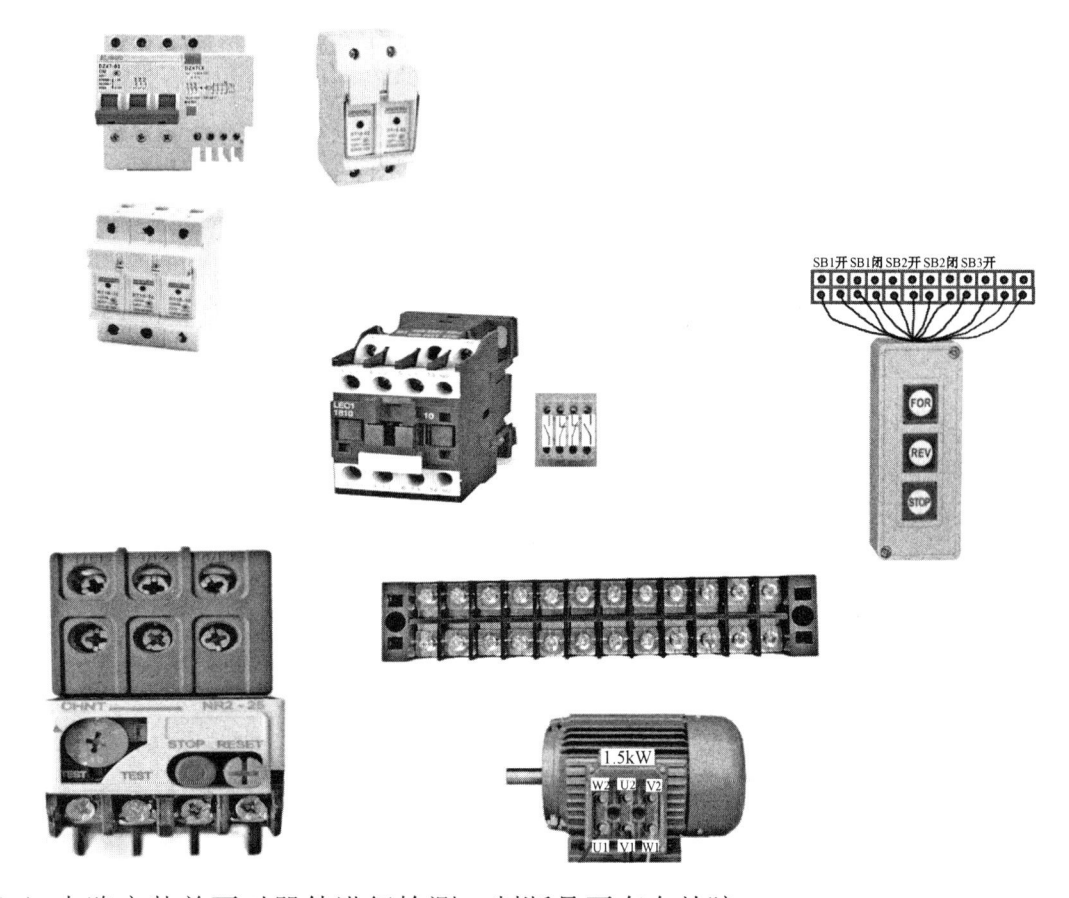

（3）电路安装前要对器件进行检测，判断是否存在故障。

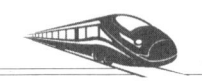

用万用表对按钮 SB2 进行检测，判断是否存在故障。

检测对象	万用表挡位	测量值（Ω）	做中思	是否有故障	评分
松开按钮时，7-8 电阻					
按下按钮时，7-8 电阻			按钮触点 7-8 和触点 9-10 的阻值存在什么关系		
松开按钮时，9-10 电阻					
按下按钮时，9-10 电阻					

（4）在实训板上完成电路安装。

（5）电路安装完成后，要进行检测，确认没有故障后，才能通电测试电路功能。

用万用表对控制电路和主电路进行检测，判断是否存在故障。

检测对象	万用表挡位	操作	测量值	是否正常	评分
控制电路，0-1 电阻		按下 SB1			
控制电路，0-1 电阻		按下 SB2			
控制电路，0-1 电阻		按下 SB1，同时推下 KM			
主电路，U12-V12 电阻		推下 KM			
主电路，U12-W12 电阻		推下 KM			
主电路，V12-W12 电阻		推下 KM			

四、实训评价

1. 填写实训评价表

实训评价表

实训项目_____ 实训日期_____

班　级_____ 姓　名_____ 学　号_____ 组　别_____

任务环节	配分（分）	评价标准	自评	互评	师评
器件选择	5	电气元件类型、规格、数量。少选或错选一个扣2分			
装前检查	5	电气元件质量检测，包括外观、规格、技术参数是否符合要求，漏检或错检每处扣1分			
安装布线	35	电器安装位置是否合理和符合工艺要求（10分）；布线正确、整齐、美观（15分）；接点无松动、露铜不过长（10分）			
检测分析	15	思路清晰、故障范围判断准确，能够排除故障			
完成时间	5	在规定时间内完成			
通电试车	15	试车是否成功、是否烧坏熔断器			
安全生产	10	符合安全文明生产规程、6S管理规范			
反思小结	10	实训的要点和反思			
小计					
实训总分					

2. 完成实训心得体会（反思小结）

实训完成的要点（步骤）有哪些	
在实训过程中遇到了什么问题？如何解决的	
写下实训心得体会	

技能实训 8

三相异步电动机正反转控制电路安装与调试

技能实训 8.1　接触器联锁的正反转控制电路安装与调试

一、实训目的

（1）能够正确安装和检测三相异步电动机接触器联锁的正反转控制电路。

（2）熟悉三相异步电动机控制电路基本安装步骤和工艺要求。

（3）培养规范、安全操作的习惯。

二、实训器材

本实训需要用到实训板、电气元件、万用表、剥线钳、螺丝刀等材料和工具，请在下表中列出。

序号	名称	规格、型号	数量	说明

三、实训内容与步骤

1. 实训内容

三相异步电动机接触器联锁的正反转控制电路安装与调试。参考图 8.1.3 完成三相异步电动机接触器联锁的正反转控制电路的安装，并调试如下功能：

（1）按下正转启动按钮 SB1，电动机正转运行。

（2）按下停止按钮 SB3，电动机正转停止运行。

（3）按下反转启动按钮 SB2，电动机反转运行。

（4）按下停止按钮 SB3，电动机反转停止运行。

2. 实训步骤

（1）请在下图中填入电气元件的名称。

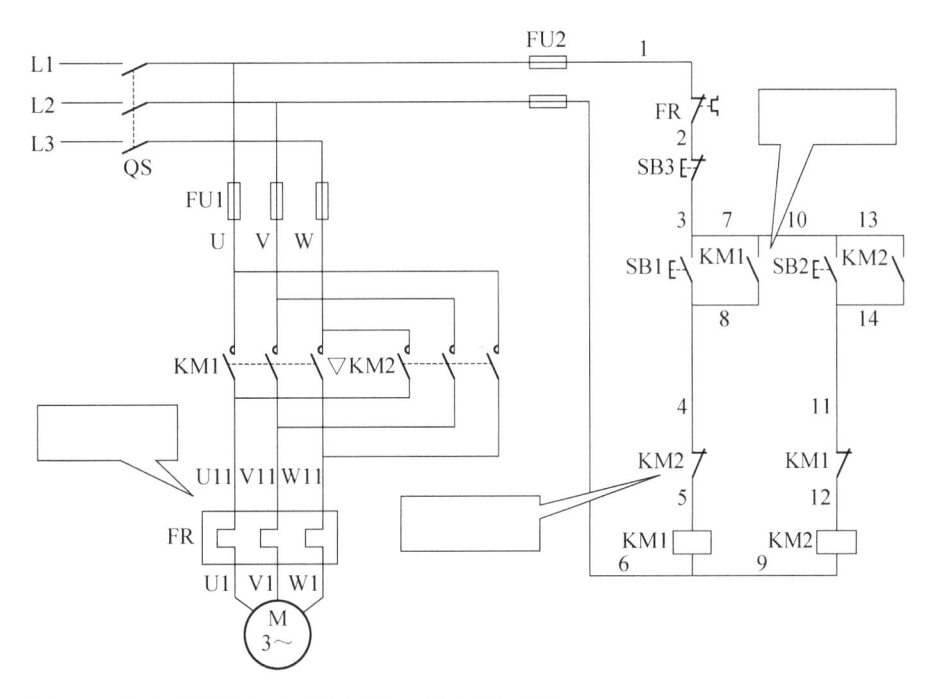

（2）在电气元件实物图上完成连线（模拟连线）。

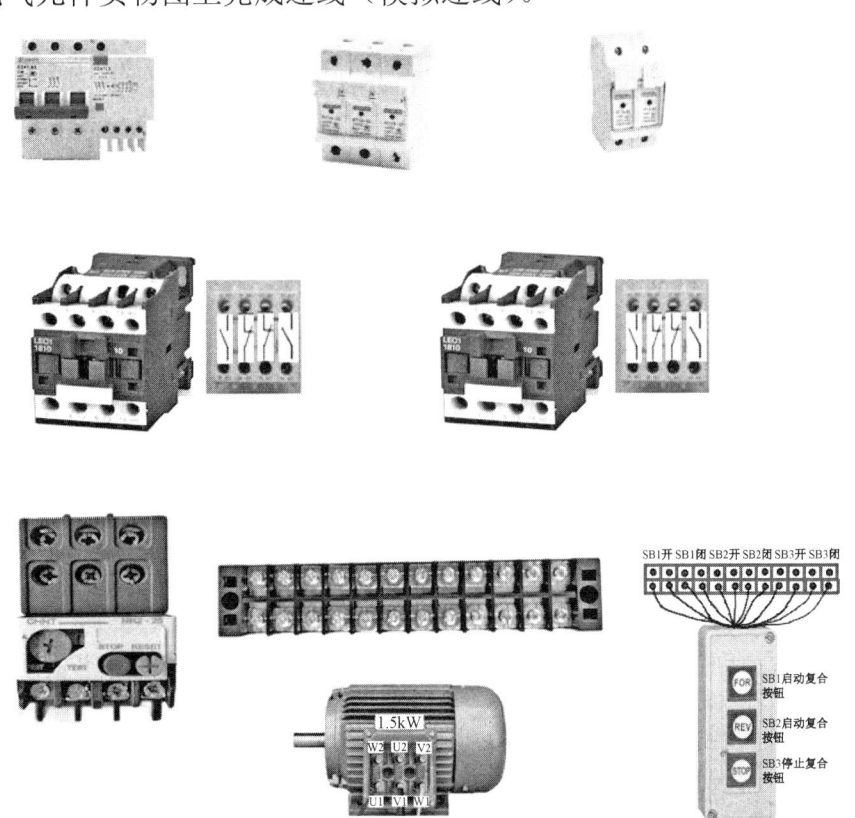

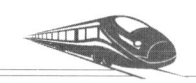

(3) 电路安装前，要对器件进行检测，判断是否存在故障。

用万用表对交流接触器 KM1、KM2 进行检测，判断是否存在故障。

检测对象		万用表挡位	测量值	是否有故障	判断依据	评分
KM1	主触点 1-2 电阻					
	主触点 3-4 电阻					
	主触点 5-6 电阻					
	辅助触点 NO 电阻					
	辅助触点 NC 电阻					
KM2	主触点 1-2 电阻					
	主触点 3-4 电阻					
	主触点 5-6 电阻					
	辅助触点 NO 电阻					
	辅助触点 NC 电阻					

(4) 在实训板完成电路安装。

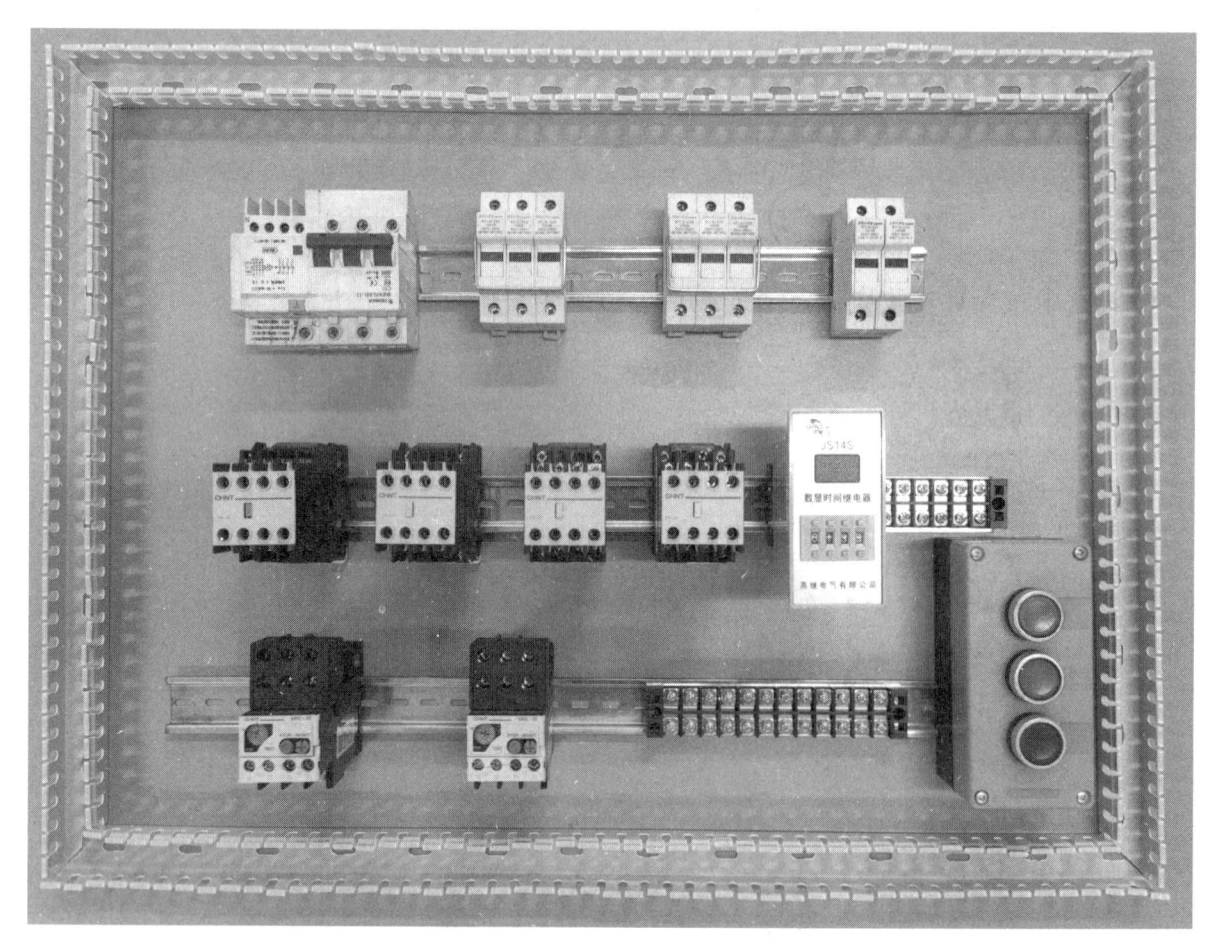

(5) 电路安装完成后，要进行检测，确认没有故障后，才能通电测试电路功能。

先接好 1-8，用万用表对控制电路进行检测，判断是否存在故障。

检测对象	万用表挡位	操作	测量值	是否正常	评分
1-6 电阻		无			
1-6 电阻		按下 SB1			
1-6 电阻		按下 SB1，同时按下 SB3			
1-6 电阻		推下 KM1			
1-6 电阻		推下 KM1，同时按下 SB3			
1-6 电阻		推下 KM1，同时推下 KM2			

接好 9-14，用万用表对控制电路进行检测，判断是否存在故障。

检测对象	万用表挡位	操作	测量值	是否正常	评分
1-6 电阻		无			
1-6 电阻		按下 SB2			
1-6 电阻		按下 SB2，同时按下 SB3			
1-6 电阻		推下 KM2			
1-6 电阻		推下 KM2，同时按下 SB3			
1-6 电阻		推下 KM1，同时推下 KM2			

完成主电路接线，用万用表对主电路进行检测，判断是否存在故障。

检测对象	万用表挡位	操作	测量值	是否正常	评分
U-V 电阻		无			
U-W 电阻		无			
V-W 电阻		无			
U-V 电阻		推下 KM1			
U-W 电阻		推下 KM1			
V-W 电阻		推下 KM1			
U-V 电阻		推下 KM2			
U-W 电阻		推下 KM2			
V-W 电阻		推下 KM2			

四、实训评价

1. 填写实训评价表

实训评价表

实训项目_____　　　　实训日期_____
班　级_____　姓　名_____　学　号_____　组　别_____

任务环节	配分（分）	评价标准	自评	互评	师评
器件选择	5	电气元件类型、规格、数量。少选或错选一个扣 2 分			
装前检查	5	电气元件质量检测，包括外观、规格、技术参数是否符合要求，漏检或错检每处扣 1 分			

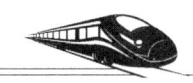

续表

任务环节	配分（分）	评价标准	自评	互评	师评
安装布线	35	电器安装位置是否合理和符合工艺要求（10分）；布线正确、整齐、美观（15分）；接点无松动、露铜不过长（10分）			
检测分析	15	思路清晰、故障范围判断准确，能够排除故障			
完成时间	5	在规定时间内完成			
通电试车	15	试车是否成功、是否烧坏熔断器			
安全生产	10	符合安全文明生产规程、6S管理规范			
反思小结	10	实训的要点和反思			
		小计			
		实训总分			

2. 完成实训心得体会（反思小结）

实训任务完成的要点（步骤）有哪些	
在实训过程中遇到了什么问题？如何解决的	
写下实训心得体会	

技能实训 8.2　按钮联锁的正反转控制电路安装与调试

一、实训目的

（1）能够正确安装和检测三相异步电动机按钮联锁的正反转控制电路。

（2）熟悉三相异步电动机控制电路基本安装步骤和工艺要求。

（3）培养规范、安全操作的习惯。

二、实训器材

本实训需要用到实训板、电气元件、万用表、剥线钳、螺丝刀等材料和工具，请在下表中列出。

序号	名称	规格、型号	数量	说明

三、实训内容与步骤

1. 实训内容

三相异步电动机按钮联锁的正反转控制电路安装与调试。参照图 8.2.1 完成三相异步电动机按钮联锁的正反转控制电路的安装，并调试如下功能：

（1）按下正转启动按钮 SB1，电动机正转运行。

（2）按下反转启动按钮 SB2，电动机正转停止，反转运行。

（3）按下停止按钮 SB3，电动机停止运行。

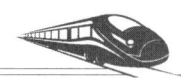

2. 实训步骤

（1）请在下图中填入电气元件的名称。

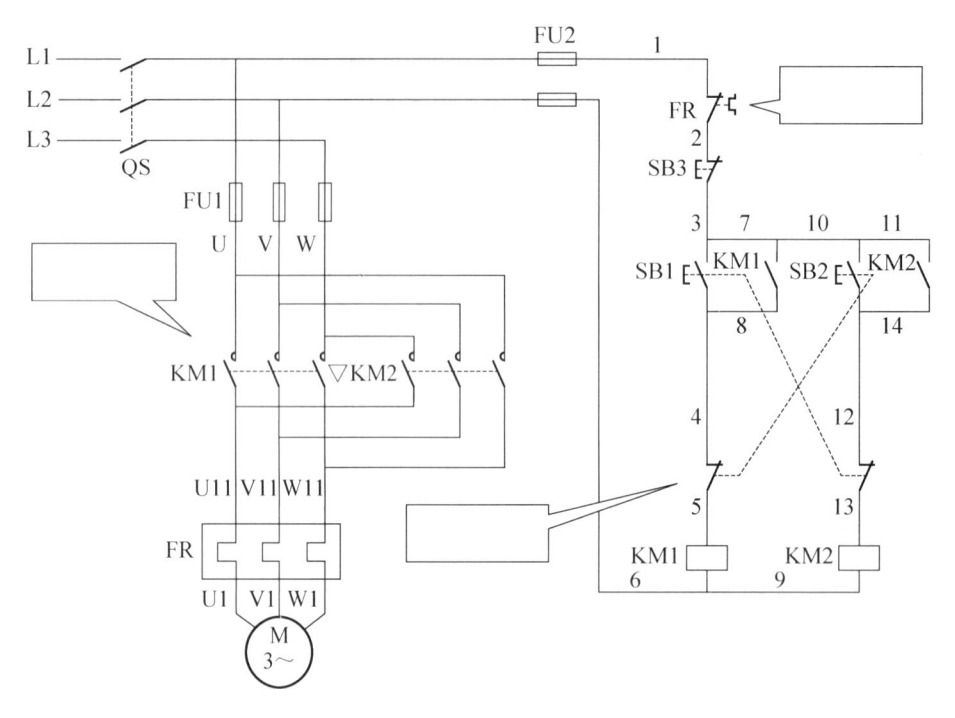

（2）在电气元件实物图上完成连线（模拟连线）。

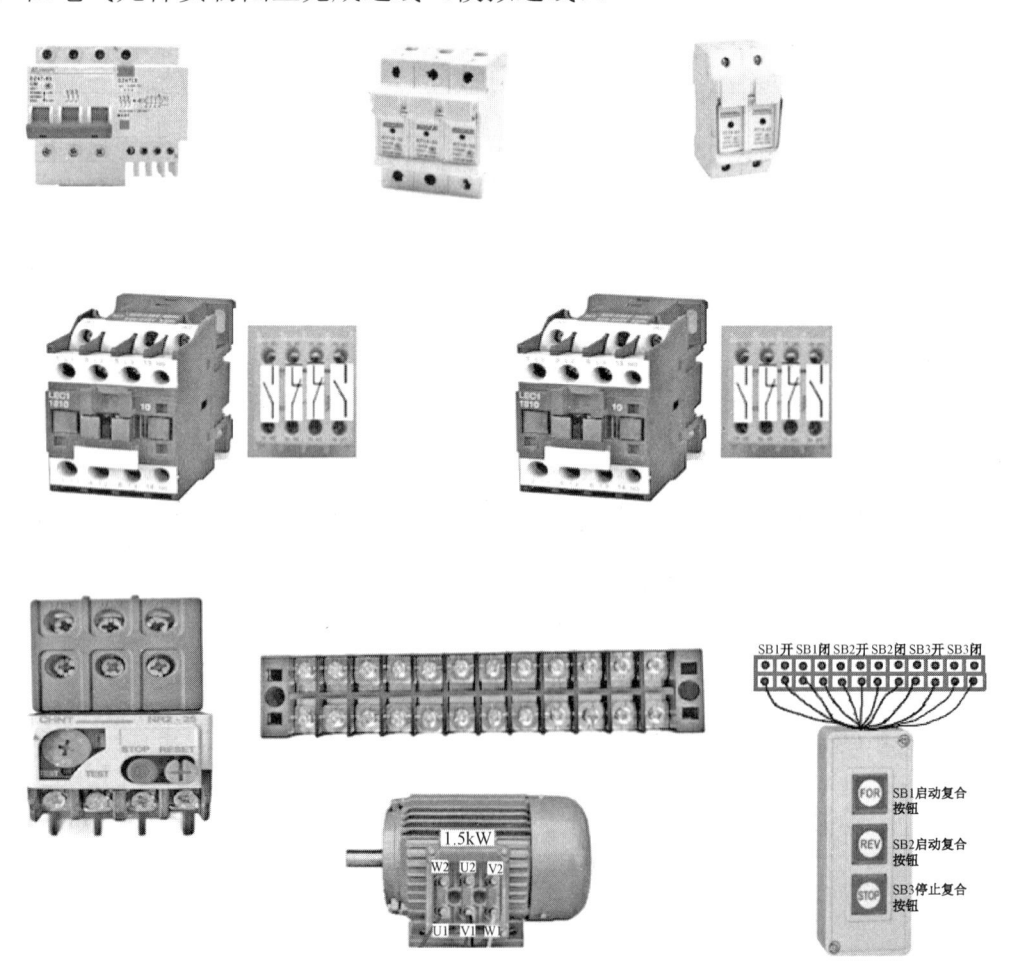

（3）电路安装前，要对器件进行检测，判断是否存在故障。

检测对象	万用表挡位	测量值	是否有故障	判断的依据	评分
SB1 常开触点					
SB1 常闭触点					
SB2 常开触点					
SB2 常闭触点					
SB3 常闭触点					

（4）在实训板上完成电路安装。

（5）电路安装完成后，要进行检测，确认没有故障后，才能通电测试电路功能。

先接好 1-8，用万用表对控制电路进行检测，判断是否存在故障。

检测对象	万用表挡位	操作	测量值	是否正常	评分
1-6 电阻		无			
1-6 电阻		按下 SB1			
1-6 电阻		按下 SB1，同时按下 SB3			
1-6 电阻		推下 KM1			
1-6 电阻		推下 KM1，同时按下 SB3			
1-6 电阻		推下 KM1，同时按下 SB2			

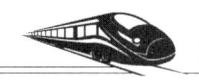

接好 9-14，用万用表对控制电路进行检测，判断是否存在故障。

检测对象	万用表挡位	操作	测量值	是否正常	评分
1-6 电阻		无			
1-6 电阻		按下 SB2			
1-6 电阻		按下 SB2，同时按下 SB3			
1-6 电阻		推下 KM2			
1-6 电阻		推下 KM2，同时按下 SB3			
1-6 电阻		按下 SB1，同时按下 SB2			

完成主电路接线，用万用表对主电路进行检测，判断是否存在故障。

检测对象	万用表挡位	操作	测量值	是否正常	评分
U-V 电阻		无			
U-W 电阻		无			
V-W 电阻		无			
U-V 电阻		推下 KM1			
U-W 电阻		推下 KM1			
V-W 电阻		推下 KM1			
U-V 电阻		推下 KM2			
U-W 电阻		推下 KM2			
V-W 电阻		推下 KM2			

四、实训评价

1. 填写实训评价表

实训评价表

实训项目_____ 实训日期_____

班 级_____ 姓 名_____ 学 号_____ 组 别_____

任务环节	配分（分）	评价标准	自评	互评	师评
器件选择	5	电气元件类型、规格、数量。少选或错选一个扣2分			
装前检查	5	电气元件质量检测，包括外观、规格、技术参数是否符合要求，漏检或错检每处扣1分			
安装布线	35	电器安装位置是否合理和符合工艺要求（10分）；布线正确、整齐、美观（15分）；接点无松动、露铜不过长（10分）			
检测分析	15	思路清晰、故障范围判断准确，能够排除故障			
完成时间	5	在规定时间内完成			
通电试车	15	试车是否成功、是否烧坏熔断器			
安全生产	10	符合安全文明生产规程、6S 管理规范			
反思小结	10	实训的要点和反思			
小计					
实训总分					

2. 完成实训心得体会（反思小结）

实训任务完成的要点（步骤）有哪些	
在实训过程中遇到了什么问题？如何解决的	
写下实训心得体会	

技能实训 8.3　双重联锁的正反转控制电路安装与调试

一、实训目的

（1）能够正确安装和检测三相异步电动机双重联锁的正反转控制电路。

（2）熟悉三相异步电动机控制电路基本安装步骤和工艺要求。

（3）培养规范、安全操作的习惯。

二、实训器材

本实训需要用到实训板、电气元件、万用表、剥线钳、螺丝刀等材料和工具，请在下表中列出。

序号	名称	规格、型号	数量	说明

三、实训内容与步骤

1. 实训内容

三相异步电动机双重联锁的正反转控制电路安装与调试。参考图 8.3.1 完成三相异步电动机双重联锁的正反转控制电路的安装，并调试如下功能：

（1）按下正转启动按钮 SB1，电动机正转运行。

（2）按下反转启动按钮 SB2，电动机正转停止，反转运行。

（3）按下正转启动按钮 SB1，电动机反转停止，正转运行。

（4）按下停止按钮 SB3，电动机停止运行。

2. 实训步骤

（1）请在下图中填入电气元件的名称。

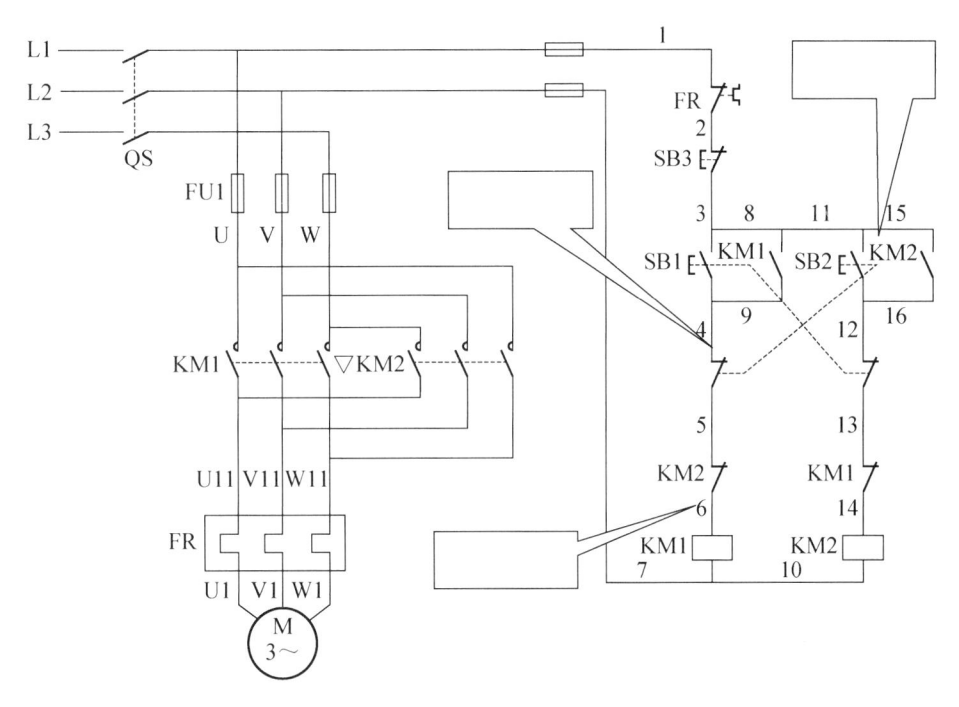

（2）在电气元件实物图上完成连线（模拟连线）。

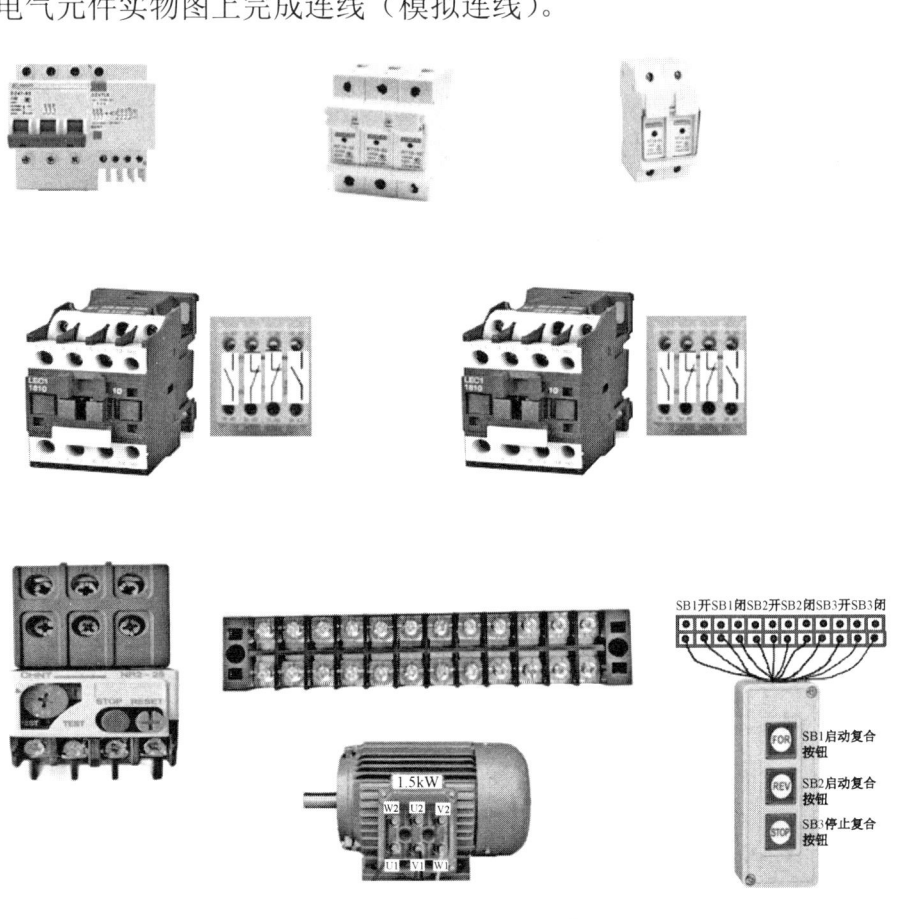

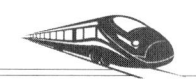

（3）电路安装前，要对器件进行检测，判断是否存在故障。

用万用表对热继电器进行检测，判断是否存在故障。

检测对象	万用表挡位	测量值	是否有故障	判断依据	评分
主触点 1-2 电阻					
主触点 3-4 电阻					
主触点 5-6 电阻					
辅助触点 NO 电阻					
辅助触点 NC 电阻					

用万用表对按钮进行检测，判断是否存在故障，检测做法参照下表。

检测对象	万用表挡位	测量值	是否有故障	判断的依据	评分
SB1 常开触点					
SB1 常闭触点					
SB2 常开触点					
SB2 常闭触点					
SB3 常闭触点					

（4）在实训板上完成电路安装。

（5）电路安装完成后，要进行检测，确认没有故障后，才能通电测试电路功能。

先接好 1-9，用万用表对控制电路进行检测，判断是否存在故障。

检测对象	万用表挡位	操作	测量值	是否正常	评分
1-7 电阻		无			
1-7 电阻		按下 SB1			
1-7 电阻		按下 SB1，同时按下 SB3			
1-7 电阻		按下 SB1，同时按下 SB2			
1-7 电阻		按下 SB1，同时推下 KM2			
1-7 电阻		推下 KM1			
1-7 电阻		推下 KM1，同时按下 SB3			
1-7 电阻		推下 KM1，同时按下 SB2			
1-7 电阻		推下 KM1，同时推下 KM2			

接好 10-16，用万用表对控制电路进行检测，判断是否存在故障。

检测对象	万用表挡位	操作	测量值	是否正常	评分
1-7 电阻		无			
1-7 电阻		按下 SB2			
1-7 电阻		按下 SB2，同时按下 SB3			
1-7 电阻		按下 SB2，同时推下 KM1			
1-7 电阻		推下 KM2			
1-7 电阻		推下 KM2，同时按下 SB3			
1-7 电阻		按下 SB1，同时按下 SB2			

完成主电路接线，用万用表对主电路进行检测，判断是否存在故障。

检测对象	万用表挡位	操作	测量值	是否正常	评分
U-V 电阻		无			
U-W 电阻		无			
V-W 电阻		无			
U-V 电阻		推下 KM1			
U-W 电阻		推下 KM1			
V-W 电阻		推下 KM1			
U-V 电阻		推下 KM2			
U-W 电阻		推下 KM2			
V-W 电阻		推下 KM2			

四、实训评价

1. 填写实训评价表

实训评价表

实训项目_____　　　　实训日期_____

班　级_____　姓　名_____　学　号_____　组　别_____

任务环节	配分（分）	评价标准	自评	互评	师评
器件选择	5	电气元件类型、规格、数量。少选或错选一个扣2分			
装前检查	5	电气元件质量检测，包括外观、规格、技术参数是否符合要求，漏检或错检每处扣1分			
安装布线	35	电器安装位置是否合理和符合工艺要求（10分）；布线正确、整齐、美观（15分）；接点无松动、露铜不过长（10分）			
检测分析	15	思路清晰、故障范围判断准确，能够排除故障			
完成时间	5	在规定时间内完成			
通电试车	15	试车是否成功、是否烧坏熔断器			
安全生产	10	符合安全文明生产规程、6S管理规范			
反思小结	10	实训的要点和反思			
小计					
实训总分					

2. 完成实训心得体会（反思小结）

实训任务完成的要点（步骤）有哪些	
在实训过程中遇到了什么问题？如何解决的	
写下实训心得体会	

技能实训 9

三相异步电动机顺序启动逆序停止控制电路安装与调试

技能实训 9.1　三相异步电动机顺序启动控制电路安装与调试

一、实训目的

（1）能够正确安装和检修三相异步电动机顺序启动控制电路。
（2）熟悉电动机控制电路基本安装步骤和工艺要求。

二、实训器件

本实训需要用到实训板、电气元件、万用表、剥线钳、螺丝刀等材料和工具，请在下表中列出。

序号	名称	规格、型号	数量	说明

三、实训内容与步骤

1. 实训内容

三相异步电动机顺序启动控制电路安装与检查。参考图 9.1.1 完成电动机顺序启动控制电路的安装，并调试如下功能。

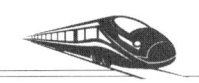

（1）按下启动按钮 SB2，电动机 M1 运行一段时间后电动机 M2 运行。

（2）按下停止按钮 SB1，电动机 M1 和 M2 停止。

2. 实训步骤

（1）请在下图中填入电气元件的名称。

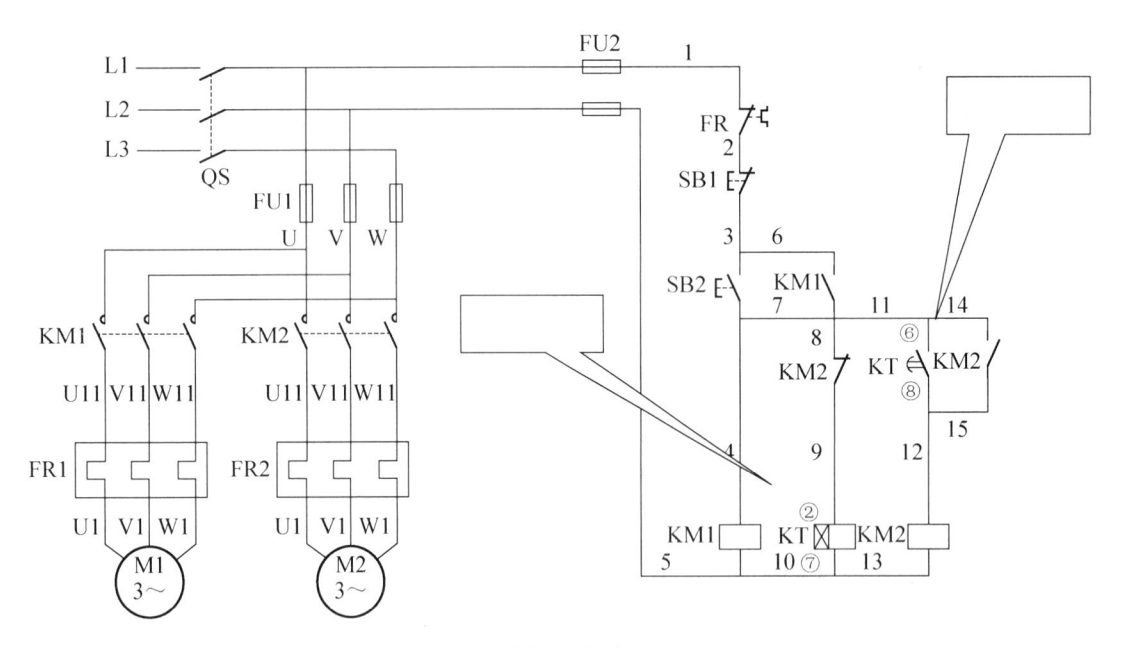

（2）在电气元件实物图上完成连线（模拟连线）。

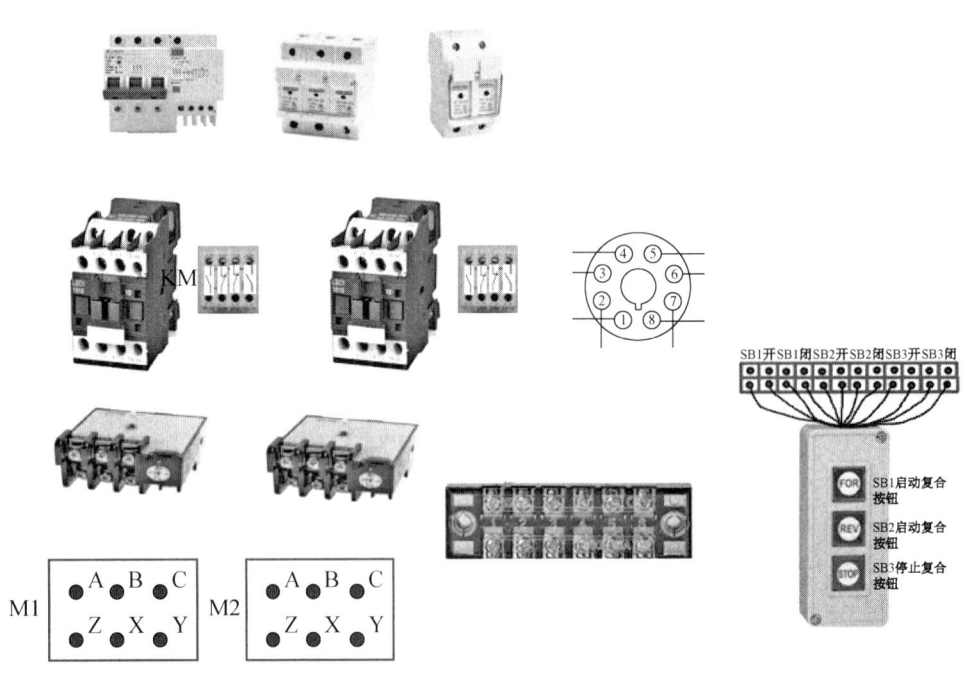

（3）电路安装前，要对器件进行检测，判断是否存在故障。

用万用表对时间继电器 KT 进行检测，判断是否存在故障。

检测对象	万用表挡位	测量值（Ω）	是否有故障	判断的依据	评分
KT 线圈的电阻（2-7）端口					

续表

检测对象	万用表挡位	测量值（Ω）	是否有故障	判断的依据	评分
KT 延时闭合触点电阻（6-8）端口					
KT 延时断开触点电阻（5-8）端口					

（4）在实训板上完成电路安装。

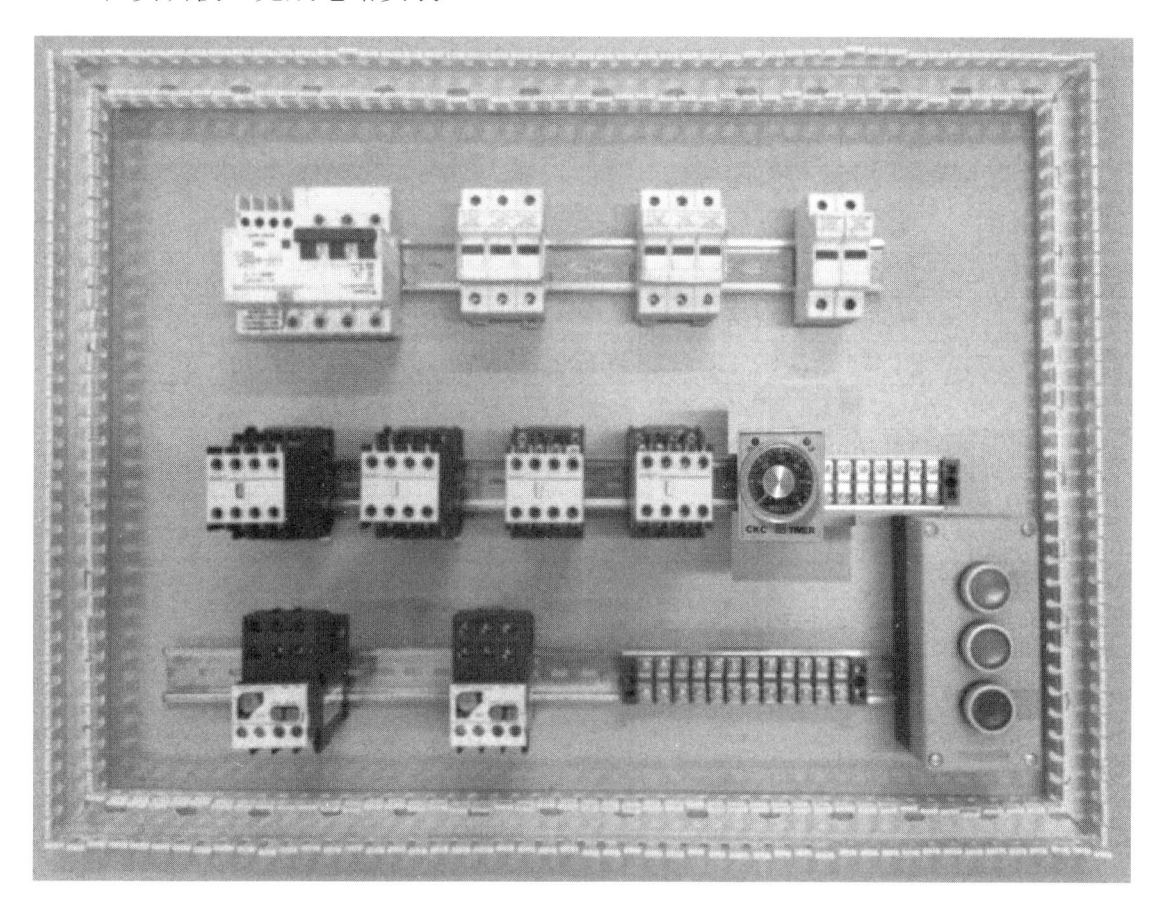

（5）电路安装完成后，要进行检测，确认没有短路后，才能通电测试电路功能。

用万用表对控制电路和主电路进行检测，判断是否存在故障。

检测对象	万用表挡位	操作	测量值（Ω）	是否正常	评分
控制电路，FU2 两出线端的电阻		按下 SB2			
控制电路，FU2 两出线端的电阻		同时按下 SB1 和 SB2			
主电路，U1-V1 电阻		分别推下 KM1、KM2			
主电路，U1-W1 电阻		分别推下 KM1、KM2			
主电路，V1-W1 电阻		分别推下 KM1、KM2			

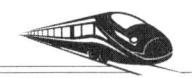

四、实训评价

1. 填写实训评价表

实训评价表

实训项目_____　　　　实训日期_____

班　级_____　姓　名_____　学　号_____　组　别_____

任务环节	配分（分）	评价标准	自评	组评	师评
器件选择	5	电气元件类型、规格、数量。少选或错选一个扣2分			
装前检查	5	电气元件质量检测，包括外观、规格、技术参数是否符合要求，漏检或错检每处扣1分			
安装布线	35	电器安装位置是否合理和符合工艺要求（10分）；布线正确、整齐、美观（15分）；接点无松动、露铜不过长（10分）			
检测分析	15	思路清晰、故障范围判断准确，能够排除故障			
完成时间	5	在规定时间内完成			
通电试车	15	试车是否成功、是否烧坏熔断器			
安全生产	10	符合安全文明生产规程、6S管理规范			
反思小结	10	实训的要点和反思			
		小计			
		实训总分			

2. 完成实训心得体会（反思小结）

实训完成的要点（步骤）有哪些	
在实训过程中遇到了什么问题？如何解决的	
写下实训心得体会	

技能实训 9.2 三相异步电动机顺序启动逆序停止控制电路安装与调试

一、实训目的

（1）掌握电动机顺序启动逆序停止控制电路的安装方法。

（2）掌握电路故障的排除方法。

二、实训器材

本实训需要用到的电工安装工具、万用表及器材，请在下表中列出。

序号	代号	名称	型号、规格	数量	检测结果（性能良好打"√"）

三、实训内容与步骤

（1）识读电路原理图（见图 9.1），明确元件及其作用，熟悉电路工作原理。

（2）清点元件并检查元件好坏，对性能良好的元件，在实训器材表中对应栏内打"√"。

（3）三相异步电动机顺序启动逆序停止控制电路的安装。

① 按图 9.2 进行控制电路的安装。

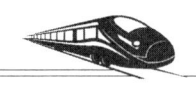

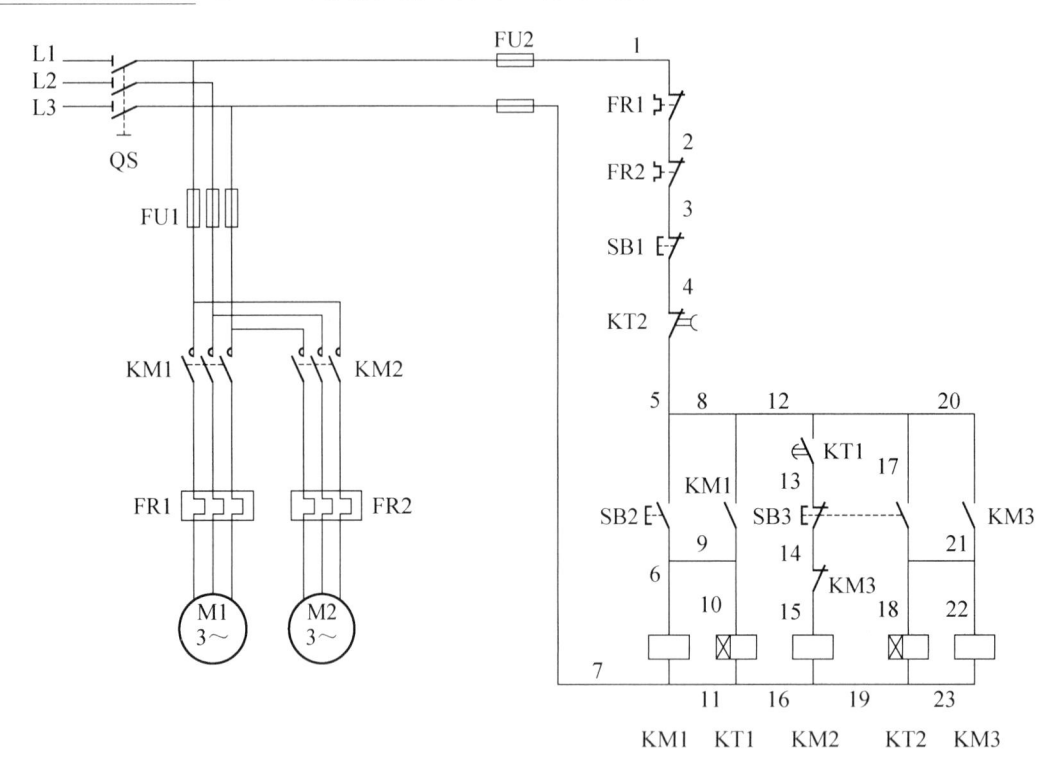

图 9.1　电动机顺序启动逆序停止控制电路原理图

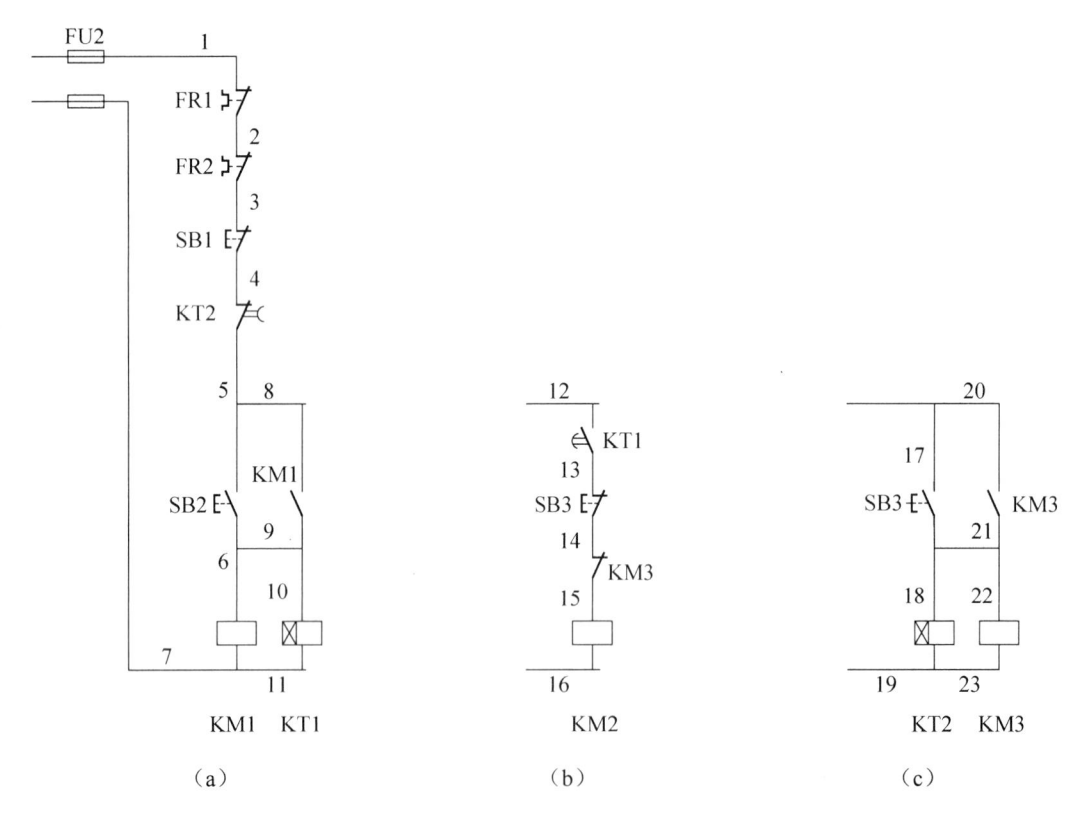

图 9.2　电动机顺序启动逆序停止控制电路分解图

控制电路安装分三步，第一步如图 9.2（a）所示，安装 KM1 和 KT1 控制电路（1～11 号线）。安装完毕后，用万用表检测 FU2 输出端电阻 R_{1-7}，填入表 9.1 中，根据测量的阻值，判断电路安装是否正确。

表 9.1　KM1 控制电路和 KT1 控制电路部分检测表（1～11 号线）

序号	检测对象	万用表挡位	操作步骤	测量值	判断依据
1	$R_{1\text{-}7}$	R×100	按下 SB2	$R_{1\text{-}7}=$	1～7 号线连接正常否　A　正常（　）B　不正常（　）
2	$R_{1\text{-}7}$	R×100	推下 KM1	$R_{1\text{-}7}=$	8～11 号线连接正常否　A　正常（　）B　不正常（　）
3	$R_{1\text{-}7}$	R×100	按下 SB3	$R_{1\text{-}7}=$	电动机 1 停止功能　A　正常（　）B　不正常（　）

第一步（1～7 号线）接线安装正确后，第二步安装 KM2 控制电路（12～16 号线），安装完毕后，用万用表检测 FU2 输出端电阻 $R_{12\text{-}16}$，填入表 9.2 中，根据测量的阻值，判断电路安装是否正确。

表 9.2　KM2 控制电路部分检测表（12～16 号线）

序号	检测对象	万用表挡位	操作步骤	测量值	判断结果
1	$R_{12\text{-}16}$	R×100	直接测量	$R_{12\text{-}16}=$	12～16 号线正常否　A　正常（　）B　不正常（　）
2	$R_{12\text{-}16}$	R×100	短接时间继电器 KT1 ⑥和⑧脚	$R_{12\text{-}16}=$	12～16 号线正常否　A　正常（　）B　不正常（　）
3	$R_{12\text{-}16}$	R×100	按下 SB3	$R_{12\text{-}16}=$	12～16 号线正常否　A　正常（　）B　不正常（　）

第二步安装正常后，安装 KM3 控制电路部分（17～23 号线）。安装完毕后，用万用表检测 17 号线与 19 号线间的电阻 $R_{17\text{-}19}$，填入表 9.3 中，根据测量的阻值，判断电路安装是否正确。

表 9.3　KM1 控制电路和 KT1 控制电路部分检测表（17～23 号线）

序号	检测对象	万用表挡位	操作步骤	测量值	判断结果
1	$R_{17\text{-}19}$	R×100	按下 SB3	$R_{17\text{-}19}=$	17～19 号线正常否　A　正常（　）B　不正常（　）
2	$R_{17\text{-}19}$	R×100	松开 SB3	$R_{17\text{-}19}=$	17～19 号线正常否　A　正常（　）B　不正常（　）
3	$R_{17\text{-}19}$	R×100	推下 KM3	$R_{17\text{-}19}=$	17～19 号线正常否　A　正常（　）B　不正常（　）

以上控制电路部分经检测全部正常后，可以安装主电路。

② 主电路的安装。

根据原理图安装主电路时，每安装完一相需经检查无误后再安装下一相。安装完毕，初步测量是否存在匝间短路，用万用表检测 FU1 输出端 U—V—W 三相两两间的电阻，填入表 9.4 中，根据测量的阻值，判断主电路是否存在匝间短路。

表 9.4　主电路部分检测表

序号	检测对象	万用表挡位	操作步骤	测量值	判断结果
1	$R_{\text{U-V}}$	R×100	推下 KM1	$R_{\text{U-V}}=$	U-V 相正常否　A　正常（　）B　不正常（　）
2	$R_{\text{U-W}}$	R×100	推下 KM1	$R_{\text{U-W}}=$	U-W 相正常否　A　正常（　）B　不正常（　）
3	$R_{\text{V-W}}$	R×100	推下 KM1	$R_{\text{V-W}}=$	V-W 相正常否　A　正常（　）B　不正常（　）

续表

序号	检测对象	万用表挡位	操作步骤	测量值	判断结果
4	R_{U-V}	R×100	推下 KM2	$R_{U-V}=$	U-V 相正常否　A　正常（　）B　不正常（　）
5	R_{U-W}	R×100	推下 KM2	$R_{U-W}=$	U-W 相正常否　A　正常（　）B　不正常（　）
6	R_{V-W}	R×100	推下 KM2	$R_{V-W}=$	V-W 相正常否　A　正常（　）B　不正常（　）

③ 安装工艺要求。

对照电气原理图及接线图，检查所连接电路是否存在工艺及安全问题，把检查结果填入表9.5中。

表9.5　连接电路工艺及安全检查表

序号	检查内容	检查结果（是否符合要求，符合要求打√）
1	每根接线柱连接导线不超过2根	
2	连接导线是否全部入线槽	
3	导线与接线端子、接线柱接触是否良好	
4	导线与螺钉压接柱的连接是否符合工艺要求	
5	工位是否整洁，工具摆放是否整齐，符合要求	
6	动作是否规范，符合安全要求	

（4）故障排除。

以上各项检查无误后，通电试车，如还有故障，根据故障现象，用下述方法排除故障点。

① 用电压测量法来观察故障现象，主要观察电动机的运行情况、接触器的动作情况和电路的工作情况等。

② 根据故障现象，结合原理图，缩小故障范围，并在电路图上标出故障部位的最小范围。

③ 用前面讲的电阻测量法或电压检查法，迅速找出故障点，并排除故障，排除故障后通电试车，把排除故障的过程填入表9.6中。

表9.6　故障记录与排除

序号	故障现象	故障原因	解决方法	备注
1				
2				
3				

四、实训评价

1. 填写实训评价表

实训评价表

实训项目_____ 实训日期_____
班　级_____ 姓　名_____ 学　号_____ 组　别_____

	实训过程评价（50分）					实训结果评价（50分）				
		配分（分）	自评	互评	师评		配分（分）	自评	互评	师评
个人	技术能力	10				个人	电路功能	10			
	学习态度	10					接线工艺	10			
	安全文明生产	10					实训报告	20			
小组	团结互助	10				小组	完成情况	10			
	实训纪律	10					特别加分				
实训总分						教师签名				

2. 完成实训报告

三相异步电动机顺序启动逆序停止控制电路的安装与调试实训报告

班级		姓名		学号		组号		实训日期：___月___日
实训名称：								
（1）画出电路原理图。								

续表

（2）在实训板上完成电气线路安装，完成的主要步骤有哪些？
（3）在实训过程中遇到什么问题？如何解决的？
实训心得体会	

技能实训 10

三相异步电动机星三角降压启动、能耗制动控制电路安装与调试

技能实训 10.1　三相异步电动机星三角降压启动控制电路安装与调试

一、实训目的

（1）掌握三相异步电动机星三角降压启动控制电路的安装方法。

（2）掌握电路故障的排除方法。

二、实训器材

本实训需要用到实训板、万用表、剥线钳、螺丝刀等电工工具及常用的低压电器等，请在下表中列出。

序号	代号	名称	型号、规格	数量	检测结果（性能良好打"√"）

三、实训内容与步骤

1. 实训内容

三相异步电动机星三角降压启动控制电路原理图如图 10.1 所示，完成该电路的安装与调试，功能如下：

（1）按下启动按钮 SB2，交流接触器 KM1、KM2 线圈得电，KM1、KM2 主触点闭合，三相异步电动机接成星形接法启动；延迟一段时间后，交流接触器 KM2 线圈失电，交流接触器 KM1、KM3 线圈得电，KM1、KM3 主触点闭合，三相异步电动机接成三角形接法运行。

（2）按下停止按钮 SB1，交流接触器 KM1、KM3 线圈失电，交流接触器主触点断开，三相异步电动机停止运行。

2. 实训步骤

（1）识读电路图，明确元件及其作用，熟悉电路工作原理，原理图如图 10.1 所示。

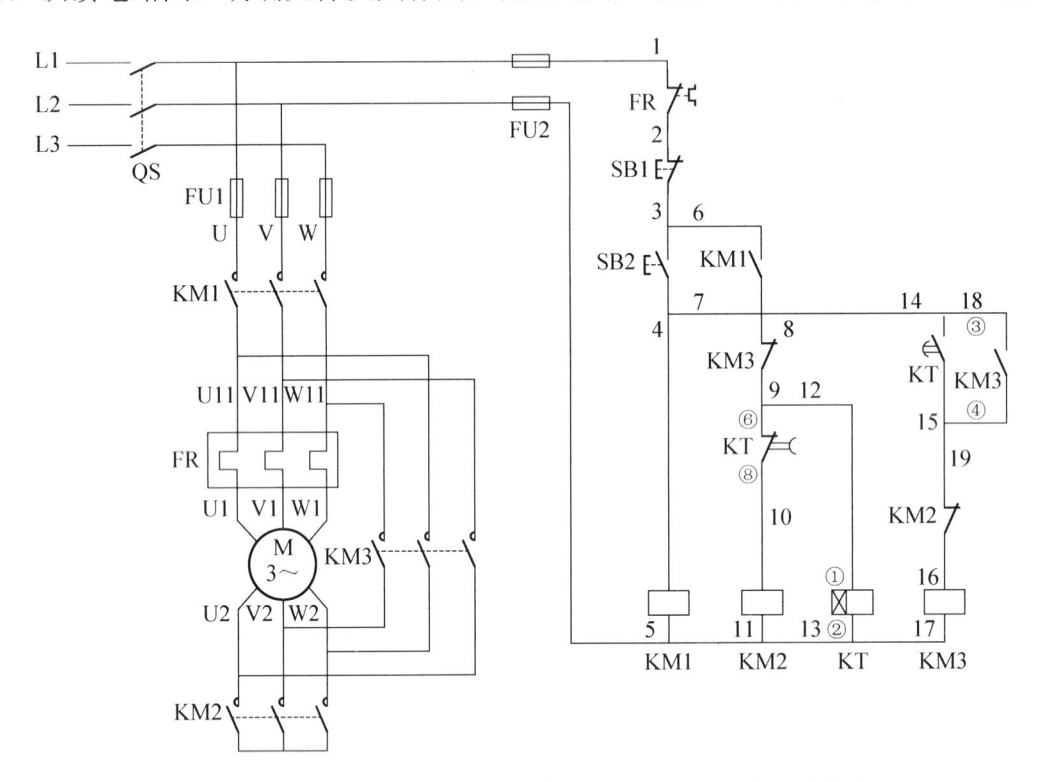

图 10.1　三相异步电动机星三角降压启动控制电路原理图

（2）清点元件并检查元件好坏，对性能良好的元件，在实训器材表中对应栏内打"√"。

（3）三相异步电动机星三角降压启动控制电路的安装。

① 控制电路的安装。

控制电路安装分三步，第一步如图 10.2（a）所示，安装 1～7 号线，这是我们原来所学的电动机正转控制电路；安装完毕，用万用表检测 FU2 输出端电阻 R_{1-5}，并填入表 10.1 中，根据测量的阻值，判断电路安装是否正确。

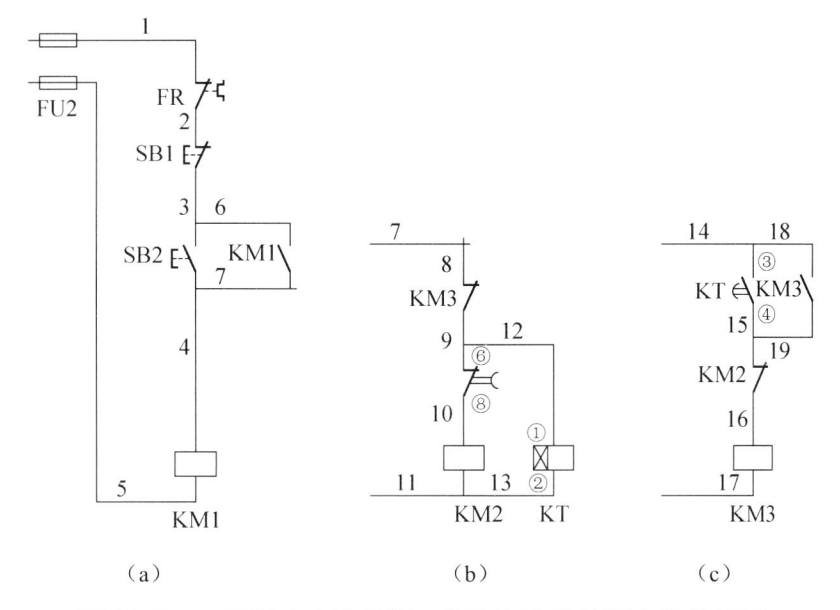

图 10.2 三相异步电动机星三角降压启动控制电路分解图

表 10.1 三相异步电动机正转控制电路部分检测表

序号	检测对象	万用表挡位	操作步骤	测量值	判断结果
1	R_{1-5}	R×100	按下 SB2	$R_{1-5}=$	1～5 号线连接正常否　　A　正常（　）B　不正常（　）
2	R_{1-5}	R×100	推下 KM1	$R_{1-5}=$	6～7 号线连接正常否　　A　正常（　）B　不正常（　）
3	R_{1-5}	R×100	按下 SB3	$R_{1-5}=$	电动机正转电路停止功能　A　正常（　）B　不正常（　）

电动机正转控制电路部分安装正确后，第二步安装 KM2 控制电路和时间继电器 KT 控制电路部分（8～13 号线），安装完毕，用万用表检测 8 号线与 11 号线间的电阻 R_{8-11}，并填入表 10.2 中，根据测量的阻值，判断电路安装是否正确。

表 10.2 KM2 控制电路和时间继电器 KT 控制电路部分检测表

序号	检测对象	万用表挡位	操作步骤	测量值	判断结果
1	R_{8-11}	R×100	插入时间继电器	$R_{8-11}=$	8～13 号线正常否　A　正常（　）B　不正常（　）
2	R_{8-11}	R×100	拔出时间继电器	$R_{8-11}=$	8～13 号线正常否　A　正常（　）B　不正常（　）
3	R_{8-11}	R×100	推下 KM3	$R_{8-11}=$	8～13 号线正常否　A　正常（　）B　不正常（　）

第二步安装正确后，第三步安装 KM3 控制电路部分（14～19 号线）。安装完毕，用万用表检测 14 号线与 17 号线间的电阻 R_{14-17}，填入表 10.3 中，根据测量的阻值，判断电路安装是否正确。

表 10.3 KM3 控制电路部分检测表

序号	检测对象	万用表挡位	操作步骤	测量值	判断结果
1	R_{14-17}	R×100	推下 KM3	$R_{14-17}=$	14～19 号线正常否　A　正常（　）B　不正常（　）
2	R_{14-17}	R×100	推下 KM2	$R_{14-17}=$	14～19 号线正常否　A　正常（　）B　不正常（　）
3	R_{14-17}	R×100	短接时间继电器③和④脚	$R_{14-17}=$	14～19 号线正常否A　正常（　）B　不正常（　）

以上控制电路部分经检测全部安装正确后，安装主电路。

② 主电路的安装。

安装主电路时，根据原理图，按照每安装完一相，经检查无误后再安装下一相的原则，先安装 L1→FU1→KM1（U11）→FR→U1（电动机），然后安装 L2、L3，依此类推，注意 KM2、KM3 主触点连接不要接错。安装完毕，测量是否存在匝间短路，用万用表检测 FU1 输出端 U—V—W 三相两两相间的电阻，并填入表 10.4 中，根据测量的阻值，判断主电路是否存在匝间短路。

表 10.4　主电路部分检测表

序号	检测对象	万用表挡位	操作步骤	测量值	判断结果
1	R_{U-V}	R×100	推下 KM1	$R_{U-V}=$	U-V 相正常否　　A　正常（　）B　不正常（　）
2	R_{U-W}	R×100	推下 KM1	$R_{U-W}=$	U-W 相正常否　　A　正常（　）B　不正常（　）
3	R_{V-W}	R×100	推下 KM1	$R_{V-W}=$	V-W 相正常否　　A　正常（　）B　不正常（　）
4	R_{U-V}	R×100	推下 KM2	$R_{U-V}=$	U-V 相正常否　　A　正常（　）B　不正常（　）
5	R_{U-W}	R×100	推下 KM2	$R_{U-W}=$	U-W 相正常否　　A　正常（　）B　不正常（　）
6	R_{V-W}	R×100	推下 KM2	$R_{V-W}=$	V-W 相正常否　　A　正常（　）B　不正常（　）

③ 安装工艺要求。

对照电气原理图及接线图，检查所接电路是否存在工艺及安全问题，把检查结果填入表 10.5 中。

表 10.5　连接电路工艺及安全检查表

序号	检查内容	检查结果（是否符合要求，符合要求打√）
1	每根接线柱连接导线不超过 2 根	
2	连接导线是否全部入线槽	
3	导线与接线端子、接线柱接触是否良好	
4	导线与螺钉压接柱的连接是否符合工艺要求	
5	工位是否整洁、工具摆放是否整齐，符合要求	
6	动作是否规范，符合安全要求	

（4）故障排除。

以上各项检查无误后，通电试车，合上 QS，按下 SB2，此时交流接触器 KM1、KM2 应吸合，电动机接成星形接法运行；延迟一段时间后，交流接触器 KM1、KM3 吸合，电动机改接成三角形接法运行。

如还有故障，可根据故障现象，用下述方法排除故障点。

① 用电压测量法来观察故障现象，主要观察电动机的运行情况、接触器的动作情况和电路的工作情况等。

② 根据故障现象，结合原理图，缩小故障范围，并在电路图上标出故障部位的最小范围。

③ 用前面讲的电阻测量法或电压检查法，迅速找出故障点，并排除故障，排除故障后通电试车，把排除故障的过程填入表 10.6 中。

表 10.6 故障记录与排除

序号	故障现象（故障描述）	故障原因	解决方法	备注
1				
2				
3				

（5）实训结束，拆下实训板上连线，工具摆放整齐，整理工位，保持工位整洁卫生。

四、实训评价

1. 填写实训评价表

实训评价表

实训项目_____ 实训日期_____

班级_____ 姓名_____ 学号_____ 组别_____

		实训过程评价（50分）					实训结果评价（50分）			
		配分（分）	自评	互评	师评		配分（分）	自评	互评	师评
个人	技术能力	10				电路功能	10			
	学习态度	10				个人 接线工艺	10			
	安全文明生产	10				实训报告	20			
小组	团结互助	10				小组 完成情况	10			
	实训纪律	10				特别加分				
实训总分						教师签名				

2. 完成实训报告

三相异步电动机星三角降压启动控制电路的安装与调试实训报告

班级		姓名		学号		组号		实训日期：____月____日
实训名称：								
（1）画出电路原理图。								

续表

(2) 在实训板上完成电气线路安装,完成的主要步骤有哪些?

(3) 实训过程中遇到了什么问题?如何解决的?

实训心得体会	

技能实训 10.2　三相异步电动机正转、反转、停车时能耗制动控制电路安装

一、实训目的

1. 掌握三相异步电动机正转、反转、停车时能耗制动的控制电路的安装。
2. 掌握电路故障的排除方法。

二、实训器材

本实训需用到实训板、剥线钳、螺丝刀、万用表等工具及电气元件，请在下表中列出。

序号	代号	名称	型号、规格	数量	检测结果（性能良好打"√"）

三、实训内容与步骤

1. 实训内容

三相异步电动机正转、反转、停车时能耗制动控制电路原理图如图 10.3 所示，完成后实现如下功能：

（1）按下正转启动按钮 SB2，交流接触器 KM1 线圈得电，KM1 主触点闭合，电动机正转运行。

（2）按下停止按钮 SB1，KM1 线圈失电，KM3 线圈得电，KM1 主触点断开，KM3 主触点闭合，电动机能耗制动停止运行。

（3）按下反转启动按钮 SB3，交流接触器 KM2 线圈得电，KM2 主触点闭合，电动机反转运行。

（4）按下停止按钮 SB1，KM2 线圈失电，KM3 线圈得电，KM2 主触点断开，KM3 主触点闭合，电动机进入能耗制动停止运行。

2. 实训步骤

（1）识读电路图，明确元件及其作用，熟悉电路工作原理，原理图如图 10.3 所示。

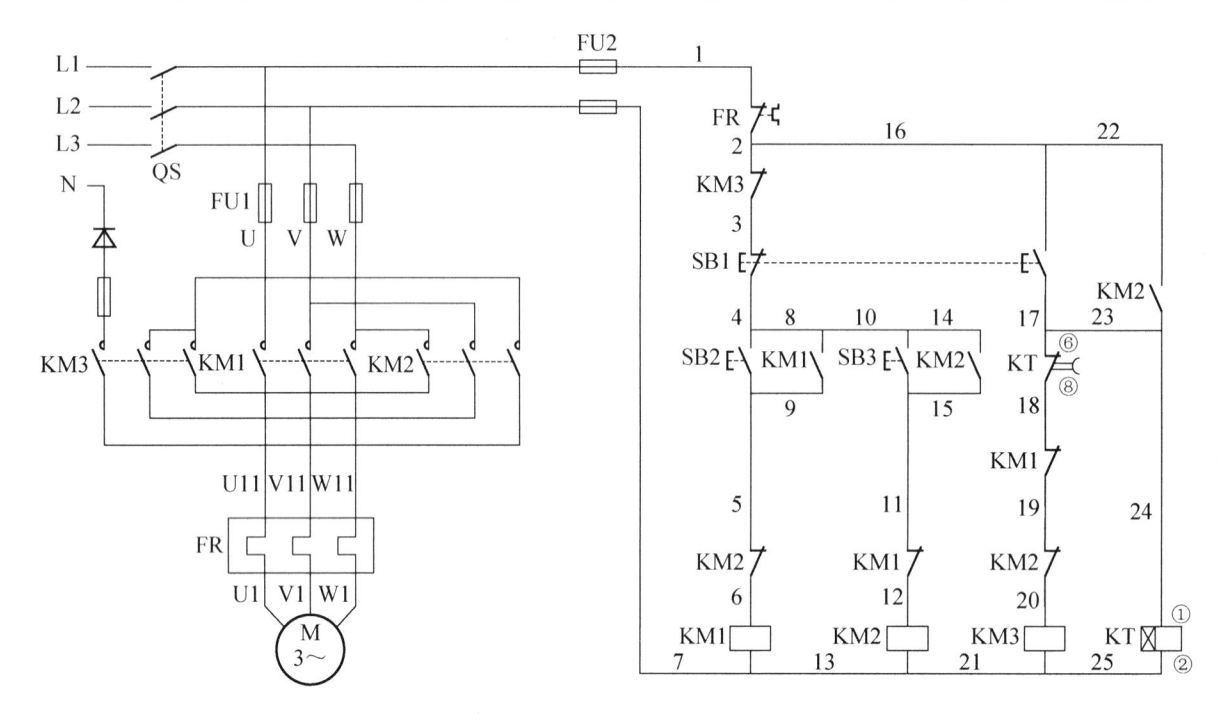

图 10.3 三相异步电动机正转、反转、停车时能耗制动控制电路原理图

（2）清点元件并检查元件好坏，对性能良好的元件，在实训器材表中对应栏内打"√"。

（3）三相异步电动机正转、反转、停车时能耗制动控制电路的安装。

① 控制电路的安装。

控制电路安装分两步，第一步安装电动机正反转控制电路部分（1～15 号线），安装完毕，用万用表检测 FU2 输出端电阻 R_{1-7}，填入表 10.7 中，根据测量的阻值，判断电路安装是否正确。

表 10.7 三相异步电动机正反转控制电路部分检测表

序号	检测对象	万用表挡位	操作步骤	测量值	判断依据	
1	R_{1-7}	R×100	按下 SB2	$R_{1-7}=$	1～7 号线连接正常否	A 正常（ ）B 不正常（ ）
2	R_{1-7}	R×100	推下 KM1	$R_{1-7}=$	8～9 号线连接正常否	A 正常（ ）B 不正常（ ）
3	R_{1-7}	R×100	按下 SB3	$R_{1-7}=$	10～13 号线连接正常否	A 正常（ ）B 不正常（ ）
4	R_{1-7}	R×100	推下 KM2	$R_{1-7}=$	14～15 号线连接正常否	A 正常（ ）B 不正常（ ）

电动机正反转控制电路部分安装正确后，第二步安装能耗制动控制电路部分（16～25号线），安装完毕，用万用表检测 FU2 输出端电阻 R_{1-7}，填入表 10.8 中，判断电路安装是否正确。

表 10.8 三相异步电动机能耗制动控制电路部分检测表

序号	检测对象	万用表挡位	操作步骤	测量值	判断结果	
1	R_{1-7}	R×100	插入时间继电器，按下 SB1	$R_{1-7}=$	16～21 号线正常否	A 正常（ ）B 不正常（ ）
2	R_{1-7}	R×100	插入时间继电器，推下 KM3	$R_{1-7}=$	22～23 号线正常否	A 正常（ ）B 不正常（ ）
3	R_{1-7}	R×100	拔出时间继电器	$R_{1-7}=$	24～25 号线正常否	A 正常（ ）B 不正常（ ）

以上控制电路部分经检测全部安装正确后，安装主电路。

② 主电路的安装。

安装主电路时，根据原理图，按照每安装完一相，经检查无误后再安装下一相的原则，先安装 L1→FU1→KM1（U11）→FR→U1（电动机），然后安装 L2、L3，依此类推。安装完毕，初步测量是否存在匝间短路，用万用表检测 FU1 输出端 U—V—W 三相两两间的电阻，填入表 10.9 中，根据测量的阻值，判断主电路是否存在匝间短路。

表 10.9 主电路部分检测表

序号	检测对象	万用表挡位	操作步骤	测量值	判断结果	
1	R_{U-V}	R×100	推下 KM1	$R_{U-V}=$	U-V 相正常否	A 正常（ ）B 不正常（ ）
2	R_{U-W}	R×100	推下 KM1	$R_{U-W}=$	U-W 相正常否	A 正常（ ）B 不正常（ ）
3	R_{V-W}	R×100	推下 KM1	$R_{V-W}=$	V-W 相正常否	A 正常（ ）B 不正常（ ）
4	R_{U-V}	R×100	推下 KM2	$R_{U-V}=$	U-V 相正常否	A 正常（ ）B 不正常（ ）
5	R_{U-W}	R×100	推下 KM2	$R_{U-W}=$	U-W 相正常否	A 正常（ ）B 不正常（ ）
6	R_{V-W}	R×100	推下 KM2	$R_{V-W}=$	V-W 相正常否	A 正常（ ）B 不正常（ ）

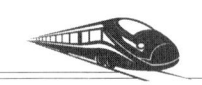

③ 装工艺要求。

对照电气原理图及接线图，检查所连接电路是否存在工艺及安全问题，把检查结果填入表 10.10 中。

表 10.10　连接电路工艺及安全检查表

序号	检查内容	检查结果是否符合要求（符合要求在后面打√）
1	是否每一根接线柱上连接的导线不超过 2 根	
2	连接导线是否全部入线槽	
3	导线与接线端子、接线柱接触是否良好	
4	导线与螺钉压接柱的连接是否符合工艺要求	
5	工位是否整洁、工具摆放是否整齐，符合要求	
6	动作是否规范，符合安全要求	

（4）电路故障排除。

以上各项检查无误后，通电试车，合上 QS，按下启动按钮 SB2，交流接触器 KM1 线圈得电，KM1 主触点闭合，电动机正转运行；按下停止按钮 SB1，KM1 线圈失电，KM3 线圈得电，KM1 主触点断开，KM3 主触点闭合，电动机进入能耗制动停机；按下启动按钮 SB3，交流接触器 KM2 线圈得电，KM2 主触点闭合，电动机反转运行；按下停止按钮 SB1，KM2 线圈失电，KM3 线圈得电，KM2 主触点断开，KM3 主触点闭合，电动机进入能耗制动停机。

如还有故障，可根据故障现象，用下述方法排除故障点。

① 用电压测量法来观察故障现象，主要观察电动机的运行情况、接触器的动作情况和线路的工作情况等。

② 根据故障现象，结合原理图，缩小故障范围，并在电路图上标出故障部位的最小范围。

③ 用前面讲的电阻测量法或电压检查法，迅速找出故障点，并排除故障，排除故障后通电试车，把排除故障的过程填入表 10.11 中。

表 10.11　故障记录与排除

序号	故障现象	故障原因	解决方法	备注
1				
2				
3				

（5）实训结束，拆下实训板上连线，工具摆放整齐，整理工位，保持工位整洁卫生。

四、实训评价

1. 填写实训评价表

实训评价表

实训项目_____ 实训日期_____
班　级_____ 姓　名_____ 学　号_____ 组　别_____

实训过程评价（50分）					实训结果评价（50分）				
		配分（分）	自评	互评	师评		配分（分）	自评	互评	师评
个人	技术能力	10				个人	电路功能	10			
	学习态度	10					接线工艺	10			
	安全文明生产	10					实训报告	20			
小组	团结互助	10				小组	完成情况	10			
	实训纪律	10					特别加分				
实训总分						教师签名				

2. 完成实训报告

三相异步电动机正转、反转、停车时能耗制动控制电路的安装与调试实训报告

班级		姓名		学号		组号		实训日期：	月　　日
实训名称：										
（1）画出电路原理图。										

续表

（2）在实训板上完成电气线路安装，完成的主要步骤有哪些？

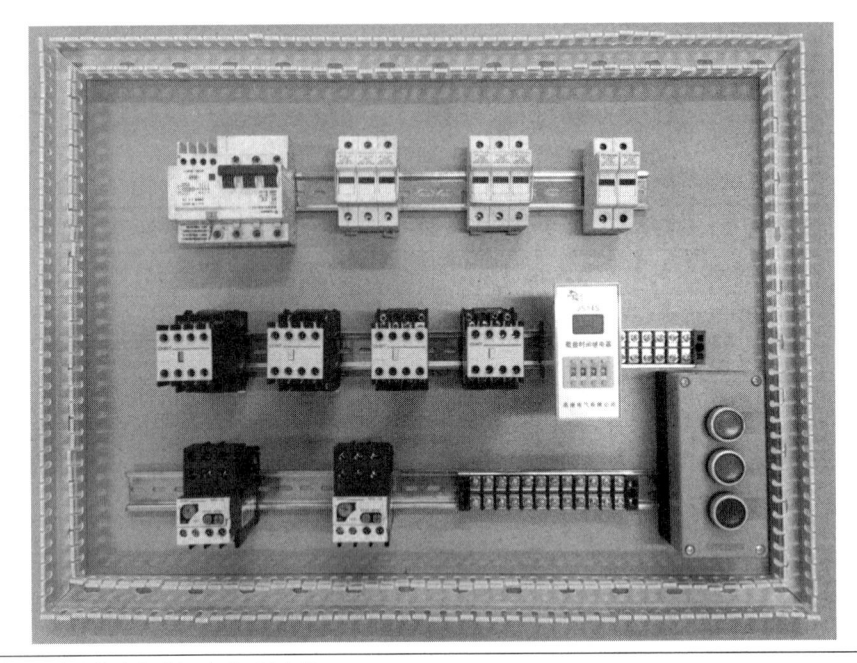

（3）实训过程中遇到了什么问题？如何解决的？

实训心得体会	

城市轨道交通概论（第3版）
- 城市轨道交通电工基本技能与实训
城市轨道交通运输设备（第3版）
城市轨道交通车站设备
城市轨道交通客运组织
城市轨道交通行车组织
城市轨道交通车辆运用
城市轨道交通自动售检票系统及票务管理（第2版）
城市轨道交通车站客运组织与服务（第2版）
城市轨道交通供电系统
城市轨道交通车辆制动系统检修与维护

责任编辑：蒲 玥
封面设计：创智时代

ISBN 978-7-121-47849-9

定价：40.00元